Der Schweizer Aktienmarkt

Wirtschaftswissenschaftliche Beiträge

Informationen über die Bände 1–51 sendet Ihnen auf Anfrage gerne der Verlag.

Band 52: K. Sandmann, Arbitrage und die Bewertung von Zinssatzoptionen, 1991, ISBN 3-7908-0551-3

Band 53: P. Engelke, Integration von Forschung und Entwicklung in die unternehmerische Planung und Steuerung, 1991, ISBN 3-7908-0556-4

Band 54: F. Blumberg, Wissensbasierte Systeme in Produktionsplanung und -steuerung, 1991, ISBN 3-7908-0557-2

Band 55: P.-U. Paulsen, Sichtweisen der Wechselkursbestimmung, 1991, ISBN 3-7908-0561-0

Band 56: B. Sporn, Universitätskultur, 1992, ISBN 3-7908-0563-7

Band 57: A. Vilks, Neoklassik, Gleichgewicht und Realität, 1991, ISBN 3-7908-0569-6

Band 58: M. Erlei, Unvollkommene Märkte in der keynesianischen Theorie, 1991, ISBN 3-7908-0571-8

Band 59: D. Ostrusska, Systemdynamik nichtlinearer Marktreaktionsmodelle, 1992, ISBN 3-7908-0582-3

Band 60: G. Bol, G. Nakhaeizadeh, K.-H. Vollmer (Hrsg.), Ökonometrie und Monetärer Sektor, 1992, ISBN 3-7908-0588-2

Band 61: S. Feuerstein, Studien zur Wechselkursunion, 1992, ISBN 3-7908-0590-4

Band 62: H. Fratzl, Ein- und mehrstufige Lagerhaltung, 1992, ISBN 3-7908-0602-1

Band 64: G. Untiedt, Das Erwerbsverhalten verheirateter Frauen in der Bundesrepublik Deutschland, 1992, ISBN 3-7908-0609-9

Band 65: R. Herden, Technologieorientierte Außenbeziehungen im betrieblichen Innovationsmanagement, 1992, ISBN 3-7908-0610-2

Band 66: P.B. Spahn et al., Mikrosimulation in der Steuerpolitik, 1992, ISBN 3-7908-0611-0

Band 67: M. Kessler, Internationaler Technologiewettbewerb, 1992, ISBN 3-7908-0615-3

Band 69: H. Grupp, U. Schmoch, Wissenschaftsbindung der Technik, 1992, ISBN 3-7908-0620-X

Band 71: R. Schmidt, Modelle der Informationsvermittlung, 1992, ISBN 3-7908-0633-1

Band 72: M. Kaiser, Konsumorientierte Reform der Unternehmensbesteuerung, 1992, ISBN 3-7908-0636-6

Band 73: K. Meier, Modellbildung bei Mehrfachzielen, 1992, ISBN 3-7908-0645-5

Band 74: J. Thiele, Kombination von Prognosen, 1993, ISBN 3-7908-0657-9

Band 75: W. Sesselmeier, Gewerkschaften und Lohnfindung, 1993, ISBN 3-7908-0659-5

Band 76: R. Frensch, Produktdifferenzierung und Arbeitsteilung, 1993, ISBN 3-7908-0663-3

Band 77: K. Kraft, Arbeitsmarktflexibilität, 1993, ISBN 3-7908-0666-8

Band 78: R.P. Hellbrück, Synergetik und Marktprozesse, 1993, ISBN 3-7908-0668-4

Band 79: L. Linnemann, Multinationale Unternehmungen und internationale Wirtschaftspolitik, 1993, ISBN 3-7908-0670-6

Band 80: K. Cuhls, Qualitätszirkel in japanischen und deutschen Unternehmen, 1993, ISBN 3-7908-0672-2

Band 81: B. Erke, Arbeitslosigkeit und Konjunktur auf segmentierten Arbeitsmärkten, 1993, ISBN 3-7908-0695-1

Band 82: M. Hillmer, Kausalanalyse makroökonomischer Zusammenhänge mit latenten Variablen, 1993, ISBN 3-7908-0703-6

Band 83: M. Heinisch, W. Lanthaler, Im Brennpunkt Universität, 1993, ISBN 3-7908-0713-3

Band 84: M. Göcke, Starke Hysteresis im Außenhandel, 1993, ISBN 3-7908-0722-2

Band 87: M. Raab, Steuerarbitrage, Kapitalmarktgleichgewicht und Unternehmensfinanzierung, 1993, ISBN 3-7908-0734-6

Band 88: K.-J. Duschek, Ein sequentielles empirisches allgemeines Gleichgewichtsmodell zur Beurteilung von Steuerreformprogrammen, 1993, ISBN 3-7908-0736-2

Band 89: R. Schwager, Geld überlappende Nachfragestruktur und bilaterale Transaktionen, 1994, ISBN 3-7908-0739-7

Band 90: M. Sander, Die Bestimmung und Steuerung des Wertes von Marken, 1994, ISBN 3-7908-0742-7

Band 91: T. Ursprung, Propaganda, Interessengruppen und direkte Demokratie, 1994, ISBN 3-7908-0743-5

Band 94: F. Kugler, Preisbildung auf spekulativen Märkten, 1994, ISBN 3-7908-0750-8

Band 95: J. Schmoranz, Die Energienachfrage privater Haushalte, 1994, ISBN 3-7908-0761-3

Band 96: M. Carlberg, Makroökonomische Szenarien für das vereinigte Deutschland, 1994, ISBN 3-7908-0763-X

Fortsetzung auf Seite 223

Michael J. Theurillat

Der Schweizer Aktienmarkt

Eine empirische Untersuchung im Lichte der neueren Effizienzmarkt-Diskussion

Mit 19 Abbildungen

Physica-Verlag

Ein Unternehmen
des Springer-Verlags

Reihenherausgeber
Werner A. Müller

Autor
Dr. Michael J. Theurillat
Stellvertretender Direktor
Leiter Portfolio Management Inst. Schweiz
Schweizerischer Bankverein
Aeschenvorstadt 48
CH-4002 Basel, Schweiz

ISBN-13: 978-3-7908-0941-1

Die Deutsche Bibliothek – CIP-Einheitsaufnahme
Theurillat, Michael J.:
Der Schweizer Aktienmarkt: eine empirische Untersuchung im Lichte der neueren Effizienzmarkt-Diskussion/Michael J. Theurillat. – Heidelberg: Physica-Verl., 1996
(Wirtschaftswissenschaftliche Beiträge; Bd. 127)
ISBN-13: 978-3-7908-0941-1 e-ISBN-13: 978-3-642-46987-9
DOI: 10.1007/978-3-642-46987-9

NE: GT

SPIN 10537392 88/2202-5 4 3 2 1 0 – Gedruckt auf säurefreiem Papier

Meinen Eltern

Ich danke dem Schweizerischen Bankverein für das Engagement bei der Finanzierung der Drucklegung dieser Arbeit und der Firma Elektrowatt AG für ihren spontanen Sponsoring-Beitrag.

Dem Herausgeber der "Wirtschaftswissenschaftlichen Beiträge" danke ich für die Aufnahme dieser Schrift in seine Reihe.

Vorwort

Die vorliegende Arbeit entstand während meiner Tätigkeit als wissenschaftlicher Mitarbeiter in der Abteilung Finanzanalyse beim Schweizerischen Bankverein. Sie wurde überarbeitet und fertiggestellt während meiner Anstellung als verantwortlicher Leiter der Abteilung Instituionelle Anlageberatung und Portfolio Management bei der Bank Sarasin & Cie.

Ich schulde all jenen, welche in irgend einer Form zum Gelingen dieser Arbeit beigetragen haben, meinen herzlichsten Dank. Den wohl grössten Dank aber gebührt meinem Lehrer und Doktorvater, Prof. Dr. Erwin W. Heri, der mich während all den Jahren kritisch, aber immer motivierend, begleitete. Er verstand es nicht nur, mich für die Methoden der Ökonometrie zu begeistern, sondern lehrte mich auch, dass die wahre Faszination der empirischen Forschung nicht zuletzt auch in ihrer praktischen Relevanz zu finden ist. Dankbar bin ich Prof. Dr. Heinz Zimmermann, für die kritische Durchsicht der Manuskripte, für seine Anregungen und Verbesserungsvorschläge und für die Bereitschaft das Korreferat zu übernehmen.

Sehr verbunden bin ich auch meinen Kollegen Dr. Rudolf Lörtscher, Dr. Ulrich Niederer und Lukas Gehrig, dannzumal Teammitglieder der Gruppe für Quantitatives Investment Research, sowie Prof. Dr. Richard Burgess (University of Tulsa/Oklahoma). Sie haben mit konstruktiver Kritik meine empirische Arbeit bereichert und sind mir beim Aufbau der Datenbanken und bei der Programmierung diverser SAS-Software Applikationen hilfreich zur Seite gestanden.

Dankbar bin ich ferner auch Prof. Dr. Charles Nelson (University of Washington), für seine Diskussionsbereitschaft. Er hat mit zahlreichen Anregungen, anlässlich eines Forschungsseminars im Studienzentrum Gerzensee, die empirische Ausgestaltung von Kapitel 2 positiv beeinflusst. Abschliessend bleibt mir nur noch festzuhalten, dass allfällige verbleibende Fehler und Ungereimtheiten allein zu meinen Lasten gehen.

Basel, im Januar 1996 Michael Theurillat

Inhaltsübersicht

Inhaltsverzeichnis

Verzeichnis der Tabellen

Verzeichnis der Abbildungen

Kapitel 1:
Die Effizienzmarkthypothese: Einleitung und Grundlagen

"Matching the market is an inefficient investment strategy."

John Train

1. Einleitung, Ziel und Datengrundlagen

Frühe empirische Arbeiten zum Verhalten spekulativer Preise (insbes. Preise von Finanzaktiva) legten die Hypothese zugrunde, dass Aktienkurse unverzerrt ("unbiased") auf Informationen reagieren.[1] Diese Eigenschaft einer "unverzerrten" Abhängigkeit der Kursentwicklung von einer gewissen Information führte zu einer ersten, noch unpräzisen Definition der Markteffizienz.

Bezüglich der Preisbildung auf Aktienmärkten wurde in der Arbeit von FAMA/FISHER/JENSEN/ROLL(1969) erstmals der Begriff der "Markteffizienz" in die Finanzliteratur eingebracht.

In den siebziger Jahren findet dieser Ansatz der "Informations-Effizienz" in zahlreichen empirischen Untersuchungen sein erstes positives Echo.[2] Gemäss diesem theoretischen Konzept reagieren Märkte unverzögert auf neu auftretende Informationen. Da man annehmen kann, dass neue Informationen zeitlich und bzgl. ihres Inhaltes unvorhergesehen auf den Märkten eintreffen, so besteht die Kernaussage der Effizienzmarkthypothese darin, dass sich Aktienkursveränderungen, analog zur Unvorhersehbarkeit neu auf dem Markt auftretender Information, zufällig ergeben. Die daraus hervorgehende Implikation ist, dass es unmöglich ist, die künftige Preisentwicklung treffend vorauszusagen und somit systematisch besser zu "performen" als der jeweilige Markt.

Parallel zum Ansatz der Informations-Effizienz FAMA's entstanden im Rahmen der Modernen Portfolio Theorie (MPT) Preisbildungsmodelle wie das "Capital Asset Pricing Model" (CAPM)[3] und die "Arbitrage Pricing Theory" (APT)[4]. Die an eine Gleichgewichtsbeziehung bzw. an Arbitragebedingungen geknüpften Modelle brachten als wesentlichen Punkt eine Stilisierung des Risikobegriffes von Aktienpreisfluktuationen hervor. Das Risiko (in Form der

---

1) Hierzu bedeutend die Arbeit von FAMA/FISCHER/JENSEN/ROLL(1969), welche in ihrer Untersuchung die Aktienkursveränderung in Relation zu Aktiensplits stellen und die Untersuchung von BROWN (1968), der die Beziehung zwischen Aktienkursentwicklung und Gewinnanzeigen herstellt.

2) Für ein Survey der frühen empirischen Arbeiten vgl. FAMA(1970,1976).

3) Das Modell, welches in den frühen sechziger Jahren von SHARPE(1964) und LINTNER(1965) entwickelt wurde, postuliert eine lineare Beziehung zwischen Risiko und erwartetem Ertrag einer Finanzmarktanlage.

4) Das Modell von ROSS(1976) stellt eine Erweiterung des CAPM dar. Es postuliert auf der Basis einer Arbitrage-Bedingung die Bewertung von Aktien aufgrund mehrerer systematischer Faktoren. Im Gegensatz zum CAPM erlaubt dieser Ansatz die Modellierung mehrerer Risikofaktoren.

Standardabweichung der Aktienreturns) wird so zum bedeutenden Bestimmungsfaktor für die in Zukunft zu erwartenden Erträge einer Finanzmarktanlage. Demnach wird ein Portefeuille mit hohem Risiko über eine längere Halteperiode von mehreren Jahren einen höheren Ertrag abwerfen als ein vergleichbares Portefeuille mit geringerem Risiko. Dies ist eine der Kernaussagen moderner Finanzmarkttheorie.

Die praktische Erfahrung auf den Finanzmärkten zeigt uns, dass die bestehenden, traditionellen Modelle und Ansätze zur Erklärung und Abbildung des Verhaltens spekulativer Preise alleine nicht ausreichen. So brachte, nebst den zwei erwähnten Bausteinen, der Effizienzmarkthypothese und der Modellierung einer Risiko-Returnbeziehung, die Finanzmarktforschung der letzten drei Dekaden eine immense Flut von Arbeitspapieren und empirischen Untersuchungen hervor, welche sich im Lichte der traditionellen Ansätze mit empirisch beobachtbaren Phänomenen im Preisverhalten auseinandersetzen. Diese, vorwiegend empirisch ausgelegten Arbeiten bilden einen dritten, wichtigen Baustein bezüglich der Erklärung des Preisverhaltens von Finanztiteln. Es geht dabei um die Frage der Gültigkeit und Testbarkeit der bekannten Ansätze.

Die späten siebziger Jahre und insbesondere die achtziger Jahre brachten so bezüglich der Effizienzmarkthypothese wiedersprüchliche Ergebnisse hervor. BALL(1978) z.B. findet, dass Aktienkursveränderungen aufgrund von Gewinn- oder Dividendenankündigungen systematisch unterreagieren, während DeBONDT/THALER(1985,1987) ein Überreagieren der Aktienpreise feststellen. Fragen, wie z.B.: "Does the Market Overreact to New Information" [De BONDT und THALER(1987)], stehen im Zentrum der neueren Effizienzmarkt-Diskussion. Themen, wie über die Zeit instabile Risikoprämien, irrationales Marktverhalten (Noise Trading) und dergleichen, systematische Saisonalitätseigenschaften im Preisverhalten sowie die Bedeutung von Marktkapitalisierung, P/E-Ratio und Dividend Yield für das Preisverhalten von Finanztiteln führten zu einer wesentlichen Erweiterung der bisherigen Finanzmarktkonzepte und bilden die wissenschaftliche Grundlage der vorliegenden Arbeit.

1.1. Aufgabenstellung und Ziel der Arbeit

Das Ziel der vorliegenden Abhandlung ist es, eine Auswahl empirisch beobachtbarer Phänomene und Preiseffekte bzw. Anomalien vorzustellen und diese mit Bezug auf die Effizienzmarkthypothese auszuleuchten bzw. für den Fall des Schweizer Aktienmarktes zu testen. Es geht dabei schlussendlich um die Frage, ob allfällige Preiseffekte, saisonale Returnmuster und dergleichen sich im Rahmen der Grundhypothese eines effizienten Marktes erklären lassen oder ob die beobachteten Phänomene eine Verletzung der Effizienzmarkthypothese beinhalten. Letzteres müsste dann - zumindest partiell - in Richtung eines ineffizienten Marktverhaltens interpretiert werden.

Die beinahe unüberblickbare Anzahl beobachteter Preiseffekte bzw. Anomalien lassen sich in zwei unterschiedliche Kategorien zusammenfassen. Die erste Kategorie empirischer Phänomene bezieht sich auf die zeitliche Dynamik in der Preisentwicklung. Die relevante Frage ist hier, ob sich bezüglich der Dynamik von Aktienkursentwicklungen systematische, z.B. saisonale Muster ergeben, welche durch entsprechende Kauf- und Verkaufsaktionen ausgenützt werden können. Lassen sich auf diese Weise systematische Ueberschussgewinne erzielen, so spricht man von einer temporalen oder saisonalen Anomalie.

Die zweite Kategorie von Anomalien bezieht sich auf die Frage, ob es bei der Auswahl von Aktien Auswahlkriterien gibt, aufgrund welcher sich Portefeuilles zusammenstellen lassen, die systematisch besser performen als der Markt. Wenn sich auf diese Art langfristig eine Ueberschussperformance generieren lässt, so geht man von einer absoluten Anomalie aus. Die konzeptionelle Abgrenzung wird am Ende dieses Kapitels nochmals aufgegriffen.

1.2. Aufbau der Arbeit

Die Arbeit ist in fünf Kapitel unterteilt. Das vorliegende erste Kapitel beinhaltet eine Einführung in das Thema und gibt einen Überblick über das im Rahmen späterer Analysen verwendete Datenmaterial. Ferner wird, anhand eines kurzen Abrisses, die Effizienzmarkthypothese dargelegt und mit den frühen Beiträgen beleuchtet. Am Ende des Kapitels wird versucht, basierend auf der Effizienzmarkthypothese, bezüglich der Identifikation und Selektion möglicher Aktienmarktineffizienzen eine konzeptionelle Basis für die weitere Analyse zu schaffen.

Das <u>zweite Kapitel</u> leitet mit der "Overreaction"-Hypothese in die neuere Effizienzmarkt-Debatte ein. Ausgangspunkt der Untersuchung liefert die Hypothese von De BONDT und THALER(1985), welche davon ausgeht, dass Aktienpreise bezüglich fundamentaler Information "überreagieren" und somit - widersprüchlich zur Effizienzmarkthypothese - die zugrundeliegende Information inkorrekt wiederspiegeln.

Die der "Overreaction"-Hypothese zugrundeliegenden empirischen Phänomene "Excess Volatility" und "Mean Reversion" werden eingehend diskutiert und im Lichte der Effizienzmarkthypothese interpretiert. Das bezüglich der langfristigen Dynamik interessante Phänomen "Mean Reversion" wird hinsichtlich seiner Bedeutung für den Schweizer Aktienmarkt getestet. Basierend auf den Testergebnissen wird abschliessend das für den Preisbildungsprozess spezifizierte, reine Random Walk Modell durch die Formulierung einer Alternaivhypothese kritisch gewürdigt.

Das <u>dritte Kapitel</u> gibt einen Überblick über die bekanntesten saisonalen Anomalien. Für den Schweizer Aktienmarkt werden mit den monatlichen (Month-of-the-Year Effekt) und täglichen (Day-of-the Week Effekt) Saisonalitätseffekten die prominentesten, saisonalen Ineffizienzen ausgeleuchtet und getestet. Nebst der Herausarbeitung allfälliger monatlicher bzw. täglicher Returnirregularitäten, gilt ein aufmerksamer Blick den jeweiligen Returnverteilungen mit ihren unterschiedlichen Spezifika.

Das <u>vierte Kapitel</u> nimmt das Thema der relativen Anomalien auf. Hier geht es um die Frage, ob das Risiko, gemäss CAPM, als einzige erklärende Variable für den erwarteten Portfolioreturn massgebend ist, oder ob aufgrund anderer Kriterien, wie Marktkapitalisierung, Price/Earning-Ratio etc., sich Portefeuilles bilden lassen, welche systematisch einen höheren, risikoadjustierten Ertrag generieren.

Im abschliessenden, <u>fünften Kapitel</u> werden die wichtigsten Erkenntnisse der Arbeit zusammengefasst, im Rahmen der Effizienzmarkthypothese ausgeleuchtet und hinsichtlich ihrer praktischen Relevanz für das Portfolio Management kritisch gewürdigt.

1.3. Datenbasis

Die Datengrundlage für die Untersuchungen der vorliegenden Arbeit bilden Aktienkurse schweizerischer Unternehmungen, welche über die ganze Periode 1.1.1974 bis 30.5.1990 an einer Schweizer Börse kotiert waren. Bei den Kursen handelt es sich um bezahlte Tagesschlusskurse.[5] Tabelle 1.1 gibt einen Überblick über die berücksichtigten Papiere.

Im Zusammenhang mit den vorgenommenen Untersuchungen werden im wesentlichen nicht die Aktienkurse direkt, sondern deren Renditen benötigt. Eine korrekte Bildung von Renditezeitreihen bedingt, dass die Kurse bezüglich Kapitalerhöhungen, und Kapitalsplits korrigiert werden. Die Methodik der diesbezüglich vorgenommenen Korrekturen wurde aus ZIMMERMANN(1986) übernommen.[6] Sie soll der Vollständigkeit halber an dieser Stelle nochmals aufgeführt werden.

Bei Aktiensplits erfolgt die Korrektur gemäss

(1.1) $$P_t^* = \frac{1}{N} P_t$$

P_t	Kurs vor dem Split
P_t^*	korrigierter Kurs
N	Anzahl neue Aktien für 1 alte

und im Fall von Kapitalerhöhungen findet die proportionale bzw. Praktikermethode Anwendung:

(1.2) $$P_t^* = \frac{P(ex)}{P(ex)+BR} P_t$$

BR	Schlusskurs des Bezugsrechts am ersten Tag des BR-Handels
P(ex)	Kurs ex Bezugsrecht am ersten Tag des Handels

5) Für den Fall, dass keine bezahlten Tagesschlusskurse vorliegen (dies ist z.B. bei tiefkapitalisierten Werten des öftern der Fall), wurden in Anlehnung an ZIMMERMANN(1986) folgende Kurse eingesetzt: a) letzter bezahlter Kurs innerhalb der vorangegangenen 5 Börsentagen; falls nicht vorhanden: b) Durchschnitt zwischen Geld- und Briefkurs; falls nicht vorhanden: c) Geldkurs oder falls nicht vorhanden: d) Briefkurs.

6) Vgl. ZIMMERMANN, S.136ff.

Eine Korrektur bei Ausgabe von Gratisaktien erfolgt nach der Formel

(1.3) $$P_t^* = \frac{N}{N+1} P_t$$

N — Zahl der benötigten alten Aktien für 1 neue Aktie

Für die Berechnung der Periodenrenditen (Tages-, Monats- und Jahresrenditen) werden sämtliche Ausschüttungen des Titels, welche innerhalb der betrachteten Periode angefallen sind, berücksichtigt bzw. nach obiger Verfahrensweise adjustiert. Die Rendite eines Titels zum Zeitpunkt t berechnet sich demzufolge als

(1.4) $$R_t = \ln(P_t^* + A_t^*) - \ln(P_{t-1}^*)$$

A_t^* — adjustierte Ausschüttungen zum Zeitpunkt t (Dividende, Bonus etc.)

und entspricht der stetigen Rendite der Aktieninvestition zum Zeitpunkt t. Für Zahlenbeispiele bzgl. der Kursadjustierung und Renditeberechnung vgl. ZIMMERMANN(1986), S.141.

Im Rahmen der vorliegenden Untersuchung werden zusätzlich zu den Preisreihen einzelner Titel, Aktienindizes verwendet. Als wertgewichteterIndex (Titel werden gemäss ihrer Börsenkapitalisierung im Index gewichtet) wurde der Index des Schweizerischen Bankvereins verwendet. Ein gleichgewichteter Index wurde auf der Basis der verwendeten Aktienpreisreihen selbst berechnet. Hierbei wurde jeder Titel mit dem Gewicht 1/N in den Index aufgenommen; N entspricht der Anzahl der im Index vertretenen Titel. Umschichtungen, welche sich aufgrund der unterschiedlichen Kursentwicklung der einzelnen Titel aufdrängen, werden jeweils nach Ablauf eines Jahres bzw. am ersten Börsentag des Folgejahres vorgenommen.

Für die Analyse im zweiten Kapitel werden aufgrund des verwendeten Testverfahrens möglichst weit in die Vergangenheit zurückreichende Zeitreihen verlangt. Aus diesem Grund wird ein zusätzlicher Schweizer Aktienindex verwendet, welcher mit Jahreswerten für die Periode 1926 - 1990 diesem Anspruch Genüge tut. Dieser Index wird durch die Banque Pictet & Cie berechnet.

Für die Erhebung der Daten standen die Datenbanken des Schweizerischen Bankvereins, der Banque Pictet & Cie sowie diejenige von Datastream zur Verfügung.

Tab. 1.1 Überblick über die als Datenbasis zugrundeliegenden Titel in alphabetischer Reihenfolge

Nr.	Name, Titel	Nr.	Name, Titel	Nr.	Name, Titel
1	AARE-TESSIN I	38	HERMES N	75	RUECK I
2	ACCU-OERLIKON I	39	HERO I	76	RUECK N
3	ACCU-OERLIKON N	40	HOLDERBANK I	77	SAEG I
4	ALUSUISSE I	41	HOLDERBANK N	78	SANDOZ I
5	ALUSUISSE N	42	HOLZSTOFF I	79	SANDOZ N
6	ASCOM N500	43	HOLZSTOFF N	80	SANDOZ PS
7	ATTISHOLZ I	44	HUERLIMANN N	81	SBG I
8	BALOISE N	45	HYPO WINTERTH. I	82	SBV I
9	BBC I	46	INNOVATION I	83	SCHINDLER I
10	BBC N	47	INTERDISCOUNT I	84	SCHINDLER N
11	BBC PS	48	INTERSHOP I	85	SCHINDLER PS
12	BERNER N	49	ITALO-SUISSE I	86	SCHLATTER I
13	BSI I	50	JELMOLI I	87	SIBRA I
14	BUERLE I	51	KONSUMVEREIN N	88	SIBRA N
15	CHARMILLES I	52	KUONI I	89	SIG I
16	CIBA-GEIGY I	53	KW LAUFENBURG I	90	SIG N
17	CIBA-GEIGY N	54	LANDIS N	91	SIKA I
18	CIBA-GEIGY PS	55	LANDIS PS	92	SIMPLON I
19	CKW I	56	LINDT+SPRUENGLI I	93	SOPRACENERINA I
20	CREDIT FONCIER I	57	LINDT+SPRUENGLI N	94	SPRECHER N
21	CSH I	58	LOSINGER I	95	SUEDELEKTRA I
22	EG LAUFENBURG I	59	MAAG N	96	SULZER N
23	EICHHOF I	60	MAAG PS	97	SULZER PS
24	EICHHOF N	61	MERKUR I	98	SWISS PETROL PS
25	ELEKTROWATT I	62	MERKUR N	99	SWISSAIR I
26	FELDSCHL. N	63	MONTEFORNO I	100	SWISSAIR N
27	FELDSCHL. PS	64	MOTOR-COLUMBUS I	101	USEGO I
28	GEORG FISCHER I	65	MOEVENPICK I	102	USEGO N
29	GEORG FISCHER N	66	MOEVENPICK N	103	VILLARS I
30	GLOBUS I	67	NATIONAL N	104	VOLKSBANK N
31	GLOBUS N	68	NESTLE I	105	VON ROLL N
32	GLOBUS PS	69	NESTLE N	106	WINTERTHUR I
33	GOTTHARD I	70	NEUENBURGER N	107	WINTERTHUR N
34	GRAND PASSAGE I	71	PIRELLI I	108	ZUERCHER Z. I
35	HALDENGUT N	72	RIETER N	109	ZUERCHER Z. PS
36	HALDENGUT PS	73	ROCHE GS	110	ZUERICH I
37	HERMES I	74	ROCHE I	111	ZUERICH N

2. Die Effizienzmarkthypothese (EMH): Kurze Einführung in das Konzept und Überblick über die frühe Diskussion

Im Zusammenhang mit dem Begriff der Informations-Effizienz[7] findet sich bei FAMA/FISCHER/JENSEN/ROLL(1969) [FFJR] eine erste Definition eines effizienten Marktes als:

> *"a market that adjusts rapidly to new information."*
>
> *[FFJR, S.1]*

In ihrer ökonometrisch motivierten Arbeit spezifizieren FFJR in Anlehnung an MANDELBROT(1966) und SAMUELSON(1965) einen Random Walk Prozess für das Preisverhalten. Eine allfällige statistische Abhängigkeit des Preisverhaltens von der eigenen Kursgeschichte wird als unausgeschöpfte "Gewinnsituation" interpretiert, welche von den Marktteilnehmern sofort erkannt und eliminiert wird. Die Argumentationsweise liegt somit nahe bei der traditionellen Wettbewerbsliteratur, mit rational handelnden Marktteilnehmern und vollständiger Konkurrenz. Trotz der Implementierung des Marktmodells und einem Versuch der Abgrenzung dessen, was als Information in die Preisbildung einfliesst, bleiben die Ausführungen von FFJR ohne konkretes theoretisches Konzept und ohne Modellierung eines Gleichgewichtsmodells.

> *"The early empirical work thus was increasingly conducted under the belief that it was researching the implications of competitive equilibrium in stock markets, in the context of information use, but it did so without any formal model of this equilibrium.*
>
> *[BALL(1988), S.4]*

Ein erster Schritt in Richtung der formalen Ausarbeitung des Konzeptes eines effizienten Marktes liegt bei FFJR in der Ausweitung des Begriffes Information. Nicht nur die eigene Preisgeschichte eines Finanzaktivums, sondern die ganze, der Öffentlichkeit zugängliche Information wird als relevante Informationsmenge definiert. Informationsveröffentlichungen werden von den

7) Der Terminus "efficiency" ist in der Finanzmarktliteratur als "Informations-Effizienz" zu verstehen (Beziehung zwischen Information und Preis eines Finanzaktivums). Eine andere Bedeutung haben z.B. die "production efficiency" (optimale Organisation von Produktionsmitteln) oder die "exchange-efficiency" (Konsumgütertausch). Für eine Abgrenzung der Definitionen vgl. STIGLITZ(1981).

Markt- teilnehmern sofort wahrgenommen, bzgl. ihrer Preiswirkung interpretiert und wirken (über die Bildung von rationalen Erwartungen[8] auf den Marktpreis ein. Dies impliziert, analog zur Hypothese rationaler Erwartungen, eine effiziente Informationsverarbeitung "aller" Beteiligten.

In der Annahme, dass jede öffentlich zugängliche Information (nahezu) kostenlos ist, findet beim ersten Trade nach der Informationsveröffentlichung unverzögert eine allfällige Preiskorrektur statt. Die Information wird somit für jeden weiteren Investitionsentscheid wertlos, da sie bereits im jeweiligen Preis enthalten ist.

Der Geist der frühen Effizienzmarkt-Debatte liegt insofern in der klassischen Wettbewerbstheorie verankert, als man untersuchte, ob unter Investoren ein Wettbewerb herrscht, hinsichtlich der Verarbeitung preisrelevanter Informationen. In diesem Kontext findet sich im Artikel von FAMA(1970) eine weitere Formalisierung eines effizienten Marktes als:

> *"A market in which prices always 'fully reflect' all available information is called 'efficient'."*
>
> *[FAMA(1970), S.383]*

FAMA unterstellt dabei folgende, ausreichende ("sufficient") Bedingungen an einen effizienten Markt.[9]

(i) Es existieren keine Transaktionskosten.

(ii) Alle für die Preisbildung relevanten Informationen sind allen Marktteilnehmern kostenlos verfügbar, wodurch die Bildung von korrekten Erwartungswerten seitens der Marktteilnehmer möglich wird.

(ii) Alle Marktteilnehmer verstehen die Informationen richtig und interpretieren dieselben bzgl. ihrer Marktrelevanz richtig.

Unter der Bezeichnung "alle" muss auch eine "genügend grosse" Anzahl von Marktteilnehmern verstanden werden.

---

8) In diesem Zusammenhang wird von rationalen Erwartungen dann gesprochen, wenn die Wirtschaftssubjekte bzgl. der zukünftigen Werte jenen Erwartungswert bilden, welcher mit dem Erwartungswert der "wahren", objektiven Wahrscheinlichkeitsverteilung übereinstimmt (unverfälschte Prognose).

9) FAMA(1970) S.383ff.

"...the market may be efficient if "sufficient numbers" of investors have ready access to available information. And disagreement among investors about the implications of given information does not in itself imply market inefficiency.."

[FAMA(1970), S.387]

Ist jede schon vorhandene Information bereits im Preis enthalten, und schlagen sich neue Informationen sofort im Preis nieder, so ergibt sich als eine der wesentlichen Hypothesen, dass die Veränderungsrate des Preises, gemäss den völligzufälligauftretenden neuen Informationen, einem Zufallsmuster folgt. Für die Preisbildung auf einem effizienten Markt heisst dies, dass neben der aktuellen ebenfalls die von den Marktteilnehmern für die Zukunft erwartete Angebots- und Nachfragekonstellation von entscheidender Bedeutung ist.[10]

2.1. Die Modellierung von FAMA

Formal lassen sich die zuvor kurz aufgeführten theoretischen Grundlagen eines effizienten Marktes, basierend auf den Ausführungen in FAMA(1965,1970,1976),wie folgt darstellen.[11]

Φ_t ist die zum Zeitpunkt t verfügbare und bzgl. der Preissetzung relevante Informationsmenge

Φ_t^m ist die im Zeitpunkt t von den Marktteilnehmern verwendete, preisrelevante Informationsmenge, wobei gilt $\Phi_t^m \subseteq \Phi_t$ und $\Phi_t^m \leq \Phi_t$

$p_{j,t}$ ist der Preis des Finanzaktivums j im Zeitpunkt t

$(\sim)$ kennzeichnet stochastische Grössen

Zur Vereinfachung wird angenommen, dass die Informationen kostenlos sind, und die Transaktionen jeweils in diskreten Zeitpunkten t+i erfolgen.

Widerspiegelt nun der Marktpreis gemäss der Definition von FAMA im Zeitpunkt t alle bis dahin verfügbaren, relevanten Informationen, so gilt

10) Vgl. diesbezüglich auch WORKING(1958).

11) Bzgl. dem Fall effizienter Devisenmärkte vgl. HERI(1982) und GAAB(1983).

(1.5) $$\Phi_t^m = \Phi_t$$

Φ_t enthält neben den aktuellen und vergangenen Realisierungen aller relevanten Variablen (und deren Beziehungen untereinander) auch Aussagen über die Wahrscheinlichkeitsverteilung derselben. Diesbezüglich bezeichnet

(1.5a) $$f(p_{k,t+i} \mid \Phi_t) \qquad k=1,2,...n \text{ und } j \in k$$

die "wahre" Dichtefunktion der Aktivapreise im Zeitpunkt t+i (i>0), welche sich aufgrund der Informationsmenge im Zeitpunkt t ergeben.

Wenn nun die Marktteilnehmer alle im Zeitpunkt t vorhandene, preisrelevante Information besitzen und diese auch richtig interpretieren, muss die von den Marktteilnehmern "geschätzte" Dichtefunktion

(1.5b) $$f^m(p_{k,t+i} \mid \Phi_t^m)$$

mit der "wahren" Dichtefunktion übereinstimmen. Es folgt somit aus Gleichung (1.5) aufgrund obiger Ausführungen

(1.6) $$f^m(p_{k,t-i} \mid \Phi_t^m) = f(p_{k,t-i} \mid \Phi_t) \qquad \text{wobei } i>0,\ k=1,2,...n \text{ und } j \in k$$

Zusammenfassend lassen sich bis jetzt folgende Implikationen ableiten: Auf einem effizienten Markt kennen die Marktteilnehmer das "wahre", dem Markt zugrunde liegende, ökonomische Modell und bilden somit, unter Berücksichtigung aller verfügbaren und für die Preisentwicklung relevanten Informationen rationale Erwartungen bzgl. der zukünftigen Entwicklung der Preise. Bei der implizit gemachten Annahme, nach welcher die Marktteilnehmer homogene Erwartungen hinsichtlich künftiger Preise haben, handelt es sich um eine Modellvereinfachung, die für die Markteffizienz zwar hinreichend, nicht aber notwendig ist. Nach FAMA können durchaus unterschiedliche Erwartungen der Marktteilnehmer existieren, solange

"...the force of common judgements is sufficient to produce an orderly adjustment of prices to new information."

[FAMA(1976), S.168][12]

FAMA's klare Absicht hier war, den Terminus 'fullyreflect' in Anlehnung an die Gleichgewichts-Preis-Theorie zu formalisieren. Er postuliert, dass in einem effizienten Markt in bezug auf Informationen keinem Marktteilnehmer ein kompetitiver Marktvorteil zukommt. Dies ist die Basis seines bekannten Gleichgewichtsmodelles:[13]

$$E^m[\tilde{r}_{j,t+1} \mid \Phi_t^m] = E[r_{j,t+1} \mid \Phi_t]$$

Der frühe Informationsterminus "available information" war unpräzise und bot v.a. für allfällige empirische Testverfahren kein greifbares Konzept. Es folgte durch FAMA die Untergliederung der Informationsmenge Φ_t^m in drei Subsets.[14] Mit diesem wesentlichen Schritt wurde die Markteffizienz klar konditional auf eine spezielle Informationsmenge hin definiert. Es wird unterschieden zwischen schwacher, mittelstarker und starker Markteffizienz.

2.1.1. Schwache Effizienz ("weak-form efficiency")

Bei dieser schwächsten Form der Markteffizienz enthält die Untermenge Φ_t^m ($\Phi_t^m \subseteq \Phi_t$) lediglich die vergangenen Realisationen des betreffenden Preises bzw. Ertrages. Wodurch der Informationsvektor geschrieben werden kann als

(1.7) $$\Phi_t^m = \{p_{t-1}, p_{t-2} \cdots\}$$

12) Die Annahme rational handelnder Marktteilnehmer ist formal notwendig. Die empirische Forschung indes zeigt, dass Testergebnisse bezüglich der Verletzung dieser Annahme recht robust sind. FAMA's Formulierung beruht auf dieser Erkenntnis, FRIEDMAN/ SAVAGE(1948) beleuchten diese Thematik eindrücklich durch die Metapher des Billiardspielers: "Um sich die Verhaltensweise eines Billiardspielers zu erklären, muss ein Physiker annehmen, dass dieser Einfallwinkel, Aufprallgeschwindigkeit etc. mathematisch genau berechnet. Der Spieler muss aber kein rationaler Physiker sein, um das beabsichtigte Ergebnis zu erzielen. Es reicht, wenn dieser so handelt, als ob er rational vorgehen würde." Vgl. diesbezüglich auch BALL(1988).

13) Bzgl. der Herleitung des Modelles vgl. FAMA(1976), S.178ff. bzw. die im Anhang dargestellten Ausführungen.

14) Für alternative Vorschläge vgl. u.a. RUBINSTEIN(1975) oder NEUMANN/KLEIN(1982)

D.h. ist der Markt effizient in der schwachen Form, dann enthält der jeweilige Preis zu jedem Zeitpunkt alle Informationen, die sich aus der eigenen Zeitreihe und somit aus der historischen Entwicklung des betreffenden Preises ableiten lassen.

Für den entsprechenden Gleichgewichtsertrag gilt somit

$$E[\tilde{r}_{t+1} \mid r_t, r_{t-1}, \ldots, r_{t-i}] = E[r] \qquad (1.8)$$

Dies bedeutet im wesentlichen, dass es nicht möglich ist, aufgrund sogenannter technischer Prognoseverfahren,[15] deren Informationsgrundlage die jeweilige Zeitreihe vergangener Realisationen bildet, systematisch aussergewöhnliche Gewinne zu erzielen.

2.1.2. Mittelstarke Effizienz ("semistrong-form efficiency")

Bei dieser Effizienzform mittelstarker Ausprägung umfasst die Informationsmenge Φ_t^m zusätzlich zur vergangenen Preisentwicklung jegliche, den Marktteilnehmern öffentlich zugängliche Information ("publicly available information"). So z.B. Wirtschafts- und Konjunkturberichte, Berichte und Prognosen von Banken und Instituten, Nachrichten über wirtschaftliche, politische und firmenspezifische Ereignisse etc.

2.1.3. Starke Effizienz ("strong-form efficiency")

Bei dieser stärksten Form von Markteffizienz enthält der betreffende Informationsvektor sämtliche, irgendwie verfügbare Information. D.h. er enthält zusätzlich zu allen bisher genannten Informationen auch sog. "Insider"-Informationen, welche nur einer begrenzten Minderheit zugänglich sind.

---

15) Z.B. das Lesen von "Charts"

2.2. Kritik und weitere Ansätze

Der frühe Ansatz FAMA's bot der empirischen Finanzmarktforschung ein interessantes Konzept. Mit der Definition der sog. "schwachen" Effizienz liess sich für den Preisbildungsprozess ein Martingale- bzw. Random-Walk Modell spezifizieren und darauf basierend, mit entsprechenden Daten, ein Effizienztest (Test auf Random Walk) anwenden.[16]

Die Modellierung FAMA's sowie auch das Konzept der Markteffizienz an sich entfachte Mitte der siebziger Jahre eine rege Kritikdebatte. Auf der einen Seite war es das Aufkommen und die zunehmende Bedeutung der "Informationsökonomie", welche bezüglich des locker gefassten Informationskonzeptes FAMA's nach präziseren Definitionen drängte. Auf der anderen Seite war es die empirische Forschung, welche auf FAMA's erste Arbeiten reagierte und eine Erklärung für empirisch beobachtete Anomalien suchte.

2.2.1. Die formale Debatte: Der Beitrag der "Informationsökonomen"

In historischer Abfolge waren es u.a. RUBINSTEIN(1975), BEJA(1976), LeROY(1976), FAMA(1976), GROSSMANN(1976), JENSEN(1978), GROSSMANN/STIGLITZ(1980), BEAVER(1981), JORDAN(1983) und LATHAM(1986), welche mit kritischen Beiträgen zur Debatte beigetragen haben. RUBINSTEIN (1975), verwurzelt in der formalökonomischen Tradition der "Berkeley School", brachte verschiedene alternative Definitionen, die durch SHARPE und BEJA(1976) und später durch BEAVER(1981) zur folgenden Verfeinerung des Konzeptes führten:

> *"Market efficiency with respect to an information item means that prices act as if everyone knows that information."*
>
> *[BEAVER(1981), S.28]*[17]

In der formellen Ausgestaltung der Definition schreibt BEAVER:

---

16) Vgl. u.a. FAMA(1970,1976) bzw. für den Devisenmarkt HERI(1982) und die dort zitierte Literatur.

17) BEAVER (1981,Fussnote 11) verweist betreffend seiner Definition auf eine unveröffentlichte Arbeit von SHARPE.

"A securities market is efficient with respect to a signal y'_t if and only if the configuration of security prices $\{P_{jt}\}$ is the same as it would be in an otherwise identical economy (i.e., with an identical configuration of preferences and endowments) except that every individual receives y'_t as well... as that individual's own information."

[BEAVER(1981), S.28]

In diesem Zug wurde von BEAVER der Terminus "information system efficiency" als Überbegriff von "signal efficiency" geschaffen.

LATHAM(1986) focusierte die Möglichkeit, dass Informationen zu Portfolioumschichtungen führen können, welche sich netto ausgleichen und somit nur relevant sind für das gehandelte Volumen, nicht aber für den Preis. Z.B. ausgehend von einer Information führen zwei Investoren Kauf- bzw. Verkaufstransaktionen aus, die sich zu Null saldieren. Darauf basierend präzisierte LATHAM den Terminus der Markteffizienz in Abhängigkeit eines Informationssets

"... if revealing it to all agents would change neither equilibrium prices nor portfolios."

[LATHAM(1986), S.40]

LATHAM's Ergänzung brachte neben der Returnverteilung bzw. dem Gleichgewichtspreis zusätzlich den Aspekt des Handelsvolumens in die Betrachtung der Markteffizienz ein. Ein Gedanke, der zwar interessant, empirisch jedoch kaum wesentlich ist, da bezüglich eines effizienten Marktes keine Annahmen über allfällige Handelsvolumen bestehen.

Die Beiträge von u.a. RUBINSTEIN, SHARPE, BEJA, BEAVER, LATHAM unterscheiden sich in ihrer intellektuellen Grundhaltung wesentlich vom ökonometrisch-empirischen Ansatz FAMAs. In ihrer Argumentation versuchen sie, ausgehend vom Marktverhalten des einzelnen Individuums (Verhalten der Investoren bzgl. Preise oder im Fall von LATHAM bzgl. Volumen) den Marktmechanismus zu definieren bzw. zu erklären. Es ist der Aggregationsmechanismus, der interessiert; es ist der Versuch, das Verhalten des Marktes durch das Verhalten einzelner formalistisch hinreichend zu erklären. Dieser formal-ökonomische Hintergrund spiegelt sich deutlich in der Kritikdebatte obiger Autoren wieder.

"FAMA's revised definition, that the market correctly uses all relevant information in determining security prices, is unclear if investors have heterogeneous information, since FAMA did not explain what 'the market uses.. the information' would mean in such a case"

[LATHAM(1986), S.39]

"Providing a precise definition is a prelude to ... an interpretation of empirical research offered as tests of market efficiency. ... It is difficult to interpret empirical evidence as a test of market efficiency in the absence of a definition of what the concept means."

[BEAVER(1981), S.23-24]

Tatsächlich bietet der Ansatz von FAMA bezüglich der Frage des Aggregationsmechanismus keine formale Lösung. FAMA, der "Chicago"-Tradition folgend, spricht vom Markt als ein "handelndes Subjekt", welches auf Informationen reagiert bzw. Preise verändert. Dies ist eine Sichtweise, die durch Arbeiten von ALCHIAN(1950), FRIEDMAN(1952) u.a. geprägt wurde. Dieser Tradition folgend, sind Annahmen bezüglich dem individuellen Verhalten der Marktteilnehmer keine notwendige Bedingung für ein Modell, welches den Markt per se betrifft.

"... rational, informed, maximizing behavior by all individuals is not a necessary condition for markets to behave as predicted by models which assume such behavior. Under this school of thought, we do not need to fully understand the process by which market prices are formed, in order to build models which sucessfully 'explain' those prices. Accordingly, the process of aggregating from the individual to the market is likely to be left as a 'black box' under this tradition."

[BALL(1988), S.32]

Aus der Sicht der empirischen Forschung scheint es fraglich, ob und inwiefern eine formale Erweiterung der Version von FAMA(1976) wesentlich ist. Die formale Kritikdebatte bezieht sich auf Annahmen bzgl. des zugrundeliegenden theoretischen Preisbildungsmodells - die empirische Forschung hingegen auf beobachtbare Veränderungen der Marktpreise. Das zugrundeliegende "wahre" Preisbildungsmodell ist empirisch nicht direkt, sondern nur indirekt über Preisrealisationen fassbar. Dem Empiriker bleibt somit nur die Annahme, dass realisierte Preisveränderungen im Kontext des zugrundegelegten Modells (z.B. das Capital Asset Pricing Modell) die "wahre Welt" korrekt widerspiegeln.

2.2.2. Die Bedeutung von Informationskosten

GROSSMAN(1976), GROSSMAN/STIGLITZ(1980), JORDAN(1983) und andere suchten eine Alternative zu FAMA's Effizienzmarkthypothese. Insbesondere die frühe Formulierung FAMA's, nämlich dass

".. at any time prices fully reflect all available information."

[FAMA(1970), S.383]

bot Anlass zur kritischen Auseinandersetzung.

GROSSMAN/STIGLITZ(1980, S.404) zeigen, dass in einem solchen Markt keine Anreize vorhanden sind, Geld für Informations- und Analysezwecke aufzuwenden. Mit Kosten verbundene Informationen würden nämlich, so wird argumentiert, durch den Handel (basierend auf der entsprechenden Information) den Marktteilnehmern kostenlos zur Verfügung gestellt. GROSSMAN und STIGLITZ erweitern das Gleichgewichtsmodell von FAMA, indem sie die Möglichkeit von Informationskosten miteinbeziehen. Sie argumentieren, dass der Markt nicht immer alle Informationen voll reflektiert bzw. auf Informationen verzögert reagiert. In der Formulierung von GROSSMAN/STIGLITZ(1980)[18] wird deshalb von einem "noisy rational expectations equilibrium" ausgegangen.[19][20] In diesem Gleichge- wichtskonzept wird angenommen, dass gewisse Marktteilnehmer Kosten für "private" Informationen aufwenden. Reicht der damit erwirtschaftete zusätzliche Erlös aus, die angefallenen Kosten der Informationsgewinnung zu decken, d.h. ist der Grenznutzen einer zusätzlich erworbenen Information gleich den entsprechenden Grenzkosten, so befindet sich der Markt im Gleichgewicht.[21] Dieses Gleichgewicht zeichnet sich mit anderen Worten dadurch aus, dass "rationale"[22] Marktteilnehmer indifferent sind zwischen zusätzlichen Informationen und dem aktuellen, gegebenen (öffentlichen) Informationsstand.

Der Modellansatz von GROSSMAN/STIGLITZ deckt eigentlich nur die Probleme der frühen Effizienzdefinition von FAMA(1970)[23] auf. Mit dem Einbezug "privater" Informationen, welche via Handelsaktivität eine temporäre "Störung" ("Noise") im Preisverhalten induzieren, werden nicht alle

---

18) Ein ähnlicher Modellansatz findet sich schon bei FIGLEWSKI(1978).

19) Durch die Erarbeitung bzw. Bereitstellung von Informationen und der darauf beruhenden Handelsaktivität entsteht am Markt eine Art "Störung". In der englischsprachigen Fachliteratur wird diese "Störung" als "Noise" bezeichnet. Ein modifizierter "Noise"-Prozess (Handelsaktivität aufgrund veränderter Marktvolumina) findet sich u.a. bei ADMATI/PFLEIDERER(1988).

20) Der Begriff "Noise" stammt aus dem Sprachgebrauch der Physik und wird dort gebraucht, wenn z.B. bei Messungen (Töne, Strömungen etc.) durch Nebeneffekte verursachte Störungen wahrgenommen werden.

21) Auf die, auf einem solchen (temporal) "gestörten" Gleichgewicht aufbauende "Noise"-Debatte wird im Rahmen der "Overreaction"-Hypothese noch speziell eingegangen.

22) Rational in dem Sinne, dass Marktteilnehmer frei von sog. "Informationsillusion" sind, d.h., dass sie den zusätzlichen Erlös im Vergleich zu den zusätzlichen Kosten nicht höher einschätzen.

23) "..the market fully reflect <u>all</u> information"

Informationen voll durch den Preis antizipiert.[24] Diesem Umstand wurde aber in der revidierten Version von FAMA(1976) Rechnung getragen, in welcher sich die Preisantizipation lediglich auf öffentlich zugängliche Information bezieht.[25] Niemand würde nämlich Kosten aufwenden, um Informationen zu erlangen, welche öffentlich kostenlos zur Verfügung stehen. Anreize bestehen demnach lediglich hinsichtlich der Gewinnung "privater" Informationen.

Eine Vereinfachung des Problems der Informationskosten würde sich ergeben, wenn die von FAMA gewählte Klassifizierung der Markteffizienz das Kostenargument enthalten würde. BALL(1988) weist treffend auf eine diesbezügliche Ergänzung hin:

> *"If the classifications had been based upon the cost of production of information (zero in the case of the so-called 'weak' and 'semi-strong' forms of the Efficient Market Hypothesis (EMH) and positive in the so-called 'strong' form), then the subsequent confusion might not have arisen."*
>
> *[BALL(1988), S.36]*

Spricht man von Informationskosten, so müssen demnach vorwiegend Kosten zur Gewinnung "privater" Informationen ins Auge gefasst werden. Wie verhalten sich "private" gegenüber öffentlich zugänglichen Informationen? Wird "private" Information öffentlich zugänglich? Wie und mit welcher Konsequenz für das Preisverhalten geschieht dies? Auf diese Kernfragen findet man in GROSSMAN/STIGLITZ(1980) nur ansatzweise eine Antwort. "Private" Informationen werden in ihrem Modell indirekt (mit "Noise") durch den Handel öffentlich zugänglich. Ein fehlender Aspekt in der Argumentation obiger Autoren ist die Tatsache, dass Firmen selbst als Träger nicht-öffentlicher Informationen fungieren. Es besteht eine Pflicht (z.B. gegenüber der Börsenaufsicht) und ein Interesse (gegenüber den Aktionären), dass Firmen wichtige Informationen der Öffentlichkeit bzw. den Aktionären bekanntgeben. Preisreaktionen auf Veröffentlichungen dieser Art werden ausschliesslich durch bestehende Aktionäre getragen, da sich der Preis für die potentielle Käuferschaft entsprechend der Information unverzögert anpasst. Aus dieser Sicht trägt der Aktionär die Kosten der Informationsaufbereitung bzw. Veröffentlichung (auch PR-Kosten) mit, welche seitens der Firma aufgewandt werden. Die wichtige Bedeutung von Institutionen und regulatorischen Anforderungen (z.B. Gesetze, welche die Bereitstellung von Informationen

---

24) Es gibt informierte und nicht-informierte Marktteilnehmer. Die ersten handeln aufgrund effektiver Informationen, die zweiten aufgrund der Handelsaktivität vermeintlich "besser" informierter Händler.

25) "..the market correctly uses all (publicly)available information." [FAMA(1976), S.143].

vorsehen) wird im Modell von GROSSMAN/ STIGLITZ vernachlässigt. Die Existenz von Informationskosten kann nicht alleine als Konsequenz individuell handelnder, rationaler Investoren gesehen werden.

2.2.3. Die Bedeutung von Transaktionskosten

Bezüglich der Existenz von Transaktionskosten äussert JENSEN(1978) folgende, ergänzende Effizienz-Definition:

> *"A market is efficient with respect to information set Φ_t if it is impossible to make economic profits by trading on the basis of information set Φ_t. By economic profits, we mean the risk adjusted returns net of all costs."*
>
> *[JENSEN(1978), S.96]*

Nebst dem Einbezug von Transaktionskosten findet man bei der Definition von JENSEN eine interessante Implikation; die Unmöglichkeit einer (systematisch) gewinnbringenden Handelsstrategie. JENSEN trifft einerseits hervorragend den zugrundeliegenden Gedanken der Effizienzmarkthypothese, nämlich dass es sich bei Finanzmärkten um kompetitive Wettbewerbsmärkte (vollständige Konkurrenz) handelt. JENSEN definiert nicht wie FAMA das Verhalten bzw. die Eigenschaft eines solchen Marktes ("prices fully reflect.."), sondern die wesentliche Implikation desselben.

Andererseits ist die Definition JENSEN's nicht unproblematisch. Theoretisch ist es nämlich denkbar, dass auf einem Markt, welcher die relevanten Informationen nicht vollständig reflektiert, durch die Marktteilnehmer keine gewinnbringende Handelsstrategie gefunden wird. Oder kritisch beleuchtet, dass gewinnbringende Strategien durch Handelsbarrieren verunmöglicht werden. Von dieser definitorischen Warte aus betrachtet, ist Markteffizienz nur eine Frage der Ausgestaltung regulatorischer Handelshemmnisse. Hier liegt auch die Problematik der JENSEN-Terminologie bezüglich der Transaktionskosten. Je höher die Transaktionskosten[26] sind, desto grösser ist die Wahrscheinlichkeit, dass ein Markt - ausgehend von der Definition JENSEN's - als "effizient" beurteilt werden muss. Diese Interpretation von Markteffizienz trifft den ursprünglichen Kern der Sache nicht. Auf einem kompetitiven Markt - und als solcher muss im Sinne der Effizienzmarkthypothese der Finanzmarkt gesehen werden - dürfen Kosten keine

26) Lässt man Transaktionskosten unendlich anwachsen, so gibt es keine Handelsstrategie mit positivem (Netto-)Ertrag, d.h. jeder Markt wird per Definition zu einem "effizienten" Markt.

massgebliche regulatorische Wirkung zeigen. Das "pièce de résistance" der Effizienzmarkthypothese sind nicht die Transaktions- sondern die Informationskosten.[27] Die Frage ist nur, ob Erträge, welche aufgrund dieser Informationen erzielt werden, in einem adäquaten Verhältnis zu den Informationskosten stehen. Diese zentrale Bedeutung der Informationskosten ergibt sich aus dem formalen Konzept der Effizienzmarkthypothese einerseits und aus der Auslegung der empirischen Testverfahren andererseits.

27) Geht man vom traditionellen "Bid-Ask-Spread Approach" aus, d.h. misst man die Transaktionskosten als Differenz zwischen An- und Verkaufspreis, so lassen sich diese Kosten als "versteckte" Informationskosten auslegen. Die Argumentation ist so, dass Banken und Finanzinstitute den durch den Bid-Ask-Spread entstandenen Arbitragegewinn dazu verwenden, ihren Kunden bzw. der Öffentlichkeit kostenlos aufwendige Informationsdienstleistungen (z.B. Reuters u.ä., Researchberichte, Kursblätter, Firmenberichte etc.) anzubieten. Unter diesem Aspekt kann ein "normaler" Bid-Ask-Spread" als versteckte "Informationssubvention" interpretiert werden.

3. Zum Begriff der Markteffizienz: Abschliessende Betrachtung zur Verwendung des Konzeptes

Der Modellgedanke der Effizienzmarkthypothese stammt aus einer Zeit, in der für das Verhalten spekulativer Finanzaktivapreise kaum eine systematische, ökonomische Erklärung präsent war. Mit dem Ansatz der Markteffizienz wurde für diese Märkte - in Anlehnung an die traditionelle Wettbewerbsliteratur - ein Konzept eines kompetitiven Marktes adaptiert. Diese Grundsteinlegung, die Erarbeitung eines Marktkonzeptes, war für die Entwicklung der Finanzmarkttheorie wesentlich.

Wenn Preise von Finanzaktiva unverzögert auf die Veröffentlichung von Informationen reagieren, dann impliziert dies, dass künftig keine Preisreaktionen bezüglich bereits bekannter, alter Information zu erwarten sind.[28] Demgegenüber muss auf einem "ineffizienten" Markt eine unvollständige Antizipation der Preise bzgl. öffentlich zugänglicher Information vorliegen. Ineffizientes Preisverhalten impliziert also, dass künftige Preisschwankungen zu einem gewissen Teil von bereits bekannten (unvollständig eskomptierten) Informationen herrühren. Klassische Beispiele sind Über- bzw. Unterreaktionen bzgl. neu auftretender Informationen.[29] Solche Preise erfüllen nicht mehr das Effizienz- oder Minimum-Varianz-Kriterium bezüglich der vorhandenen (öffentlichen) Informationsmenge.

In diesem Kapitel wurde versucht, ausgehend von FAMA(1970,1976), das Konzept der Markteffizienz vorzustellen und mit den frühen kritischen Beiträgen zu beleuchten. Der Versuch, eine abschliessende Definition zu finden, ist problematisch. Ein solcher Versuch, wenngleich unvollständig und provisorisch, soll aber im Rahmen der vorliegenden Arbeit vollzogen werden.

Zusammenfassend bringt die Literatur zur Markteffizienz eine Formulierung eines kompetitiven Marktgleichgewichts als Resultat unverzögerter Verarbeitung öffentlicher Informationen hervor. Unterschiedliche Interpretationen

28) Man spricht in diesem Zusammenhang davon, dass künftige Erträge hinsichtlich öffentlich verfügbarer Information das "minimum variance"-Kriterium erfüllen.

"Thus, of all feasible prices, those established in such a market offer the minimum-variance distribution of future returns, conditional on public information."

[BALL(1988), S.39]

29) Ein wesentlicher Beitrag zu diesem Thema stammt u.a. von DeBONDT/THALER(1985,1987).

und Darstellungen des Marktgleichgewichts in der Literatur lassen grundsätzlich drei Definitionen dieses Gleichgewichts zu:[30] Ein effizienter Markt ist dadurch gegeben, dass

1. Preise sich in einem kompetitiven Gleichgewicht befinden bezüglich relevanter (öffentlicher) Information; oder

2. Preise und Portfolios sich in einem kompetitiven Gleichgewicht befinden bezüglich relevanter (öffentlicher) Information; oder

3. Es keine Handelsstrategie gibt, basierend auf (öffentlicher) Information, welche abzüglich aller Kosten systematisch Gewinne erzielt.

Beginnend mit FAMA(1970) beziehen sich die meisten formalen Darstellungen auf die erste Definition, wobei sich die empirische Forschung des öftern der dritten Variante bedient. Arbeiten, welche das Handelsvolumen mit einbeziehen, korrespondieren mit der zweiten Definition.

Ein weites Feld in der Effizienzmarkt-Diskussion wird eingenommen durch die formale Kritikdebatte der "Informationsökonomen". Diese Diskussion scheint eher zu verwirren, da Marktspezifikationen oft mit Informationsspezifikationen vermischt werden. Die formale Kritikdebatte (RUBINSTEIN, SHARPE, BEJA, BEAVER, LATHAM u.a) hat, so scheint es, die Effizienzmarkt-Diskussion mit einer formalen "Arabeske" bereichert. Sie hat sie aber nicht hinsichtlich überprüfbarer Implikationen weitergebracht und auch kaum um wesentliche Interpretationen erweitert.

Für die konzeptionelle Weiterführung der Effizienzmarkt- Diskussion in dieser Arbeit scheint es mir angebracht, ein Konstrukt zu verwenden, welches einerseits ein konsistentes, theoretisches Modell enthält und andererseits mit der existenten empirischen Forschung auf diesem Gebiet korrespondiert. In diesem Licht betrachtet, bietet der Ansatz von FAMA(1976) die weitaus beste Möglichkeit.

---

30) Sie werden u.a. in BALL(1988, S.40) treffend zusammengefasst.

4. Aktienmarktineffizienzen: Identifikation und Selektion

Aufbauend auf der Effizienzmarkthypothese und den Erkenntnissen der modernen Portfoliotheorie soll im folgenden, im Rahmen eines einfachen Konzeptes, der Komplex sog. "Marktineffizienzen" diskutiert werden. Aus einer beinahe unüberschaubaren Vielzahl empirisch beobachteter Phänomene werden, ohne Anspruch auf Vollständigkeit, die populärsten "Effekte" herausgegriffen. Diese sollen bezüglich ihrer Relevanz für den Schweizer Aktienmarkt getestet und im Lichte der Effizienzmarkthypothese interpretiert werden.

Im allgemeinen ist von einer "Aktienmarktineffizienz" dann die Rede, wenn der jeweilige Preis nicht alle verfügbaren und relevanten Informationen zeitlich unverzögert und korrekt widerspiegelt. So z.B. kann eine momentane "Überreaktion" des Preises auf eine Informationsveröffentlichung bzw. eine spätere Kurskorrektur als Ineffizienz bezeichnet werden, weil die Information zum Zeitpunkt ihrer Veröffentlichung nicht korrekt durch die Preisveränderung wiedergegeben wurde. Oder auch saisonale Preisfluktuationen können, wenn sie jenseits fundamentaler Zusammenhänge auftreten, in Richtung einer "Marktineffizienz" interpretiert werden.

Für die empirische Identifikation von "Marktineffizienzen" ist ferner die Implikation wesentlich, nach welcher es auf einem effizienten Markt nicht möglich ist, aufgrund der Kenntnisse vergangener Preisentwicklung oder aufgrund etwelcher anderer Informationszusammenhänge systematisch eine Rendite zu erwirtschaften, welche über eine "Normalrendite" hinausgeht. Damit dieser Zusammenhang für das weitere Vorgehen brauchbar wird, muss der Terminus "Normalrendite", bezogen auf eine Aktieninvestition, präziser gefasst werden. Dies ist nur möglich, wenn nebst der Rendite einer Anlage auch deren Risiko in die Betrachtung einbezogen wird.

Der Zusammenhang zwischen Ertrag und Risiko wird insbesondere mit dem Capital Asset Pricing Modell (CAPM) in einem Gleichgewichtsmodell dargestellt. Gemäss diesem, aus der modernen Portfoliotheorie stammenden Ansatz, wird der erwartete Return einer Anlage langfristig durch das entsprechende Risiko (definiert als Standardabweichung der Renditen) bestimmt. Der wesentliche Eckpfeiler der modernen Portfoliotheorie liegt in der Erkenntnis, dass das Risiko einer Anlage durch Portfoliobildung bzw. durch Diversifikation bis auf das Marktrisiko reduziert werden kann. Das minimale

Risiko (Minimum-Varianz Kriterium) ist somit gegeben durch das Risiko des Marktes, in dem die Anlage getätigt wird. Unter Einbezug dieser Erkenntnis kann für die Effizienzmarkthypothese folgende Erweiterung formuliert werden:

> Bei Gültigkeit der Effizienzmarkthypothese kann auf einem bestimmten Markt langfristig kein Ertrag erwirtschaftet werden, welcher systematisch über dem Ertrag des betreffenden Marktes liegt. Es sei denn, es werden höhere Risiken als das jeweilige Marktrisiko (systematisches Risiko bzw. Beta-Faktor) in Kauf genommen.[31]

In dem Sinne kann von einer Markteffizienz dann gesprochen werden, wenn im Vergleich zum Risiko bzw. Ertrag eines Marktes, bei gleichem oder geringerem Risiko, langfristig systematisch höhere Erträge erwirtschaftet werden können. Geschieht dies durch

1. Markt Timing - d.h. indem allfällige saisonale Marktschwankungen ausgenützt bzw. systematische Timingregeln angewandt werden, so wird künftig von einer **saisonalen Anomalie** od. saisonalen Marktineffizienz die Rede sein.

2. Portfolio Selection - d.h. indem die Aktien für die Portfoliozusammensetzung aufgrund systematischer Kriterien (P/E, Marktkapitalisierung, Performance, Dividend Yield etc.) ausgewählt werden, so soll im folgenden von einer **relativen Anomalie** od. relativen Marktineffizienz gesprochen werden.

Somit kann der fehlende Bezug zu dem, was in der Effizienzmarkt-Debatte oft als "Normalrendite" bezeichnet wird, hergeleitet werden. Wohlgemerkt ist der Bezug ein relativer und nicht ein absoluter. Dies ergibt sich aber deshalb, weil das zugrundegelegte Preisbildungsmodell, das Capital Asset Pricing Modell, ein relatives bzw. partielles Gleichgewichtsmodell darstellt. Hier stösst man auch an eine der Grenzen der aktuellen Effizienzmarkt-Diskussion, ein Punkt, welcher u.a. im letzten Kapitel dieser Arbeit kritisch gewürdigt wird.

---

31) Diese Äusserungen gelten nur für Portfolios, welche ausschliesslich in einem Land bzw. Markt angelegt sind. Es ist klar, dass, im Vergleich zu einem einzelnen Markt, durch zusätzliche Diversifikation über die Markt- bzw. Ländergrenzen hinweg (internationale Diversifikation) das Portfoliorisiko gesenkt, bzw. der erwartete Ertrag erhöht werden kann.

Kapitel 2: Der Aktienmarkt und die "Overreaction"-Hypothese: Theorie und empirische Evidenz

"At the least sophisticated level of economics lies the belief that certain economic variables should not diverge from their fundamental value by too great an extent - at least in the long run."

C.W.J. Granger

1. Einleitung

Die frühen Arbeiten zur Finanzmarkttheorie brachten mit der Effizienzmarkthypothese einen wesentlichen Ansatz hervor, welcher im Rahmen von Kapitel 1 eingehend erläutert wurde. Gemäss diesem Ansatz werden Finanzmärkte als kompetitive Märkte gesehen, auf denen eine korrekte und unverzögerte Verarbeitung der aktuellen Information durch die Marktteilnehmer erfolgt. Dies heisst auch, dass bekannte Informationen, welche im heutigen Preis enthalten sind, für die künftige Preisentwicklung keine Rolle mehr spielen.[1]

Bezüglich des Preisbildungsprozesses von Finanzaktiva wurde dementsprechend ein nicht-stationärer Zufallsprozess (Random Walk) zugrundegelegt. Die empirischen Arbeiten dieser Ära befassten sich schwergewichtig mit der Überprüfung der Effizienzmarkthypothese anhand von Random Walk-Tests.[2] Sie zeigten im wesentlichen positive Evidenz zugunsten der Effizienzmarkt- bzw. Random Walk-Hypothese.

> *"It seems safe to say that this paper has presented strong and voluminous evidence in favor of the random-walk hypothesis."*
>
> *[FAMA(1965, S.98]*

Die Effizienzmarkt-Diskussion der achtziger und neunziger Jahre brachte empirische Ergebnisse hervor, welche die Gültigkeit der Random Walk-Hypothese in einem neuen, kritischen Licht erscheinen liessen. Das Interesse der Finanzmarktforschung an der Effizienzmarkthypothese schien wie neu geweckt und eine Flut empirischer Arbeiten brachte Phänomene im Preisverhalten hervor, welche als sog. "Anomalien" oder "Marktineffizienzen" bezeichnet wurden.

In diesem zweiten Kapitel geht es im wesentlichen um zwei Phänomene, welche die Effizienzmarktdebatte der letzten Jahre prägten. Einerseits ist es die Feststellung, dass Aktienpreise "übervolatil" auf Dividendenveränderungen reagieren (Excess Volatility-Debatte)[3] und andererseits ist es die Feststellung,

---

1) *".. efficient capital markets have no memory." [BREALEY/MYERS(1988), S.289]*

2) Das Augenmerk der Random Walk-Tests lag im wesentlichen in der Überprüfung der Unabhängigkeit aufeinanderfolgender Preisveränderungen anhand der sog. Autokorrelationsanalyse. Eine Übersicht über die empirischen Testverfahren findet sich u.a. in FAMA(1976) und, angewandt auf den Devisenmarkt, in HERI(1982) und GAAB(1983).

3) Für eine Zusammenfassung vgl. SHILLER(1989) sowie den kritischen Kommentar von COCHRANE(1991c).

dass Aktienpreise im Aggregat "Mean Reversion" aufweisen ("Mean Reversion"-Debatte).[4] Beide Feststellungen basieren auf einer Reihe empirisch ausgelegter Arbeiten zum Verhalten von Aktienpreisen. Die empirischen Ergebnisse zu "Excess Volatility" und "Mean Reversion" führten zur Hypothese, dass Preise von Finanzaktiva bezüglich neuer Information systematisch "überreagieren" ("Overreaction"-Hypothese).

Eine Überreaktion der Marktteilnehmer auf relevante, neue Information heisst in diesem Kontext auch, dass diese im Laufe der künftigen Preisentwicklung "korrigiert" wird bzw. dass der künftige Preis nicht mehr unabhängig von bereits bekannter Information ist. Ein solches Preisverhalten würde demzufolge auch dazu führen, dass aufeinanderfolgende Preisveränderungen nicht mehr unabhängig voneinander sind (Verletzung der Random Walk-Hypothese).

Die zentrale Frage, ob eine allfällig positive empirische Evidenz zugunsten der "Overreaction"-Hypothese im Endeffekt für oder gegen die Effizienzmarkthypothese spricht, lässt sich nicht ohne weiteres beantworten. Diese Fragestellung bildet deshalb auch einen der Kernpunkte in diesem Kapitel.

Zuerst wird im nächstfolgenden, **zweiten Abschnitt** die Hypothese "überreagierender" Aktienmärkte im Rahmen der empirisch beobachteten Phänomene "Excess Volatility" und "Mean Reversion" vorgestellt. Bezüglich der Frage, welche Gründe für ein Überreagieren der Marktteilnehmer sprechen bzw. welche Gründe letztlich für "Excess Volatility" bzw. "Mean Reversion" in den Daten verantwortlich sind, werden im Sinne einer ökonomischen Fundierung zwei unterschiedliche Ansätze präsentiert. Auch die Frage, ob sich die empirischen Phänomene im Rahmen der Effizienzmarkthypothese bzw. unter der Annahme rational handelnder Marktteilnehmer erklären lassen oder nicht, wird diesbezüglich von entscheidendem Interesse sein.

Im **dritten Abschnitt** geht es darum, bezüglich des Phänomens "Mean Reversion" eine Testhypothese zu formulieren und diese anhand eines Varianz Ratio-Tests für Schweizer Daten zu testen. Die Wahl des Varianz Ratio-Tests stützt sich wesentlich auf die Erkenntnisse amerikanischer Studien, welche die Adäquanz dieses Testprozederes für den vorliegenden Fall darlegen. Die Analyse wird sowohl für Jahres- wie auch für Monatsreturns schweizerischer Aktien vorgenommen und in einer Ergebnisanalyse am Ende des Abschnitts zusammengefasst.

---

4) Für eine Darstellung dieser Thematik vgl. u.a. FAMA/FRENCH(1988), POTERBA/SUMMERS(1988) und Lo/MacKINLEY(1988).

Ein <u>vierter Abschnitt</u> dient dazu, basierend auf den gewonnenen Resultaten eine mögliche Random Walk-Alternative für den Preisbildungsprozess vorzuschlagen. Dabei wird dem Aktienpreis bzw. Index modellmässig eine Kombination von Random Walk- und stationärem AR(1)-Prozess zugrundegelegt. Die Idee dahinter ist, "Mean Reversion" in Form einer leicht abfallenden stationären Preiskomponente zu erfassen bzw. anhand einer Varianzdekomposition zu quantifizieren.

Der <u>fünfte Abschnitt</u> ist für eine Zusammenfassung des Kapitels und eine Schlussbetrachtung vorgesehen.

2. Die "Overreaction"-Hypothese

Die "Overreaction"-Hypothese[5] basiert im wesentlichen auf empirischen Ergebnissen, welche zeigen, dass Preise von Finanzaktiva bezüglich neuer Information "überreagieren". Die zugrundeliegenden empirischen Phänomene werden in der Literatur als "Excess Volatility" und "Mean Reversion" bezeichnet.

2.1. "Excess Volatility" und "Mean Reversion": Darstellung der empirischen Phänomene

Im Rahmen der "Overreaction"-Hypothese sollen im folgenden die beiden der Hypothese zugrundeliegenden Phänomene genauer dargelegt bzw. bezüglich ihrer empirischen Relevanz ausgeleuchtet werden.

2.1.1. "Excess Volatility"

Mit den Arbeiten von SHILLER(1981) und LeROY/PORTER(1981) wurde erstmals empirisch gezeigt, dass der Preis einer Aktie auf eine Veränderung der Dividende "übervolatil" reagiert. Die empirischen Tests dieser Ära[6] basieren auf der Analyse eines einfachen Dividend-Discount Modells der Art

(2.1) $$P_t = E_t \sum_{j=1}^{\infty} \rho^j D_{t+j}$$

P_t bezeichnet den Preis des Assets P zum Zeitpunkt t
ρ ist der Diskontfaktor
D_t bezeichnet die Dividende und
E_t steht für den Erwartungswert

5) Eine der ersten expliziten Formulierungen der "Overreaction"-Hypothese findet man in den Arbeiten von DeBONDT/THALER(1985,1987).

6) Die Ausführungen an dieser Stelle haben lediglich zum Ziel, die "Idee" hinter den Volatilitäts-Tests kurz darzulegen. Für eine ausführliche und fundierte Darstellung vgl. SHILLER(1989) oder auch LeROY(1989).

Die zugrundeliegende Nullhypothese ist dabei die, dass der Preis (P) eine gleiche bzw. geringere Volatilität aufweist, als dies ex post durch die Barwert-Beziehung gegeben ist.

Die Nullhypothese solcher sog. "Variance-Bounds" Tests schreibt sich als $Var(E(x \mid y)) \leq Var(x)$ für die Zufallsvariablen x und y.[7] Dies impliziert unter Einbezug obiger Gleichgewichtsbeziehung, dass

(2.2)
$$Var(P_t) \geq Var\left(\sum_{j=1}^{\infty} \rho^j D_{t+j}\right)$$

Die Idee solcher Volatilitäts-Tests lag in der Überprüfung, ob die Barwert-Beziehung zwischen Aktienpreis und den zugrundeliegenden Fundamentalvariablen (meist die Dividende) im Durchschnitt hält.

Empirische Ergebnisse, welche in diesem Zusammenhang eine exzessive Volatilität der Aktienpreise gegenüber der Fundamentalvariable (Dividende) darlegen, wurden vielerorts als Gegenevidenz zur Markteffizienzhypothese interpretiert.[8] Der Schluss, dass Preise zu volatil sind, um im Rahmen eines effizienten Marktes erklärt zu werden, scheint sich in der Literatur nicht vollends durchzusetzen. So z.B. äussert sich u.a. COCHRANE(1991) in seinem Essay kritisch zu dieser Interpretation:

> *"This interpretation is wrong. Volatility tests are in fact only tests of specific discount-rate models, and they are equivalent to conventional return-forecasting (Euler-equation) tests. Thus the bottom line of volatility tests is not 'markets are inefficient' since 'prices are too volatile', but simply 'current discount-rate models leave a residual' since (discounted) returns are forecastable"*
>
> *[COCHRANE(1991), S.464]*

Im Gegensatz zu den Volatilitäts-Tests, deren empirische Relevanz sich auf die Dividend-Discount Beziehung beschränkt, lässt "Mean Reversion" fundamentale Zweifel an der zentralen Annahme unkorrelierter Periodenreturns aufkommen.

---

7) Vgl. hierzu die Ausführungen in COCHRANE(1991), S.465ff.

8) Dies kommt u.a. klar zum Ausdruck bei SHILLER(1989).

2.1.2. "Mean Reversion"

"Mean Reversion" impliziert, dass Preisveränderungen negativ autokorreliert und somit nicht, wie dies durch die Random Walk Hypothese postuliert wird, vollständig unabhängig voneinander sind. Im Zusammenhang mit der "Overreaction"-Hypothese ist die Interpretation von "Mean Reversion" dahingehend, dass Abweichungen des Aktienmarktes vom zugrundeliegenden, fundamentalen Trend wieder im Sinne einer "Trendrückkehr" korrigiert werden.

Als frühe empirische Hinweise zu "Mean Reversion" können die Ergebnisse von DeBONDT/THALER(1985,1987) interpretiert werden. Sie beziehen sich auf eine Untersuchung der Portfolioverläufe zweier Extremportfolios von ex post "outperformenden" bzw. "underperformenden" Titeln. Beide Portfolios zeigen - relativ zum vorangegangenen Verlauf - eine reversible Tendenz. Das in der Vergangenheit schlechter performende Portefeuille zeigte im weiteren Verlauf eine bessere Performance als das in der Vergangenheit besser performende. In ihrer Schlussfolgerung findet man dann auch eine der ersten expliziten Formulierungen der "Overreaction"-Hypothese.[9]

Als nächste finden FAMA/FRENCH(1988), POTERBA/SUMMERS(1988), LO/MacKINLAY(1988), CAMPBELL/SHILLER(1988), FAMA/FRENCH (1988), KIM/NELSON/STARTZ(1991), meist anhand von Varianz Ratio-Tests, "Mean Reversion" im langfristigen Preisverhalten von Finanzaktiva.

Anders als die "Excess Volatility"-Debatte, welche sich schwergewichtig auf die Barwertbeziehung zwischen Aktien und ihrer Dividende bezieht, kann "Mean Reversion" im Lichte der Effizienzmarktdiskussion als das allgemeinere Phänomen interpretiert werden. Denn "Mean Reversion" stellt eine der wichtigsten Implikationen der Effizienzmarkthypothese, nämlich die Unkorreliertheit der Preisveränderungen, in Frage.

Bevor mit "Mean Reversion" der zentrale Punkt der "Overreaction"-Hypothese für den Schweizer Aktienmarkt getestet werden soll, ist es wichtig, sich im Rahmen der Effizienzmarkthypothese zu überlegen, welche ökonomisch motivierten Gründe allenfalls für ein Überschiessen des Aktienmarktes sprechen.

---

9) Die "Overreaction"-Hypothese versteht sich im Zusammenhang mit den Arbeiten von DeBONDT/THALER(1985,1987) als "Überreaktion" auf Earnings-Ankündigungen bzw. Fehl- einschätzungen künftiger Einkommensströme.

2.2. Ökonomische Fundierung und Erklärungsansätze zur Hypothese "überschiessender" Aktienmärkte

Bezüglich der ökonomischen Fundierung der "Overreaction"-Hypothese und somit der Erklärung der Phänomene "Excess Volatility" bzw. "Mean Reversion" geht die neuere Literatur zwei unterschiedliche Wege.

Zum einen wird ein Überschiessen von Aktienpreisen auf die Existenz sog. "Noise Traders", d.h. irrationaler Marktteilnehmer, zurückgeführt. "Noise Traders" basieren bezüglich ihrer Entscheidung nicht nur auf Änderungen relevanter Fundamentalvariablen, sondern unterliegen zusätzlich einem Marktsentiment (Optimismus/Pessimismus), d.h. sie entscheiden nicht mehr rational im Sinne der Bayes'schen Entscheidungsregel. Ansätze mit diesem Hintergrund werden als "Noise"-oder "Fads & Fashions"-Ansätze bezeichnet.

Zum anderen gibt es eine ganze Reihe von Ansätzen, welche reale, fundamentalökonomische Gründe für die beobachteten Phänomene verantwortlich machen. Im Gegensatz zur "Fads & Fashions"-Interpretation wird in diesen Ansätzen konsequent an der Annahme rationaler Marktteilnehmer festgehalten. Im folgenden sollen beide Ansatzweisen dargestellt, bzw. diskutiert werden.

2.2.1. "Noise Trading"- bzw. "Fads & Fashions"-Ansätze

DeBONDT/THALER(1987,1988) zeigen positive empirische Evidenz zugunsten der "Overreaction"-Hypothese. In ihrer Erklärung bzw. in der Interpretation der Ergebnisse basieren sie u.a. auf den Arbeiten von KAHNEMAN/ TVERSKY((1982), GRETHER(1980) und KAHNEMAN/ SLOVIC/TVERSKY(1982) und versuchen, eine psychologisch-orientierte mikroökonomische Fundierung des Investorenverhaltens herzuleiten. Kernpunkt ihrer Argumentation ist, dass das Investorenverhalten keiner Bayesianischen Entscheidungsstruktur folgt.

> *"It appears that, contrary to Bayes'Rule, when revising beliefs, subjects systematically overweight singular information about the specific case a hand and underweight distributional or base-rate information.*
>
> *[DeBONDT(1988), S.60]*

Die Marktteilnehmer bzw. ein Teil der Marktteilnehmer unterliegen demzufolge bezüglich der künftigen Marktentwicklung einem "irrationalen" Sentiment - oft bezeichnet als "Fads & Fashions". Diese Sicht der Dinge spiegelt sich in einer ganzen Reihe jüngerer empirischer Untersuchungen zur Markteffizienz wieder. Das, was man als "Excess Volatility" bzw. "Mean Reversion" in den Daten fand, verlangte zunehmends nach der Spezifikation einer alternativen Markthypothese. Mit dem Einbezug von "Fads & Fashions" bezüglich dem Investorenverhalten konnte ein alternativer Erklärungsansatz für die empirisch beobachteten Phänomene "überschiessender" Aktienmärkte gefunden werden.

Basierend auf der "Overreaction"-Hypothese wird ein hypothetisches Marktverhalten spezifiziert, welches nebst rational handelnder Investoren die Existenz "irrationaler" sog. "noise-trader" zulässt. Solche Ansätze finden sich u.a. in den Arbeiten von SHILLER(1984), BLACK(1986), DeLONG/ SHLEIFER/SUMMERS/WALDMAN(1987), SHEFRIN/STATMAN(1988), SHLEIFER/SUMMERS(1990). Der zugrundeliegende Gedanke dieser Ansätze soll im folgenden kurz zusammengefasst bzw. erläutert werden.

Die "Noise Trading-" bzw. "Fads & Fashion" Ansätze der zitierten Autoren gehen davon aus, dass es folgende zwei grundsätzlich unterschiedliche Arten von Marktteilnehmern gibt: "Noise Traders" und "Rationale Investoren". Bezüglich dieser zwei Kategorien von Investoren gelten folgende Annahmen:[10]

1. "Noise Traders" sind bezüglich ihrer Entscheidungsfindung nicht völlig rational in dem Sinne, dass ihre Nachfrage für ein risikoreiches Asset einem momentanen Sentiment (z.B. Optimismus/ Pessimismus) unterliegt. Ihr Entscheidungsverhalten reflektiert so nur unvollständig oder verzerrt die fundamental relevante Information.

2. "Rationale Investoren" sind im Sinne der Effizienzmarkthypothese als rationale, risikoaverse Marktteilnehmer zu verstehen. Ihr Entscheidungsverhalten folgt der Bayes'schen Regel, basierend auf der fundamental relevanten Information.

Es ist klar, dass diese künstliche Trennung didaktischer Natur ist und sich in der Praxis nicht exakt nachvollziehen lässt bzw. auch nicht lassen muss. Die Idee dahinter ist, dass sich das Marktverhalten eines Investors entweder in diese oder jene Richtung interpretieren lässt.

---

10) Vgl. SHLEIFER/SUMMERS(1990), S.20-21.

"In my basic model of financial markets, noise is contrasted with information. People sometimes trade on information in the usual way. They are correct in expecting to make profits from these trades. On the other hand, people sometimes trade on noise as if it were information.

[BLACK(1986), S.529]

Die Existenz von "Noise" bzw. von "Noise Traders" auf dem Markt hat eine entscheidende Implikation für das Zustandekommen eines Marktgleichgewichtes. Bei Absenz von "Noise", d.h. beim klassischen Effizienzmarkt-Modell, kommt ein kompetitives Gleichgewicht aufgrund des Arbitrageverhaltens rationaler, risikoaverser Marktteilnehmer zustande. Bei Existenz von "Noise" hingegen wird der Arbitragemechanismus gestört bzw. verzerrt, da das Sentiment der "Noise Traders" kein Teil des Kalküls rationaler Marktteilnehmer ist.

"Arbitrage - defined as trading by fully rational investors not subject to sentiment - is risky and therefore limited ... so changes in investor sentiment are not fully countered by arbitrageurs and so affect security returns.

[SHLEIFER/SUMMERS(1990), S.20]

Unvollständige Arbitrage[11] aufgrund der Existenz von "Noise" kann dazu führen, dass grössere Abweichungen der Preise von ihrem fundamentalen Gleichgewicht zustandekommen. Dies ist v.a. dann der Fall, wenn der rational handelnde Arbitrageur das korrekte fundamentale Gleichgewicht falsch einschätzt.[12]

Die Existenz von "Noise Traders" führt dazu, dass nicht nur - im Sinne der Effizienzmarkthypothese - relevante Informationen einen Einfluss auf die Preisbildung haben, sondern auch andere. Diese können in Anlehnung an BLACK(1986) als "Pseudo-Signale" bezeichnet werden. Die chartistische Auslegung einer Marktsituation durch einen "anerkannten" Charttechniker kann ein solches Signal bewirken. Signale dieser Art werden von Brokern u.ä. auch zur Stimulierung der Nachfrage gesendet. Überhaupt ist Trend-Extrapolation ein wesentliches Charakteristikum populärer, nicht

---

11) Nebst der Existenz von "Noise" können weitere Gründe für unvollständige Arbitrage auftreten. So z.B. das Fehlen perfekter Substitution, zeitlich begrenzter Anlagehorizont, begrenzte Möglichkeiten der Kapitalaufnahme etc. Für eine ausführliche Diskussion dieses Punktes vgl. die oben zitierte Literatur.

12) SUMMERS(1986) zeigt, dass Zeitreihen, welche über eine lange Zeitperiode von ihrem fundamentalen Gleichgewicht abweichen, unschwer als Random Walk interpretiert werden können.

fundamental orientierter Markt- bzw. Prognosemodelle.[13] "Noise Traders" folgen in ihrem Verhalten dem Markttrend und gewichten Volumeneffekte und neue Information stärker als Fundamentalfaktoren.[14] In dieser Eigenschaft haben sie die Tendenz, bezüglich neuer Information systematisch "überzureagieren".

In einem solchen Markt fluktuieren Preise stärker, als dies aufgrund der Fluktuation der zugrundeliegenden Fundamentals gerechtfertigt wäre. Denn zusätzlich zur relevanten Information reagiert der Marktpreis auf das, was in der "Noise"-Debatte als "Sentiment" bezeichnet wird. Abweichungen der Preise vom fundamentalen Gleichgewicht und auch die Rückführung zu diesem, werden - unter der Annahme unvollständiger Arbitrage - durch "Sentiment"-Effekte getragen bzw. verstärkt. Bei limitierter Arbitrage kann der Rolle des rationalen Investors od. Arbitrageurs ein spieltheoretischer Aspekt beigemessen werden. Je nach Einschätzung der relativen Marktmacht der "Noise Trader" wird der rationale Investor das Marktverhalten derselben in seine Handels- bzw. Arbitrageüberlegungen einbeziehen.

> *"Not only do arbitrageurs spend time and money to predict noise trader moves, they also make active attempts to take advantage of these moves. When noise traders are optimistic about particular securities, it pays arbitrageurs to create more of them... Just as entrepreneurs spend resources to build casinos to take advantage of gamblers, arbitrageurs build investment banks and brokerage firms to predict and feed noise trader demand.*
>
> *[SHLEIFER/SUMMERS(1990), S.26]*

Ein oft eingeräumtes Argument gegen die Existenz von "NoiseTraders" ist, dass diese systematisch Geld verlieren und somit automatisch aus dem Markt austreten. Es ist schwierig, diesen Punkt zu beurteilen, zumal er nicht zwingend ist. Ein aggressives Marktverhalten ohne fundamentalen Hintergrund (z.B. lediglich aufgrund einer optimistischen Markteinschätzung), gerade wenn es trendantizipierend ist, führt nicht zwingend zu Verlusten. Hingegen sind Gewinne aus einer solchen, nicht rationalen, nicht Bayesianischen Einschätzung der "wahren",zugrundegelegten Wahrscheinlichkeitsverteilung dahin gehend zu interpretieren, dass sie durch eine Fehleinschätzung (Unterschätzung) des effetiv eingegangenen Risikos entstanden sind.

---

13) Vgl. hierzu SHILLER(1981,1984) oder auch FRANKEL/FROOT(1986). Letztere analysieren Wechselkursprognosen der achtziger Jahre und zeigen, dass diese für die kurze Frist im wesentlichen auf einer Trend-Extrapolation basieren, auch wenn langfristig, ausgehend von fundamentalen Faktoren, von einer Trendumkehr ausgegangen wird.

14) Vgl. hierzu auch TVERSKY/KAHNEMAN(1982).

Für eine bleibende Existenz von "Noise Traders" kann auch sprechen - im Sinne der oben zitierten Literatur - dass der Erhalt derselben eine gewinnbringende Strategie rationaler Marktteilnehmer (Arbitrageure) ist.

Wenn es eine genügend grosse Anzahl prozyklischer, trendantizipierender Investoren gibt, ist es nicht zwingend, dass rationale Investoren systematisch dagegenhalten. Unter dem Aspekt begrenzter Arbitragemöglichkeiten ist es durchaus lohnend - für alle Marktteilnehmer - einen Teil der Trendbewegung mitzumachen bzw. zu unterstützen. Dies kann bedeuten, dass, zumindest für kurze Zeitperioden, rational handelnde Investoren den Marktpreis eher von seinem fundamentalen Gleichgewicht wegtreiben als zu diesem zurückführen.[15] Ein solches Preisverhalten führt in der kurzen Periode zu positiver Autokorrelation in den Returns. Ein allfälliges Rückführen der Preise hin zu ihrem fundamentalen Gleichgewicht, induziert durch Arbitrage und eine Änderung des Sentiments, führt demzufolge zu negativ autokorrelierten Returns bzw. zu "Mean Reversion".

2.2.2. Gleichgewichtsansätze mit rationalen Marktteilnehmern

(a) Ein Überblick

Wurde zuvor ein "Fads & Fashions"- bzw. "Noise Trading"-Ansatz erläutert, so soll im folgenden, basierend auf der "Overreaction"-Hypothese ein Gleichgewichtsansatz dargestellt werden. Die Literatur der späten achtziger Jahre brachte Ansätze einer Gleichgewichtstheorie hervor, in welcher die Phänomene "Excess Volatility" bzw. "Mean Reversion" im Rahmen einer Gleichgewichtsbetrachtung Eingang finden.

Beispiele hierzu liefern CECCHETTI/LAM/MARK(1988) und BROCK/ LeBARON(1989), welche, im wesentlichen den Ausführungen von LUCAS(1978) folgend, Motive im Konsumverhalten ("consumption smoothing") für negativ autokorrelierte Aktienpreise - im Sinne von "Mean Reversion" verantwortlich machen.

CECCHETTI et al. unterstellen bezüglich der relevanten Makrovariablen (Dividendenpolitik, Konsum, GNP) "boom"- und "bust"-Zyklen bzw. modellieren diese anhand eines nicht stationären Markov Prozesses für den

15) Vgl. hierzu die Ausführungen von DeLONG/SHLEIFER/SUMMERS und WALDMANN(1990) oder auch die Ergebnisse der Varianz Ratio-Tests in POTERBA/ SUMMERS(1988) und KIM/NELSON/STARTZ(1991).

realen Sektor.[16] In Perioden mit niedrigen Dividenden tendieren Investoren dazu, ihre Aktienbestände zu veräussern, um ihren Einkommensstandard zu erhalten ("consumption smoothing"-Annahme). Als Konsequenz davon fallen die Aktienkurse und die erwarteten Returns steigen. Die Modellierung von BROCK/LeBARON ist in den Grundzügen ähnlich. Beide Arbeiten gehen von realen Zyklen bzw. von "überschiessenden" Fundamentalvariablen aus und erklären via Nutzen- bzw. Konsumfunktionen ein "Überschiessen" des monetären Sektors bzw. Aktienmarktes.

Der Modellansatz von BLACK(1989) ist etwas anders gelagert und kann als Spezialfall der Modellierung von MERTON(1969,1971, 1973), erweitert durch die Annahme unsicherer technologischer Faktoren,[17] gesehen werden. Zusätzlich unterstellt BLACK den Marktteilnehmern Unsicherheit hinsichtlich des Preises für Risiko. In seiner Nutzenfunktion unterteilt BLACK "Risikoaversion" in zwei Komponentenvariablen: Konsumelastizität und Risikoaversion. Risikoaversion in der BLACK'schen Formulierung ist definiert als die Menge Risiko, welche ein Investor zu einem gegebenen Preis für Risiko nehmen will.[18]

Für die Modellvariablen, dem Preis für Risiko und Wohlstand, wird eine inverse Beziehung unterstellt. Sinkt der Wohlstand, so steigt der Preis für Risiko. Aus diesem Zusammenhang heraus erklärt BLACK nebst "Mean Reversion" auch weitere Phänomene wie "consumption smoothing" bzw. "consumption volatility", Risikoprämien, etc.[19] Die Stärke des Modells von BLACK liegt in seiner Definition von Risikoaversion bzw. in der Annahme, dass Konsumelastizität und Risikoaversion voneinander unabhängig sein können.[20]

Ein interessantes Modell spezifiziert MARCUS(1989) in Anlehnung an die Arbeiten von LUCAS(1978) und BLACK(1989), ohne jedoch Annahmen über das Konsumverhalten ("consumption smoothing") vorauszusetzen. Es wird anhand eines einfachen Ein-Perioden-Modells gezeigt, dass die Nachfrage nach Portfolio Insurance seitens der Marktteilnehmer ausreicht, um die Phänomene "Mean Reversion" bzw. "Excess Volatility" zu erklären.

---

16) "Mean Reversion" Verhalten des monetären Sektors bzw. der Aktienpreise kann auch ganz einfach von "Mean Reversion" im GNP hergeleitet werden. Diesbezüglich vgl. COCHRANE(1988).

17) Diese Erweiterung ist auf die Arbeit von BROCK(1982) zurückzuführen.

18) BLACK(1989) bezieht sich bei seiner Definition von Risikoaversion auf FRIEND/ BLUME(1975) und EPSTEIN(1988).

19) Vgl. BLACK(1989), S.8ff.

20) BLACK's Definition von Risikoaversion ist u.a. motiviert durch KANDEL/ STAMBAUGH(1988), welche zeigen, dass der Preis für Risiko inadäquat ist für die Beurteilung von Risikoaversion, wenn Konsumwachstumsraten autokorreliert sind. [Vgl. BLACK(1989), S.2-3]

"... a sufficient condition for both mean reversion and excess volatility is that the representative agent in the economy would be a demander of portfolio insurance if the risk-free rate and market price of risk were constant."

[MARCUS(1989), S.3]

Im folgenden soll dieses Modell explizit dargestellt bzw. erläutert werden.

(b) Nachfrage nach Portfolio Insurance als Erklärungsansatz "überschiessender" Aktienmärkte[21]

Bezüglich des folgenden Modells wird angenommen, dass eine Nachfrage nach Portfolio Insurance besteht und demzufolge die Nutzenfunktion der Marktteilnehmer eine solche Nachfrage widerspiegelt.

Die Nutzenfunktion U(W) definiert den Wohlstand W am Ende einer Periode als[22]

(2.3)
$$U(W) = \frac{1}{1-\gamma}(W - W_{min})^{1-\gamma}$$

W_{min} bezeichnet den Floor bzw. das Niveau, auf welchem der Wohlstand "gesichert" werden soll (Existenzminimum).

Die relative Risikoaversion A eines Investors mit der Nutzenfunktion aus Gleichung (2.3) wird geschrieben als

(2.4)
$$A = \gamma \frac{W}{W - W_{min}}$$

Für $W \to \infty$ wird die Risikoaversion (Präferenz für Risiko) des Investors konstant und entspricht somit der bekannten Formulierung der "Constant Relative Risk Aversion" (CRRA) und für $W = W_{min}$ wird der Investor absolut risikoavers.

---

21) Die Herleitung folgender Modellspezifikation wurde den Ausführungen in MARCUS(1989), S.3ff. entnommen.

22) PEROLD(1986) zeigt, dass die Nutzenfunktion der obigen Form konsistent ist mit der streng geführten, intertemporalen Nutzenformulierung der Konsumfunktion U(C), mit

$$U(C) = (C - C_{min})^{1-\gamma}$$

C_{min} bezeichnet demzufolge den für das Existenzminimum notwendige Konsum

CONSTANTINIDES(1988) leitet eine ähnliche, wenngleich komplexere Nutzenfunktion her, in welcher C_{min} exogen durch Veränderungen im Konsumverhalten bestimmt wird.

$$A = \gamma \frac{W}{W - W_{\min}} = \gamma \cdot c$$

c=konst. für $W \to \infty$ und
c=0 für $W = W_{\min}$

Für die weitere Modellspezifikation wird angenommen, dass es zwei Arten von Assets gibt. Ein risikobehaftetes Asset (das Marktportfolio) und ein risikoloses Asset. Die Returns der beiden Assets werden bezeichnet als r_f für das risikolose bzw. r_M für das risikobehaftete Asset. Die Varianz von r_M wird geschrieben als σ_M^2.

Die optimale Allokation der Assets gibt sich aus MERTON(1971) als

(2.5)
$$x = \frac{r_M - r_f}{A\sigma_M^2}$$

Demzufolge lässt sich die Nachfrage eines Investors nach dem risikobehafteten Asset, gegeben der Nutzenfunktion aus (2.1), schreiben als

(2.6)
$$xW = \frac{r_M - r_f}{\gamma\sigma_M^2}(W - W_{\min})$$

Die Nachfrage, gegeben durch die obige Gleichung, unterscheidet sich von gängigen Formulierungen dadurch, dass sie nicht vom absoluten Wohlstand W, sondern lediglich von dem $W_{\min}$ übersteigenden Wohlstand ΔW ($\Delta W = W - W_{\min}$) abhängt.

Beschreibt P den Wert des risikobehafteten Assets[23] und F das Angebot für das risikofreie Asset, so dass W = P + F (die Möglichkeit von F = 0 eingeschlossen) ist, so ergibt sich folgende Gleichgewichtsbeziehung zwischen der Nachfrage nach dem risikobehafteten Asset (Gleichung 2.6) und dem Wert desselben P.

---

23) Zur Definition von P kann ein einfaches Aktienbewertungsmodell im Sinne eines Dividend-Discount Modells spezifiziert werden. Angenommen die Dividende (D) folgt einem Random Walk mit Trend so lässt sich für D schreiben

$$D_t = D_{t-1} \exp\left(u + g - \frac{\sigma^2}{2}\right)$$

Angenommen u ist normalverteilt, $N(0, \sigma^2)$, und g beschreibt die Wachstumsrate der Dividende, so gilt für den Wert des risikobehafteten Assets (P)

$$P = \frac{D}{r_M - g}$$

(2.7) $$\frac{r_M - r_f}{\gamma \sigma_M^2}(P + F - W_{min}) = P$$

Ausgehend von dieser Gleichgewichtsbeziehung wird angenommen, ein exogener Einfluss (Schock) vermindere den Wert des risikobehafteten Asset P. Sind r_M und σ_M^2 konstante Grössen, so wird die linke Seite der Gleichung kleiner als die rechte, wenn $W_{min} > F$.[24] Die exogen bedingte Verminderung des Wertes des risikobehafteten Assets führt also zu einem überproportionalen Rückgang der Nachfrage nach demselben. Eine negative Wertveränderung wird somit einen Verkauf des risikobehafteten Assets auslösen. Dies steht in Übereinstimmung mit dem zugrundeliegenden Prinzip von Portfolio Insurance, dass Investoren bei einem fallenden Markt bezüglich ihrer Portfolios eine Umschichtung von risikobehafteten in risikoarme Assets vornehmen.[25]

Das Problem des beschriebenen Marktmechanismus in Zusammenhang mit der Gleichgewichtsbeziehung aus Gleichung (2.7) liegt darin, dass es in der Aggregation keine Nettonachfrage nach Portfolio Insurance geben kann. Gäbe es eine solche, d.h. würden alle Marktteilnehmer zur selben Zeit kaufen oder verkaufen, so würde kein Gleichgewichts- bzw. Marktpreis für das risikobehaftete Asset zustande kommen.[26]

Unter der Annahme homogener Präferenzen der Marktteilnehmer besteht als wichtige Bedingung für die Erhaltung der Gleichgewichtsbeziehung (2.5), dass sich r_M entsprechend verändert, um ein neues Gleichgewicht herzustellen. Ausgelöst durch einen exogenen Schock, fällt der Preis des risikobehafteten Assets. Der Preis fällt weiter, induziert durch Portfolioumschichtungen und r_M steigt. Steigt r_M soweit, dass der Rückgang der Nachfrage nach dem risikobehafteten Asset ausgeglichen werden kann, so ergibt sich ein neues Gleichgewicht im Sinne von Gleichung (2.7).

Die Bedingung, $W_{min} > F$, auf der letztlich die Nachfrage nach Portfolio Insurance aufbaut, führt ebenso zu "Excess Volatility" und "Mean Reversion" bezüglich des Preises des risikobehafteten Assets.

---

24) Wenn $W_{min} > F$, dann wird der Term $\left(\frac{r_M - r_f}{\gamma \sigma_M^2}\right)$ grösser als Eins, demzufolge ist die Sensitivität der linken Seite der Gleichung auf Veränderungen von P grösser als jene der rechten Seite.

25) Vgl. hierzu PEROLD/SHARPE(1988).

26) Unter der Annahme heterogener Investoren (Erwartungen) liesse sich ableiten, dass es sowohl eine Nachfrage wie auch ein Angebot an Portfolio Insurance gibt. Diesbezüglich vgl. LELAND(1980). Auch könnte die Existenz von "Noise Trading" für die Lösung des Problems herhalten. Im vorliegenden Fall wird jedoch versucht, unter der Annahme homogener Präferenzstrukturen eine Gleichgewichtslösung herzuleiten.

Ausgehend von einem exogenen Ereignis (z.B. Dividendenkürzung oder enttäuschende Earnings), verändert sich der Wert des risikobehafteten Assets direkt über die Present Value-Beziehung. Aufgrund dieser Preisveränderung des Assets sinkt die Nachfrage nach demselben Asset und sein Preis sinkt weiter (Multiplikator-Effekt). Der Preis des Assets P ist somit in der Konsequenz volatiler als dies aufgrund der fundamentalen Beziehung gerechtfertigt wäre ("Excess Volatility"). Als Folge des überproportionalen Preisrückganges des risikobehafteten Assets steigt dessen erwartete Markt- bzw. Gleichgewichtsrendite r_M und führt so zu "Mean Reversion".

Als letzter Punkt kann in Erwägung gebracht werden, dass wenn der Nachfragerückgang nach dem risikobehafteten Asset aufgrund des exogenen Schocks um eine Periode verzögert auftritt, sich der Preiseffekt auf r_M hinziehen kann, was kurzfristig zu einer positiven Autokorrelation der Assetreturns führt.[27] Über einen längeren Zeithorizont wird sich ein neues Marktgleichgewicht mit entsprechend höherem erwarteten Return r_M einstellen und im Sinne von "Mean Reversion" negativ autokorrelierte Returns induzieren.

2.3. Zusammenfassung und Folgerung für die weitere Analyse

Die Ausführungen in diesem Abschnitt beschäftigten sich mit der "Overreaction"-Hypothese. Gemäss dieser wird davon ausgegangen, dass Marktteilnehmer bezüglich neuer Information "überreagieren".

Die empirischen Ergebnisse, welche zu dieser Hypothese führten bzw. diese erhärten, beruhen zum einen auf der Feststellung, dass der Preis einer Aktie auf eine Veränderung ihrer Dividende "übervolatil" reagiert. Dieser Zusammenhang ergibt sich anhand der Überprüfung des Dividend-Discount Modelles und ist Gegenstand der "Excess Volatility"-Debatte.

Zum anderen weisen empirische Untersuchungen darauf hin, dass Aktienpreisveränderungen nicht vollständig unabhängig voneinander sind, wie dies im Rahmen der Random Walk-Hypothese angenommen wurde. Diese Unkorreliertheit der Aktienerträge ist Gegenstand der "Mean Reversion"-Debatte.

---

27) Dies korrespondiert mit den empirischen Ergebnissen vieler Studien, welche bei Tests auf "Mean Reversion" für den kurzen Zeithorizont positive Autokorrelation nachweisen. Vgl. z.B. LO/MacKINLEY(1987) oder KIM/NELSON/STARTZ(1991).

Ein massgeblicher Teil der empirischen Literatur der letzten Jahre interpretiert Phänomene wie "Excess Volatility" bzw. "Mean Reversion" in Richtung einer systematischen Überreaktion der Marktpreise auf exogene Schocks im Sinne der "Overreaction"-Hypothese.

Es bestehen jedoch unterschiedliche Auffassungen, inwiefern sich die "Overreaction"-Hypthese bzw. die ihr zugrundeliegenden Phänomene mit der Effizienzmarkthypothese und somit mit rationalen Erwartungen vereinbaren lassen. Diesbezüglich wurden zwei unterschiedliche Ansätze präsentiert.

Zum einen sind es sog. "Fads & Fashions"-Ansätze, welche in ihrer Interpretation von der Existenz von "Noise-Trading" und somit von irrationalen Momenten im Marktverhalten ausgehen. Diese Ansätze gehen in ihrer Interpretation von einer Verletzung der Effizienzmarkthypothese aus.

Zum anderen sind es Gleichgewichtsansätze, welche die "Overreaction"-Hypothese als Bestandteil der Effizienzmarkthypothese sehen. Diese zeigen auf, dass die beobachteten Phänomene auch unter der Annahme rationaler Marktteilnehmer erklärbar sind. Die meisten dieser Ansätze unterstellen, dass das reale, makroökonomische Umfeld saisonalen Schwankungen unterliegt und übertragen diese auf den monetären Sektor bzw. auf die Finanzmärkte. Ein etwas anders motivierter, interessanter Ansatz liefert MARCUS(1989). In diesem wird das Überschiessen von Aktienpreisen auf eine Nachfrage nach Portfolio Insurance seitens der Marktteilnehmer zurückgeführt. Aufgrund der Tatsache, dass Portfolio Insurance Produkte[28] derzeit eine Renaissance erleben, wurde dieser Ansatz ausführlich besprochen.

In den nächsten beiden Abschnitten geht es darum, bezüglich der "Overreaction"-Hypothese empirisch testbare Implikationen zu finden und diese dann auf den Schweizer Aktienmarkt anzuwenden. Da sich, wie bereits erwähnt, "Excess Volatility" lediglich auf die Barwert-Beziehung im Rahmen eines Dividend Discount Modelles beschränkt, und somit kein Effizienztest im eigentlichen Sinne darstellt, wird bezüglich der empirischen Analyse "Mean Reversion" im Mittelpunkt des Interesses stehen.

---

28) Nebst den auf derivater Basis entwickelten, statischen Produkten (PIP's, GROI's, IGLU's etc.), wurde auch die klassische, dynamische Portfolio Insurance im Sinne der "Constant Proportion Portfolio Insurance" durch die Anleger wiederentdeckt.

3. "Mean Reversion" - Empirische Evidenz für die Schweiz

In diesem Abschnitt soll die Hypothese "überschiessender" Aktienmärkte bzw. "Mean Reversion" anhand von Daten für den Schweizer Aktienmarkt getestet werden. Um dies zu tun, müssen vorerst empirisch testbare Implikationen abgeleitet und eine adäquate Hypothesenformulierung gefunden werden. Wesentlich für die empirische Relevanz des Vorgehens ist ferner die Auswahl einer geeigneten Teststatistik. Der folgende Abschnitt dient dazu, das im weiteren vorgenommene Testverfahren zu spezifizieren bzw. zu begründen.

3.1. Grundsätzliche Überlegungen zur Testmethodologie

3.1.1 Zur Bedeutung negativ autokorrelierter Returns

Eine der wesentlichen empirischen Implikationen der "Overreaction"- bzw. "Mean Reversion"-Hypothese besteht darin, dass die Veränderungsraten der zugrundeliegenden Preisreihe (negativ) autokorreliert sind.

> *"But common to virtually all existing theories of overreaction is one very specific empirical implication: Price changes must be negatively autocorrelated for some holding period."*
>
> *[LO/MacKINLAY(1990), S.176]*

Demnach ist die Frage, ob Aktienmärkte "überschiessen" bzw. eine Preisreihe "Mean Reversion" aufweist, letztlich gleichbedeutend mit der Frage nach der Unkorreliertheit der Preisveränderungsraten, gemessen über eine entsprechende Zeitperiode. Das zu überprüfende Preisbildungsmodell (Nullhypothese) wäre in diesem Sinne gegeben durch einen einfachen Random Walk[29] der Form

(2.8) $$p_t = \mu + p_{t-1} + \epsilon_t$$

p_t beschreibt den logarithmierten Aktienpreis

μ beschreibt einen allfälligen Trend (Random Walk mit Trend, falls $\mu \neq 0$) und

ϵ_t beschreibt den Störterm, wobei $\epsilon_t \sim N(0, \sigma_\epsilon^2)$

Die Hypothese eines nicht-stationären bzw. Random Walk-Prozesses für die Preisentwicklung von Finanzaktiva ist deshalb von Interesse, weil sie die **Unkorreliertheit** von Preis**veränderungen** impliziert. Durch Differenzierung der obigen Gleichung erhält man für die Preisveränderungsrate

(2.9) $$\Delta p_t = p_t - p_{t-1} = \mu + \epsilon_t$$

Die stochastische Eigenschaft der Unkorreliertheit der Random Walk-Residuen bildet die empirisch testbare Implikation, welche in den frühen Testverfahren in der Regel durch eine Autokorrelationsanalyse überprüft wurde.

3.1.2 Stationäre und nicht-stationäre Prozesse: Trendspezifikation

Im Zusammenhang mit der Random Walk Spezifikation ist wesentlich, dass Preisfluktuationen **permanent** sind. Angenommen $\epsilon_t = -1$, so dass y_t um eine Einheit tiefer notiert als zum Zeitpunkt t-1, so ergibt sich für den Erwartungswert von $E_t(y_{t+j})$, dass dieser ebenfalls um eine Einheit tiefer wird.[30]

29) Im Zusammenhang mit Tests zur Effizienzmarkthypothese bestand immer wieder die zentrale Frage, ob die entsprechende Preisreihe einem Random Walk folgt oder nicht.

"Whether or not an economic time series follows a random walk has long been a question of great interest to economists ... the random walk hypothesis is also an implication of many diverse models of rational economic behavior." [LO/MacKINLAY(1989), S.203]

30) Da $y_{t-j} = y_t + j\mu + \epsilon_{t-1} + \ldots + \epsilon_{t-j}$. Vgl. hierzu und für die folgenden Ausführungen CHOCHRANE(1988).

"Also, a low or negative growth rate today implies nothing about growth rates in the future, and there is no tendency for future levels to revert to a trend line. The random walk is also nonstationary."

[COCHRANE(1988), S.894]

Das stochastische Modell, welches als "Mean Reversion"- Spezifikation als eine Alternativhypothese zum nicht-stationären Prozess (Random Walk) verstanden werden kann, wird oft geschrieben als[31]

(2.10)
$$p_t = bt + \sum_{j=0}^{\infty} a_j \epsilon_{t-j}$$

p_t ist wiederum der logarithmierte Aktienpreis, bt steht für den Trend und $\Sigma a_j \epsilon_{t-j}$ beschreibt einen stationären Prozess.

Unter der Annahme eines solchen Prozesses besitzt y_t einen sog. "stationären" oder "deterministischen" Trend.[32] Eine Stationarität von $\Sigma a_j \epsilon_{t-j}$ bedingt, dass a_j für grosse j gegen Null strebt. Im Gegensatz zum Random Walk Modell hat eine Preisveränderung bzw. ein Preisschock keinen Einfluss auf den Erwartungswert bezüglich des künftigen Preises $E_t(y_{t+j})$. Für die Veränderungsraten heisst dies jedoch, dass nach einer Abweichung vom heutigen Trendniveau künftig wieder eine Anpassung an dasselbe zu erwarten ist.

Ein wesentlicher Unterschied zwischen dem nicht-stationären Random Walk Prozess und dem stationären (Trend Stationarität) Prozess liegt darin, dass im ersten Fall Abweichungen vom momentanen Trendniveau "permanent" sind, währenddem im zweiten Fall solche Abweichungen "temporär" oder sog. "transitorisch" sind. Temporäre Abweichungen von einem allfälligen Trend bedeuten auch, dass das ursprüngliche Trendniveau durch künftige Preisentwicklungen wieder "angenähert" wird.

Nebst einem reinen Random Walk- bzw. trendstationären Prozess sind Mischformen möglich, d.h. Prozesse, welche sowohl eine permanente (Random Walk) und eine transitorische (stationäre) Komponente enthalten. Ein bedeutender Teil der neueren Analysen bezüglich der stochastischen Eigenschaft von Zeitreihen beschäftigt sich damit herauszufinden, welche

---

31) Vgl. COCHRANE(1988), S.894.

32) Ein Random Walk mit Trend besitzt einen sog. "stochastischen" Trend. Eine gute Präsentation dieser Thematik findet sich u.a. in PERRON(1988).

Bedeutung jeweils dieser oder jener Komponente beigemessen werden kann.[33] Die empirischen Ergebnisse bringen die Erkenntnis hervor, dass Zeitreihenprozesse von Makro- bzw. Finanzmarktdaten nicht präzise für das eine bzw. andere Modell sprechen, sondern dass eine Kombination von beiden Prozessen, d.h. Random Walk- und stationäre Komponente eine adäquate Repräsentation liefert. Bezüglich der relativen Bedeutung der einzelnen Komponenten bringen die Untersuchungen hingegen unterschiedliche Resultate hervor.[34]

Die Frage nach der Spezifikation des zugrundeliegenden Preisbildungsprozesses bzw. nach der Bedeutung der einzelnen Komponenten, hat nebst der ökonomischen Bedeutung auch eine statistische Relevanz.

> *"The size of a random walk (or stationary component) is important from a purely statistical viewpoint. Many statistical procedures rely critically on the distinction between series that do not contain a random walk component, which we can and should detrend, and first-difference stationary series - or series that do contain a random walk component - which we should first-difference prior to analysis."*
>
> *[COCHRANE(1988), S.896]*

Diese Thematik ist Gegenstand der sog. "unit root"-Literatur, ausgehend von u.a. NELSON/PLOSSER(1982), welche die Testverfahren von DICKEY/ FULLER(1979,1981) anwenden. Eine wesentliche Anwendung der "unit root"-Tests besteht darin, herauszufinden, ob eine Zeitreihe eine Random Walk Komponente hat oder nicht.[35] In diesem Zusammenhang macht COCHRANE(1988) deutlich, dass ein "Unit Root"-Prozess immer äquivalent ist mit einem Prozess, zusammengesetzt aus einer Random Walk- und einer stationären Komponente und zieht ferner eine Bilanz betreffend der statistischen Power solcher Tests.

> *"Since a series with a unit root is equivalent to a series that is composed of a random walk and a stationary component, tests for a unit root have*

---

33) Bzgl. der makroökonomischen Zeitreihenanalyse stand in den achtziger Jahren v.a.die Frage nach der Existenz bzw. Bedeutung einer Random Walk Komponente in GNP-Daten im Vordergrund. So z.B. in NELSON/PLOSSER(1982), WATSON(1986), CLARK(1987), CAMPBELL/MANKIW(1987), COCHRANE(1988) und COCHRANE/SBORDONE (1988). Entsprechende Überlegungen für Finanzmarktdaten finden sich u.a. bei POTERBA/SUMMERS(1987), FAMA/FRENCH(1988), LO/MacKINLAY(1988,1989) und KIM/NELSON/STARTZ(1991).

34) Für eine kurze Zusammenfassung vgl.z.B. COCHRANE(1988), S.897.

35) Dies ist äquivalent mit der Frage, ob ein stochastischer oder ein deterministischer Trend vorliegt. Vgl. diesbezüglich u.a. NELSON/PLOSSER(1982)

low power: it is hard to tell a stationary series from a stationary series plus a very small random walk."

[COCHRANE(1988), S.895][36]

3.1.3 Testspezifikation

Das Ziel der folgenden Ausführungen und Tests liegt in der Analyse der Zeitreiheneigenschaft schweizerischer Aktienindizes. Dabei sollen ausgehend von einem reinen Random Walk, testbare Implikationen hergeleitet werden, welche im Endeffekt eine differenzierte Aussage über das möglicherweise zugrundeliegende Preisbildungsmodell erlauben.

Bezüglich der Ausgangshypothese eines reinen Random Walks der in Gleichung (2.8) dargestellten Form, macht sich die neuere empirische Literatur eine Modelleigenschaft zunutze, welche die Varianz eines solchen nicht-stationären Prozesses betrifft. Diese Eigenschaft zeigt sich darin, dass die Varianz der Veränderungsraten, gegeben durch das Modell eines Random Walks, proportional zur Periodenlänge zunimmt.[37]

"The variance of random walk increments is linear in the sampling interval. Therefore the variance of, for example, quarterly increments must be three times as large as the variance of monthly differences."

[(LO/MacKINLAY), S.204][38]

Vergleicht man die Varianzen (pro Zeiteinheit) z.B. von Monats- und Quartalsperioden, so erhält man einen Eindruck über die Plausibilität der Random Walk-Hypothese bzw. über die Bedeutung der Random Walk Komponente im zugrundegelegten Prozess. Diese neuere Form eines Random Walk-Tests lässt sich quantitativ aus einem Hausman-Spezifikationstest[39] ableiten.

36) Zur Bedeutung der Power bei der Auswahl von Testverfahren vgl. die an späterer Stelle folgenden Ausführungen bzw. die dort zitierte Literatur.

37) Hierzu vgl. z.B. CAMPBELL/MANKIW(1987), COCHRANE(1988), HUIZINGA(1987), LO/MacKINLAY(1988), POTERBA/SUMMERS(1987), KIM/NELSON/STARZ(1991).

38) Hierzu vgl.auch GOULD/NELSON(1974), HALL(1978), LUCAS(1978), SHILLER(1981), KLEIDON(1986), MARSH/MERTON(1986) und die dort zitierte Literatur.

39) Vgl. HAUSMAN(1978)

Der sog. Varianz Ratio-Test wurde u.a. durch die Arbeiten von LO/MacKINLAY(1988,1989) wesentlich geprägt.[40] Diese vergleichen anhand von Monte Carlo Simulationen die Eigenschaften und die Power dreier Teststatistiken (Varianz Ratio-Test, Dickey-Fuller t-Test und Box-Pierce Test) bezüglich unterschiedlicher Alternativhypothesen und kommen zu folgendem Schluss:

> *"These results emphasize dramatically the obvious fact that the power of any test may differ substantially across alternatives. A sensible testing strategy must consider not only the null hypothesis but also the most relevant alternative. Although the variance ratio test has advantages over other tests under some null and alternative hypotheses, there are of course other situations in which those tests may posess more desirable properties. Nevertheless, the Monte Carlo evidence suggests that the variance ratio test has reasonable power against a wide range of alternatives."*
>
> *[LO/MacKINLAY(1989), S.236]*

Die Power empirischer Testverfahren ist ein wesentlicher Massstab, wenn es darum geht, Hypothesentests sinnvoll anzuwenden. Sie zeigt quantitativ auf, wie gut sich die Nullhypothese von einer allfälligen Alternativhypothese anhand der Teststatistik unterscheiden lässt (Trennschärfeproblematik).[41] Die Autoren beziehen sich hinsichtlich der Trennschärfeproblematik der drei Testverfahren auf folgende Alternativhypothesen:[42]

(a) Einen **stationären AR(1)-Prozess**, korrespondierend mit den "Fads & Fashions"-Ansätzen, u.a. diskutiert in SHILLER(1981) und SHILLER/PERRON(1985),

---

40) Die Idee von Tests anhand der Varianz Ratios ist nicht neu. Sie findet sich u.a. bei CAMPBELL/MANKIW(1987), COCHRANE(1987,1988), FRENCH/ROLL(1986) und HUIZINGA(1987) in unterschiedlichen Anwendungsformen. Es fehlte jedoch eine formale Theorie hinsichtlich der Verteilungseigenschaft und Power der Teststatistik. Vgl. diesbezüglich auch LO/MacKINLAY(1989), Fussnote 8, S.207.

41) Bei einem Hypothesentest können zwei unterschiedliche Fehler begangen werden. Man spricht diesbezüglich von einem Fehler 1. bzw. 2. Art (α-Fehler und β-Fehler). Der α-Fehler ist gegeben durch die Wahrscheinlichkeit, die Ausgangshypothese (Nullhypothese) zu verwerfen, obwohl sie richtig ist. Der β-Fehler ist gegeben durch die Wahrscheinlichkeit, die Ausgangshypothese nicht zu verwerfen (bzw. die Alternativhypothese nicht anzunehmen), obwohl die Alternativhypothese richtig wäre.

Damit Hypothesentests bzw. Entscheidungsregeln gut sind, müssen sie so angelegt werden, dass Entscheidungsfehler minimiert werden. Dies ist nicht einfach, da im allgemeinen, bei gegebenem Stichprobenumfang, eine Verminderung des Fehlers einer Art eine Erhöhung des Fehlers der anderen mit sich bringt. In der Praxis kann ein Fehler schwerwiegender sein als der andere und deshalb sollte man zu einem Kompromiss zugunsten einer Beschränkung des schwerwiegenderen Fehlers kommen. Vgl. hierzu SPIEGEL(1976), Kapitel 10.

42) Auf eine formale Darstellung der Hypothesen bzw. ihres zugrundegelegten Preisbildungsmodelles wurde aus Gründen der Übersicht an dieser Stelle verzichtet. Sie kann dem Anhang entnommen werden.

(b) Eine **Kombination von AR(1)-Prozess und Random Walk**, korrespondierend mit den Arbeiten von u.a. BEVERIDGE/NELSON(1981), FAMA/FRENCH(1987), POTERBA/SUMMERS(1987) und COCHRANE(1988).

(c) Einem **ARIMA(1,1,0)- bzw. Unit Root-Prozess**, korrespondierend mit den Arbeiten zur Unit Root-Literatur, geprägt insbesondere durch DICKEY/FULLER(1979,1981) bzw. NELSON/PLOSSER(1982).

Die Simulationsergebnisse aus LO/MacKINLAY(1989) bzw. die dort gewonnenen Ergebnisse bezüglich der Ausgestaltung adäquater Hypothesentests sprechen sich klar für den Varianz Ratio-Test aus, wenn mit der "Overreaction"-Hypothese bzw. "Mean Reversion" die Unkorreliertheit der Aktienpreisveränderungen im Brennpunkt des Interesses steht.

> *"...the variance ratio test is preferred when the attribute of interest is the uncorrelatedness of increments."*
>
> *[LO/MacKINLAY(1989), S.205]*[43]

Der Varianz Ratio-Test wird im nächsten Abschnitt ausführlich erläutert und auf den Schweizer Aktienmarkt angewandt.[44]

3.2. Der Varianz Ratio-Test

Die nun folgende Herleitung der Testhypothese bzw. Varianz Ratio-Teststatistik folgt im wesentlichen den Ausführungen von LO/MacKINLAY(1988,1989), POTERBA/SUMMERS(1988) und KIM/NELSON/STARTZ(1991), welche entsprechende Varianz Ratio-Tests, bezogen auf den amerikanischen Aktienmarkt, anwendeten.

---

43) Hierzu vgl.auch GOULD/NELSON(1974), HALL(1978), LUCAS(1978), SHILLER(1981), KLEIDON(1986), MARSH/MERTON(1986) und die dort zitierte Literatur.

44) Dasselbe Vorgehen für den amerikanischen Aktienmarkt findet sich u.a. FAMA/FRENCH(1988a), LO/MacKINLAY(1988), POTERBA/SUMMERS(1988) und KIM/NELSON/STARTZ(1991).

Alternative Ansätze wählen FAMA/FRENCH(1988), indem sie ein Discountmodell schätzen und die Steigung der Regressionsgeraden - in Abhängigkeit zum Zeithorizont der Returns - verwenden, um "Mean Reversion" nachzuweisen. Oder CAMPELL/MANKIW(1987), welche mit einem ARMA-Modell für das reale GNP in ähnlicher Weise vorgehen.

Gemäss der EMH bilden die Perioden-Returns einer Aktie einen stochastischen Prozess mit einem Mittelwert von Null ($\mu = 0$) und einer konstanten Varianz ($\sigma^2 = const.$). Ein Prozess dieser Art impliziert, dass die Varianz proportional zur Periodenlänge zunimmt. Demgemäss lässt sich die Varianz der Returns über K Perioden schreiben als $K \cdot \sigma^2$.

Diese proportionale Abhängigkeit der Varianz von der Periodenlänge K macht sich der Varianz Ratio-Test zunutze. Die einfachste Form einer Varianz Ratio lässt sich demnach folgendermassen berechnen:

$$VR(K) = \frac{Var(r_t^K)}{Var(r_t)} \cdot \frac{1}{K} \tag{2.11}$$

Dabei ist

r_t	der Einperioden-Return
r_t^K	der Return über K Perioden $r_t^K = \Sigma_{i=0}^{K-1} r_{t-i}$
$\hat{\rho}(j)$	der Autokorrelationskoeffizient j-ter Ordnung und
K	die Periodenlänge in Jahren

Weicht die Varianz Ratio signifikant vom Wert Eins ab, so muss die Nullhypothese unkorrelierter Periodenreturns (Random Walk Hypothese) verworfen werden.

Eine wesentliche Vereinfachung zur Berechnung der Teststatistik liefert COCHRANE(1988). Er zeigt, dass VR(K) approximiert werden kann durch

$$VR(K) \approx 1 + 2 \sum_{j=1}^{K-1} \left(\frac{K-j)}{K} \right) \hat{\rho}(j) \tag{2.12}$$

wobei $\hat{\rho}(j)$ den Autokorrelationskoeffizienten j-ter Ordnung darstellt. Die Approximationsformel (Gleichung 2.11) macht den Zusammenhang deutlich zwischen der Varianz Ratio und den kumulierten Werten der Autokorrelationsfunktion der Perioden-Returns.

Da Varianz Ratio-Tests und somit Tests auf "Mean Reversion" von Aktienpreisen die Lagstruktur der Autokorrelationsfunktion über mehrere überlappende Jahresperioden beansprucht, stellt dieser Test hohe Anforderungen an die Länge der betreffenden Returnreihen. Um über eine Periode von K=10 Jahren statistisch adäquat vorgehen zu können, wäre eine Zeitreihe von mindestens T=300 Jahresreturns erforderlich. Dies ergäbe die erforderliche Anzahl unabhängiger, nicht überlappender Beobachtungen

(T/K=30). Da Aktienpreisreihen dieser Länge nicht vorliegen, ist VR(K) ein verzerrter Schätzer und muss korrigiert werden. Der erwartete Wert von VR(K) - unter der Nullhypothese unkorrelierter Perioden-Returns - wird dabei als Divisor verwendet.[45]

3.3. Untersuchung mit Jahresdaten

Um den hohen Anforderungen bzgl. der Periodenlänge gerecht zu werden, wird für die folgenden Berechnungen ein Aktienindex verwendet, welcher in Form von Jahresdaten die Zeitperiode von 1925 bis 1990 abdeckt.[46]

Die Varianz Ratios (VR(K)) erhält man, wenn man, ausgehend von den Jahresreturns der Indexkurse für unterschiedliche Lags j, die Autokorrelationskoeffizienten berechnet und diese in die Approximationsformel aus Gleichung (2.11) einsetzt.

Tab. 2.1 enthält die so berechneten Ratios für unterschiedliche K-Werte. Ferner sind auch die für die deflationierten realen jährlichen Indexreturns berechneten Varianz Ratios tabelliert.[47] Abb. 2.1 gibt die tabellierten Werte graphisch wieder.

45) KENDALL/STUART(1976) zeigen, dass für $T \to \infty$, $K \to \infty$ und $K/T \to 0$ der erwartete Autokorrelationswert j-ter Ordnung den Wert -1/(T-j) annähert. Daraus ergibt sich der erwartete Varianz-Koeffizient

$$E[VR(K)] \approx \frac{2-K}{K} - \frac{2}{K}\sum_{j=1}^{K-1}\frac{T-K}{T-j}$$

46) Für eine detailliertere Beschreibung der verwendeten Daten vgl. Kapitel 1 dieser Arbeit.

47) Für die Berechnung der realen Indexreturns wurde der schweizerische Konsumentenpreisindex (CPI) verwendet.

Tab. 2.1 Varianz Ratios der jährlichen Indexreturns schweizerischer Aktien

K	1926 - 1990		1926 - 1946		1947 - 1990	
	Nominal	Real	Nominal	Real	Nominal	Real
1	1.0000	1.0000	1.0000	1.0000	1.0000	1.0000
2	1.0583	1.0785	1.1493	1.0711	1.0320	1.0917
3	0.8831	0.9276	1.0403	0.9740	0.8254	0.9277
4	0.7743	0.8317	0.8743	0.8010	0.7294	0.8572
5	0.7173	0.7685	0.8250	0.7424	0.6595	0.7908
6	0.6166	0.6582	0.7697	0.6671	0.5291	0.6646
7	0.5047	0.5433	0.6692	0.5707	0.3982	0.5384
8	0.4288	0.4702	0.5282	0.4309	0.3366	0.4814
9	0.4268	0.4807	0.4684	0.3718	0.3493	0.5087
10	0.4499	0.5192	0.4690	0.3884	0.3717	0.5488
11	0.4693	0.5532	0.4589	0.4160	0.3942	0.5856
12	0.4651	0.5637	0.4258	0.4263	0.3939	0.6005
13	0.4352	0.5403	0.3826	0.4210	0.3692	0.5820
14	0.4090	0.5104	0.3468	0.4068	0.3384	0.5494
15	0.3925	0.4816	0.3224	0.3875	0.3179	0.5207

Erläuterungen zur Tabelle:

Obige Tabelle enthält die Werte der Varianz Ratios VR(K) der historischen Jahresreturns des Pictet-Aktienindexes für unterschiedliche Laglängen K.

In Anlehnung an Untersuchungen zum amerikanischen Aktienmarkt wurde die Gesamtperiode in eine Vorkriegs- und eine Nachkriegsperiode unterteilt.

Bei der Berechnung der VR(K)'s wurde zur Bias-Korrektur die Formel verwendet, welche von POTERBA/SUMMERS(1986) vorgeschlagen wird. D.h. $VR(K) = \hat{VR}(K)/E[VR(K)]$

Abb. 2.1 **Varianz Ratios der nominalen, jährlichen Indexreturns schweizerischer Aktien (Werte aus Tab. 2.1)**

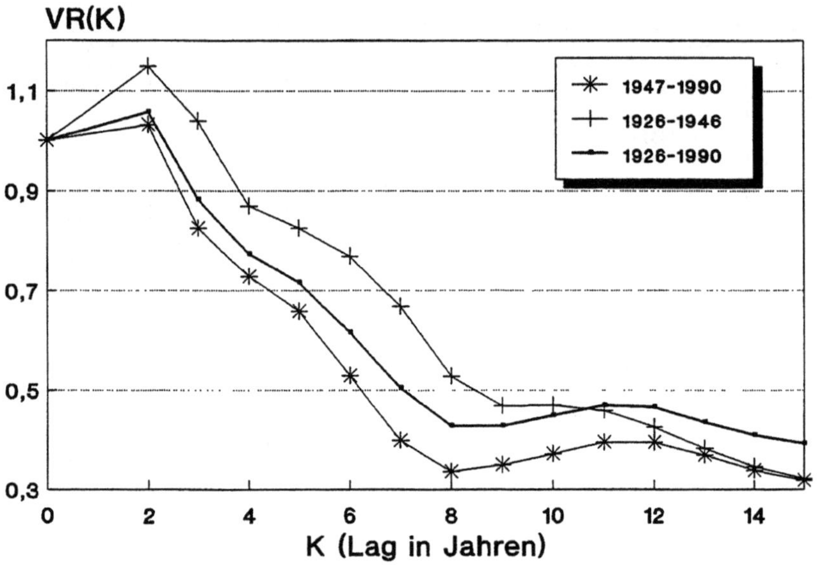

Nach K=1 - die Varianz Ratio ist hier definitionsgemäss gleich Eins - steigen die betreffenden Werte kurz an und fallen danach deutlich unter die aufgrund der Nullhypothese (Random Walk) erwartete Grenze von Eins. Zwischen Lag 8 und Lag 10 wird jeweils für alle Perioden ein Minimum erreicht bzw. die Werte nehmen danach wieder leicht zu. Mit Ausnahme der Vorkriegsperiode (1926-1946) fallen die Varianz Ratios der nominalen Jahresreturns stärker ab als die Realen.

Entgegen den Auffassungen amerikanischer Provenienz[48] wird hier die Meinung vertreten, dass Untersuchungen dieser Art mit realen Daten weniger Gewicht zukommen sollte. Durch eine Verknüpfung der nominellen Returnreihen mit dem CPI-Index entsteht eine Verzerrung des effektiv am Aktienmarkt stattgefundenen Preisbildungsprozesses.[49] Da hinsichtlich der "Mean Reversion"-Diskussion der nominelle Anpassungsprozess am

48) Vgl. wiederum FAMA/FRENCH(1988a), LO/MacKINLAY(1988), POTERBA/SUMMERS (1988) und KIM/NELSON/STARTZ(1991).

49) Diese Verzerrung entsteht, da der CPI-Index eine in der Regel positive Autokorrelationsstruktur aufweist. In inflationären Perioden findet eine Verzerrung nach oben statt, d.h. die Varianz Ratios sind effektiv tiefer. Deflationäre Perioden können zu einer Verzerrung nach unten führen. In diesem Lichte sind auch die Ergebnisse in Tab. 2.1 zu interpretieren.

Aktienmarkt von Interesse ist, wird künftig das Augenmerk auf die Ergebnisse mit nominellen Returnreihen gerichtet. Ergebnisse aus der Untersuchung mit korrigierten, realen Returnreihen werden lediglich der Vollständigkeit halber aufgeführt.

3.3.1. Schätzung der empirischen Verteilung der Varianz Ratio-Teststatistik (Randomization-Experiment)

Die Verteilung der Varianz Ratios kann für kleine Stichproben analytisch nicht hergeleitet werden. D.h. es existiert keine theoretische Verteilung, welche zur Bestimmung der Signifikanzniveaus beigezogen werden kann. Lediglich für grosse Stichproben, d.h. für $T \to \infty$, $k \to \infty$ und $k/T \to 0$ kann die Verteilung von VR(K) approximativ durch eine Normalverteilung oder eine gewichtete X^2-Verteilung beschrieben werden.[50]

Das Problem der Beurteilung der Signifikanz der Varianz Ratio Testwerte kennt in der empirischen Literatur bisher zwei verbreitete Lösungsansätze. Einerseits bedient man sich der Monte Carlo Simulation und verwendet die so geschätzten Standardfehler für VR(K).[51] Oder man nimmt Bezug auf die Ergebnisse von COCHRANE(1988) und verwendet den BARTLETT'schen Schätzer als approximativen Wert für den Standardfehler von VR(K).[52]

Da bei der Monte Carlo Simulation implizit von einer normalverteilten Grundgesamtheit ausgegangen wird, vermag dieser Ansatz nicht vollends zu befriedigen. Gerade Ergebnisse bzgl. der stochastischen Eigenschaften von Aktienreturns zeigen, dass die Verteilung dieser in der Regel massiv von der Normalverteilung abweichen kann.[53] Aus diesem Grund wird im folgenden ein sog. Randomization-Verfahren angewandt, welches erlaubt, - ohne Annahmen betreffend der Verteilung der Indexreturns - Aussagen über die Signifikanz der Varianz Ratio Teststatistik zu machen.[54]

---

50) Vergleiche diesbezüglich insbesondere COCHRANE(1988) und die dort zitierte Literatur.

51) Hierzu vgl. u.a. die Arbeiten von POTERBA/SUMMERS(1988) und FAMA/ FRENCH(1987).

52) Aus dem Ergebnis einer Monte Carlo Simulation für das amerikanische GNP zeigt COCHRANE(1988), dass für längere Lags der Bartlett'sche Standardfehler den aus der Simulation erhaltenen Standardfehler nur geringfügig unterschätzt und deshalb als approximative Grösse für den Standardfehler von VR(K) beigezogen werden kann.

53) Vgl. diesbezüglich ZIMMERMANN(1986), Kapitel S.133ff.

54) Dasselbe Verfahren verwenden KIM/NELSON und STARTZ(1991) in einer Untersuchung zum amerikanischen Aktienmarktverhalten.

Bei der Randomization-Methode[55] wird, ähnlich wie beim sog. Bootstraping, durch wiederholtes Permutieren der beobachteten Stichprobenwerte eine empirische Verteilung für die Teststatistik simuliert.[56] Das genaue Prozedere kann mit direktem Bezug zum Varianz Ratio Test folgendermassen beschrieben werden.

Die vorliegende Zeitreihe periodenkonstanter jährlicher Returns kann als eine Stichprobe R, bestehend aus n zeitlich geordneten Zufallszahlen $R=(r_1,r_2...r_n)$ einer Grundgesamtheit mit unbekannter Verteilung betrachtet werden. Die zuvor genau definierte Teststatistik VR(K) ist eine rechnerische Verknüpfung der Zufallszahlen aus R und als solche wiederum eine Zufallszahl. Für unterschiedliche Anordnungen der Returns innerhalb von R (es gibt insgesamt n-Fakultät (n!) unterschiedliche Kombinationen) kann jeweils eine Teststatistik VR(K) berechnet werden. Aus der Gesamtheit oder aus einer genügend grossen Anzahl der so berechneten VR(K) lässt sich sodann eine Verteilung der Teststatistik ermitteln. Diese empirische Verteilung der VR(K) dient dazu, für die VR(K) der Ursprungsreihe ein Signifikanzniveau zu bestimmen.

Der Sinn dieses Vorgehens wird klarer, wenn man sich in Erinnerung führt, dass mit dem Varianz Ratio-Test die Random Walk Hypothese (Nullhypothese) gegen die Alternativhypothese "Mean Reversion" getestet wird. Die Random Walk-Hypothese unterstellt, dass die einzelnen Returns zeitlich unabhängig verteilt sind, währenddessen "Mean Reversion" eine klare zeitliche Abhängigkeit vorsieht. Da mit Randomization die Reihenfolge der Returndaten und somit auch jede mögliche zeitliche Abhängigkeit der Returns zerstört wird, wird mit der empirischen Verteilung der VR(K) eine Testverteilung unter der Nullhypothese zeitlich unabhängiger Returns geschaffen. Es bleibt dann nur noch zu prüfen, in welches Fraktil der Testverteilung der effektive Testwert VR(K) der Ursprungsreihe fällt, um zu beurteilen, mit welcher Wahrscheinlichkeit die eine bzw. andere Hypothese verworfen werden kann.

Zur Berechnung der theoretischen Verteilungswerte wurden für Gesamt- und Subperioden je 5000 Simulationen durchgeführt.[57] Bei der Berechnung der VR(K)'s wurde aufgrund des kleinen Samples für die Bias-Korrektur von VR(K) die Formel verwendet, welche von POTERBA/SUMMERS(1986) vorgeschlagen wird. D.h. $VR(K) = \hat{VR}(K)/E[VR(K)]$

55) Die Idee des Randomization Tests geht ursprünglich auf FISHER(1935) zurück.

56) Bzgl. Bootstraping vgl.u.a. EFRON(1979) und für eine gute Übersicht bezüglich Monte Carlo, Bootstrap und Randomization Methoden bzw. deren praktische Anwendung vgl. NOREEN(1986).

57) Das Randomization-Experiment wurde vom Autor auf der SAS-Software beim Schweizerischen Bankverein programmiert und gerechnet. Für die iterative Berechnung des zufälligen Orderings der Periodenreturns verwendet SAS einen multiplikativen Generator mit Modulus 2^{31}-1 und einem Multiplikator 397204094. Vgl. dazu auch FISHMAN/MOORE(1982). Das Computerprogramm und die detaillierten Auswertungen können beim Autor angefordert werden.

Die folgenden Tabellen enthalten die Ergebnisse aus dem Randomization Prozedere für die Gesamt- und die beiden Subperioden. Nebst den Varianz Ratios sind für unterschiedliche K's · Mittelwert(Mean), Median, Standardabweichung(SD) und der Bartlett'sche Schätzer für die Standardabweichung(SD(B)) sowie die unteren Fraktile der empirischen Testverteilung tabelliert. Die Kolonne rechts aussen gibt das jeweilige Signifikanzniveau der Teststatistik an. Ein Wert von 0.035in Tab. 2.2zeigt an, dass für K=8 lediglich 3.5% der 5000 Testwerte aus dem Randomization-Experiment noch kleiner sind als der effektive Testwert von 0.4288.

Tab. 2.2 Geschätzte Verteilung der Varianz Ratios für die Periode 1926-1990 (Randomization-Experiment)

Nominale Jahresreturns: Periode 1926-1990						Fraktile				Sign. Level
K	VR(K)	Mean	Median	SD	SD(B)	1%	5%	10%	20%	Sign.
2	1.0583	0.996	1.005	0.123	0.214	0.710	0.785	0.834	0.892	.700
3	0.8831	0.983	0.979	0.181	0.219	0.598	0.688	0.748	0.828	.298
4	0.7743	0.972	0.962	0.224	0.222	0.540	0.639	0.691	0.775	.199
5	0.7173	0.957	0.938	0.261	0.229	0.500	0.577	0.635	0.732	.175
6	0.6166	0.944	0.917	0.292	0.216	0.431	0.542	0.597	0.682	.123
7	0.5047	0.928	0.880	0.316	0.191	0.393	0.496	0.558	0.651	**.054**
8	0.4288	0.912	0.862	0.338	0.174	0.347	0.454	0.526	0.623	**.035**
9	0.4268	0.895	0.834	0.356	0.183	0.315	0.423	0.495	0.598	**.053**
10	0.4499	0.878	0.810	0.373	0.204	0.289	0.390	0.457	0.564	**.095**
Reale Jahresreturns: Periode 1926-1990										
2	1.0785	0.998	1.002	0.122	0.218	0.696	0.786	0.839	0.894	.740
3	0.9276	0.985	0.980	0.182	0.230	0.598	0.686	0.747	0.825	.380
4	0.8317	0.975	0.962	0.226	0.238	0.547	0.624	0.688	0.771	.279
5	0.7685	0.961	0.939	0.262	0.246	0.485	0.573	0.626	0.721	.250
6	0.6582	0.947	0.922	0.293	0.231	0.445	0.531	0.588	0.689	.164
7	0.5433	0.932	0.899	0.317	0.206	0.408	0.487	0.558	0.652	**.088**
8	0.4702	0.916	0.873	0.338	0.190	0.355	0.451	0.525	0.624	**.077**
9	0.4807	0.901	0.849	0.356	0.206	0.318	0.409	0.494	0.593	**.088**
10	0.5192	0.883	0.828	0.372	0.235	0.271	0.379	0.462	0.568	.152

Erläuterungen zu obiger Tabelle

VR(K): Varianz Ratio der historischen Zeitreihe

Mean: Mittelwert der empirischen Verteilung von VR(K)

Median: Median der empirischen Verteilung von VR(K)

SD: Standardabweichung der empirischen Verteilung von VR(K)

SD(B): Der Bartlett'sche Schätzer für die Standardabweichung der Verteilung von VR(K). $SD(B) \approx \sqrt{4T/3K} * VR(K)$.

Sign. Level: Wahrscheinlichkeit, nach welcher die VR(K) der empirischen Verteilung kleiner ist als die Teststatistik

Tab. 2.3 Geschätzte Verteilung der Varianz Ratios für die Periode 1926-1946 (Randomization-Experiment)

Nominale Jahresreturns: Periode 1926-1946						Fraktile				Sign. Level
K	VR(K)	Mean	Median	SD	SD(B)	1%	5%	10%	20%	Sign.
2	1.1493	0.981	0.986	0.196	0.377	0.531	0.656	0.723	0.808	.801
3	1.0403	0.950	0.924	0.282	0.385	0.398	0.511	0.601	0.702	.621
4	0.8743	0.911	0.868	0.336	0.390	0.303	0.438	0.505	0.623	.501
5	0.8250	0.866	0.808	0.370	0.404	0.248	0.357	0.432	0.548	.511
6	0.7697	0.826	0.762	0.395	0.381	0.222	0.306	0.367	0.487	.501
7	0.6692	0.788	0.699	0.413	0.336	0.203	0.268	0.330	0.431	.458
8	0.5282	0.748	0.659	0.427	0.305	0.173	0.221	0.289	0.382	.361
9	0.4684	0.713	0.609	0.434	0.323	0.161	0.214	0.262	0.351	.341
10	0.4690	0.679	0.563	0.437	0.358	0.141	0.198	0.235	0.320	.391
Reale Jahresreturns: Periode 1926-1946										
2	1.0711	0.979	0.999	0.204	0.384	0.525	0.627	0.702	0.800	.681
3	0.9740	0.946	0.929	0.294	0.405	0.378	0.501	0.581	0.681	.524
4	0.8010	0.906	0.869	0.349	0.419	0.304	0.423	0.484	0.595	.415
5	0.7424	0.862	0.807	0.384	0.433	0.260	0.334	0.414	0.525	.432
6	0.6671	0.822	0.747	0.410	0.406	0.221	0.312	0.362	0.465	.424
7	0.5707	0.783	0.691	0.429	0.362	0.192	0.265	0.324	0.414	.381
8	0.4309	0.743	0.642	0.443	0.335	0.168	0.223	0.275	0.368	.267
9	0.3718	0.706	0.591	0.449	0.363	0.147	0.212	0.249	0.334	.248
10	0.3884	0.672	0.549	0.450	0.414	0.141	0.198	0.232	0.306	.312

Erläuterungen zu obiger Tabelle

VR(K): Varianz Ratio der historischen Zeitreihe

Mean: Mittelwert der empirischen Verteilung von VR(K)

Median: Median der empirischen Verteilung von VR(K)

SD: Standardabweichung der empirischen Verteilung von VR(K)

SD(B): Der Bartlett'sche Schätzer für die Standardabweichung der Verteilung von VR(K). $SD(B) \approx \sqrt{4T/3K} * VR(K)$.

Sign. Level: Wahrscheinlichkeit, nach welcher die VR(K) der empirischen Verteilung kleiner ist als die Teststatistik

Tab. 2.4 Geschätzte Verteilung der Varianz Ratios für die Periode 1947-1990 (Randomization-Experiment)

K	VR(K)	Mean	Median	SD	SD(B)	1%	5%	10%	20%	Sign.
Nominale Jahresreturns: Periode 1947-1990						**Fraktile**				**Sign. Level**
2	1.0320	0.997	0.995	0.149	0.257	0.650	0.748	0.811	0.876	.599
3	0.8254	0.987	0.966	0.223	0.263	0.524	0.649	0.715	0.802	.235
4	0.7294	0.973	0.947	0.274	0.266	0.473	0.568	0.655	0.737	.190
5	0.6595	0.955	0.919	0.315	0.276	0.406	0.499	0.594	0.686	.162
6	0.5291	0.934	0.887	0.348	0.260	0.346	0.464	0.542	0.631	**.088**
7	0.3982	0.914	0.847	0.377	0.230	0.319	0.414	0.502	0.584	**.043**
8	0.3366	0.893	0.826	0.400	0.209	0.289	0.377	0.460	0.551	**.026**
9	0.3493	0.873	0.796	0.419	0.220	0.261	0.363	0.423	0.518	**.044**
10	0.3717	0.854	0.770	0.433	0.245	0.247	0.334	0.392	0.482	**.078**
Reale Jahresreturns: Periode 1947-1990										
2	1.1092	0.996	0.989	0.150	0.262	0.646	0.743	0.811	0.878	.775
3	0.9352	0.985	0.967	0.223	0.277	0.517	0.641	0.715	0.792	.445
4	0.7784	0.971	0.944	0.274	0.286	0.458	0.560	0.648	0.730	.250
5	0.8465	0.953	0.914	0.314	0.296	0.411	0.504	0.584	0.683	.415
6	0.8038	0.932	0.882	0.347	0.277	0.347	0.463	0.536	0.633	.398
7	0.7614	0.912	0.851	0.375	0.247	0.318	0.424	0.491	0.593	.403
8	0.6893	0.891	0.827	0.398	0.229	0.283	0.396	0.449	0.553	.365
9	0.7502	0.871	0.801	0.417	0.248	0.248	0.363	0.419	0.508	.445
10	0.8259	0.852	0.762	0.432	0.283	0.244	0.344	0.390	0.483	.548

Erläuterungen zu obiger Tabelle

VR(K): Varianz Ratio der historischen Zeitreihe

Mean: Mittelwert der empirischen Verteilung von VR(K)

Median: Median der empirischen Verteilung von VR(K)

SD: Standardabweichung der empirischen Verteilung von VR(K)

SD(B): Der Bartlett'sche Schätzer für die Standardabweichung der Verteilung von VR(K). $SD(B) \approx \sqrt{4T/3K} * VR(K)$.

Sign. Level: Wahrscheinlichkeit, nach welcher die VR(K) der empirischen Verteilung kleiner ist als die Teststatistik

3.3.2. Darstellung der Testergebnisse

Die Gesamt- sowie die Vorkriegs- bzw. Nachkriegsperiode zeigen einen ähnlichen Verlauf. Im kurzen Lagbereich weisen die Varianz Ratios Werte über Eins auf. Dies kann als "mean averses" Preisverhalten in der kurzfristigen Dynamik interpretiert werden. Danach fallen die VR(K) unter den hypothetischen Wert von Eins und unterschreiten zwischen K=5 und K=8 die 10%-Signifikanzgrenze. Die höchste Signifikanz wird bei K=8 bzw. K=9 erreicht. Für längere Lags ist der Median kleiner als der Mittelwert, was auf die Asymmetrie der Testverteilung hinweist.

Der Bartlett'sche Schätzwert für die Standardabweichung überschätzt für kurze Lags denjenigen der empirischen Verteilung und liegt für die langen Lags klar unter diesem. Dies zeigt, dass mit dem Bartlett'schen Schätzer keine befriedigende Approximation erreicht werden kann und unterstreicht die Notwendigkeit eines Randomization od. Bootstraping Verfahrens.

Die Ergebnisse für die Nachkriegsperiode 1947-1990sprechen am deutlichsten für "Mean Reversion" bzw. gegen die Random Walk Hypothese und die Werte der Vorkriegsperiode 1926-1946 liefern diesbezüglich die schwächsten Ergebnisse.

Dieses Resultat steht ganz im Gegensatz zu den Ergebnissen von KIM/NELSON/STARTZ(1991), welche betreffend dem amerikanischen Aktienmarkt gerade für die Periode 1947-1986keine positive Evidenz für "Mean Reversion" nachweisen können und in ihrer Schlussfolgerung davon ausgehen, dass "Mean Reversion" Verhalten lediglich ein Phänomen der Vorkriegsjahre sei.[58]

Auch für die Gesamtperiode 1926-1990fallen obige Resultate deutlicher aus - im Sinne einer positiven Evidenz für "Mean Reversion" - als die Untersuchungen von POTERBA/ SUMMERS(1988) und KIM/NELSON/STARTZ(1991) für den amerikanischen Aktienmarkt.[59]

Abb. 2.2 zeigt eine Zusammenfassung der Tabellenwerte. Es ist für Gesamt- und Subperioden der graphische Verlauf der Varianz Ratios für unterschiedliche Lags K eingezeichnet. Die Fläche repräsentiert den aufgrund des Randomization-Experimentes für die Gesamtperiode berechneten

58) Es sei jedoch angemerkt, dass das Crashjahr 1987 sowie die folgenden Jahre quasi "Paradebeispiele" für "Mean Reversion" Verhalten darstellen. Ein Einbezug dieser Jahre in das Sample von KIM/NELSON/STARTZ(1991) dürfte auch für den amerikanischen Markt etwas andere Ergebnisse hervorbringen.

59) Als Vergleichswerte für K=8 weisen KIM/NELSON/STARTZ für die Periode 1926-1986 einen Signifikanz-Wert von 0.197und POTERBA/SUMMERS für die Periode 1871-1985 einen Wert von 0.08aus.

10%-Signifikanzbereich. Fällt die effektive Varianz Ratio in diesen Bereich, so ist bei einer Fehlerwahrscheinlichkeit (α-Fehler) von höchstens 10% davon auszugehen, dass "Mean Reversion" vorliegt bzw. dass die Random Walk Hypothese verworfen werden muss. Gemäss POTERBA/SUMMERS(1988), welche Simulationsberechnungen zum "Power" dieses Varianz Ratio-Tests durchführen, ist es bereits mit einem Signifikanzniveau von 25% adäquat - aufgrund der Trennschärfenproblematik - die Random Walk-Hypothese abzulehnen.

Abb. 2.2 Varianz Ratios und Signifikanz-Level der nominalen, jährlichen Indexreturns schweizerischer Aktien

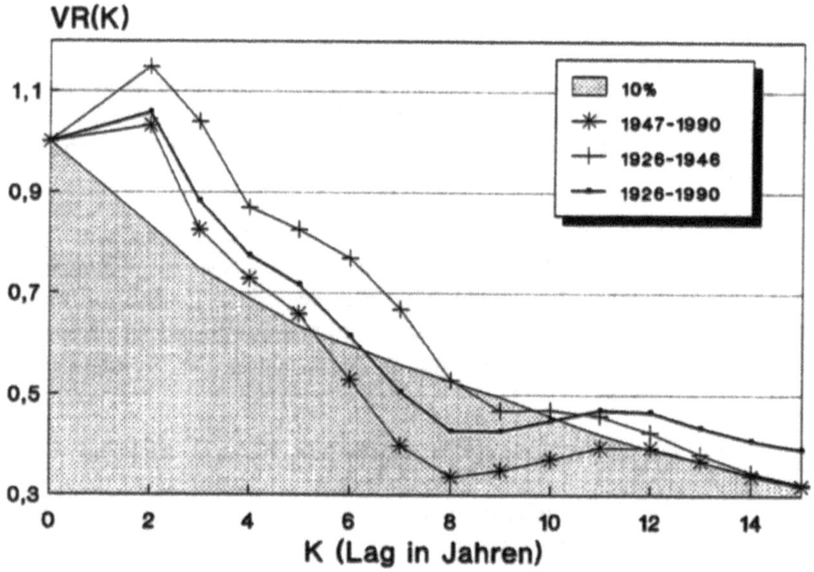

3.4. Untersuchung mit Monatsdaten

Analog zur Berechnung der Varianz Ratio mit Jahresdaten gemäss Gleichung (2.10) lässt sich die Varianz Ratio für monatliche Returnreihen durch folgenden Quotienten ausdrücken:

(2.13)
$$VR(k) = \frac{Var(r_t^k)/k}{Var(r_t^{12})/12}$$

In Anlehnung an die Ausführungen in POTERBA/SUMMERS(1988) lässt sich obiger Quotient approximativ als Funktion der kumulierten Autokorrelationskoeffizienten der monatlichen Returns schreiben

(2.14)
$$VR(k) \approx 1 + 2\sum_{j=1}^{k-1}\left(\frac{k-j}{k}\right)\hat{\rho}(j) - 2\sum_{j=1}^{11}\left(\frac{12-j}{12}\right)\hat{\rho}(j)$$

dabei ist

r_t	der Ein-Monatsreturn
r_t^k	der Return über k Monate $r_t^k = \sum_{i=0}^{k-1} r_{t-i}$
$\hat{\rho}(j)$	der Autokorrelationskoeffizient j-ter Ordnung und
k	die Periodenlänge in Monaten

Als Datenbasis werden monatliche Returnreihen für einen wert- bzw. gleichgewichteten Index schweizerischer Aktien beigezogen. Die Datenreihen liegen jeweils für die Periode von 1973.12bis 1990.05vor. Zur Berechnung der VR(k) werden die Autokorrelationskoeffizienten für die unterschiedlichen k's berechnet und danach in die Summenformel der Gleichung (2.13) eingesetzt.

Abb. 2.3 und 2.4 geben einen Eindruck über die absoluten bzw. kumulierten Werte der Autokorrelationsfunktion der betreffenden Indexreihen.

Abb. 2.3 Autokorrelationskoeffizienten der Indexreturns (wertgewichteter Index)

AC-Koeffizienten absolut

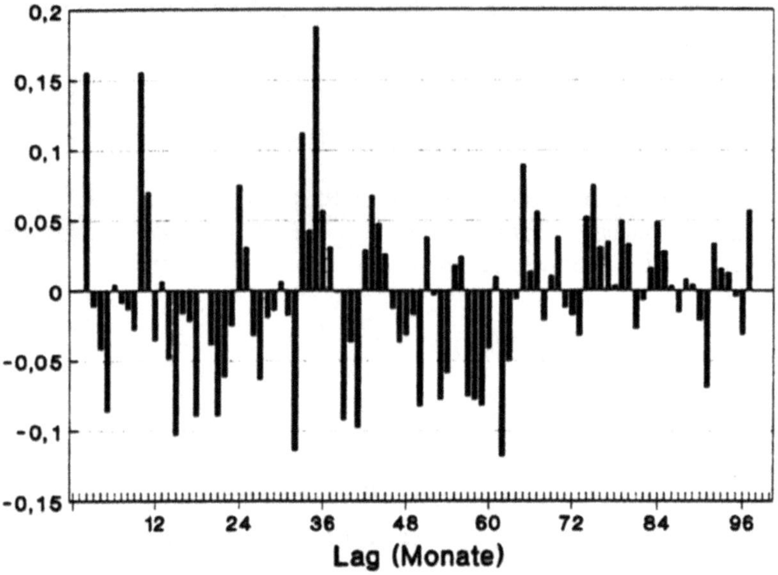

Kumulierte AC-Koeffizienten

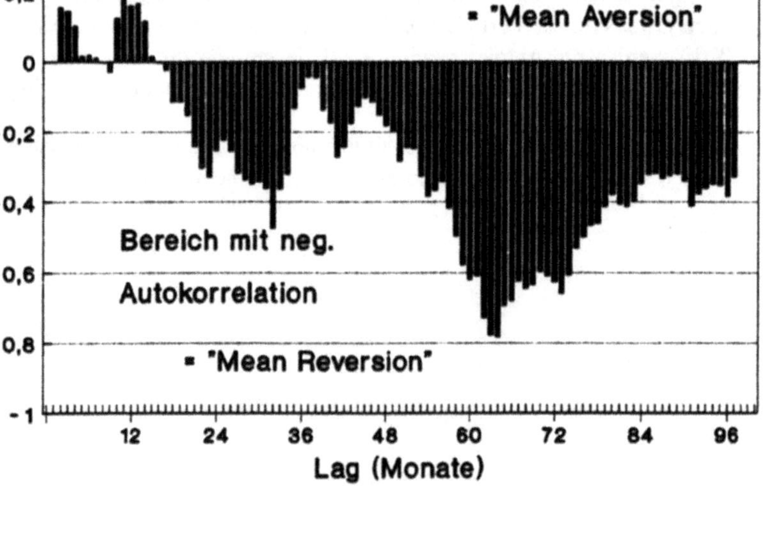

Abb. 2.4 Autokorrelationskoeffizienten der Indexreturns (gleichgewichteter Index)

AC-Koeffizienten absolut

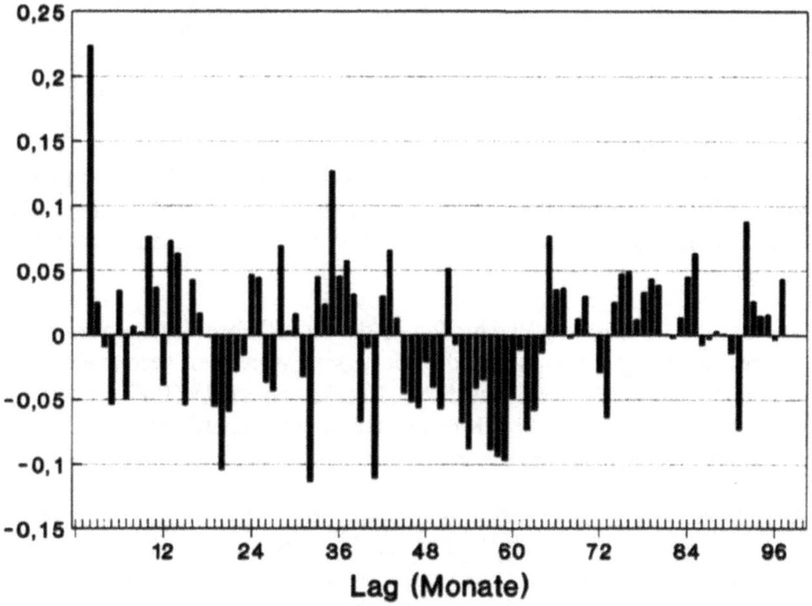

Kumulierte AC-Koeffizienten

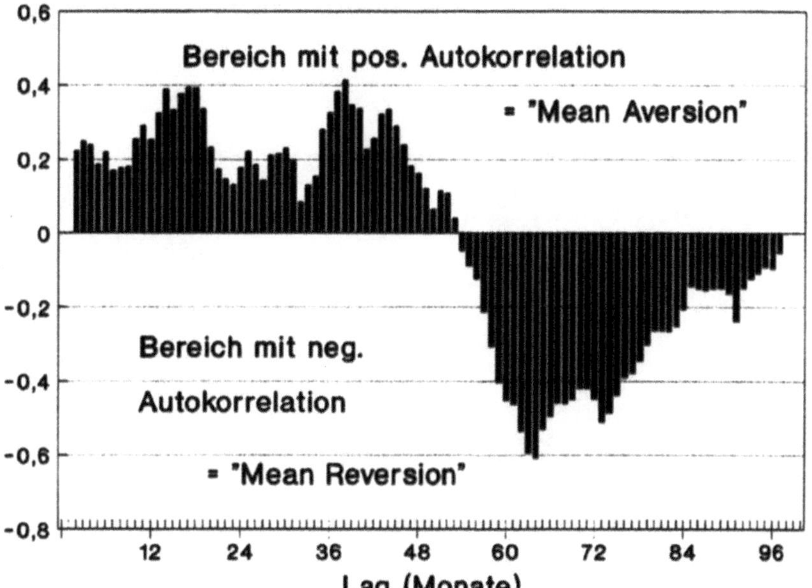

Abb. 2.3 zeigt bzgl. der kumulierten Autokorrelationskoeffizienten des wertgewichteten Indexes das typische Bild, wie es bereits zuvor mit Jahresdaten zu beobachten war. Die aggregierten Autokorrelationskoeffizienten fallen nach ca. einem Jahr klar in den negativen Bereich und deuten auf das Vorhandensein eines mean reversen Preisverhaltens hin.

Anders verhält es sich bei den Koeffizienten des gleichgewichteten Indexes (Abb. 2.4). Diese zeigen für einen Lag von etwa 4.5 Jahren deutlich die Eigenschaft positiv autokorrelierter Returns an und fallen erst relativ spät in den "Mean Reversion"-Bereich.

Der Verlauf der kumulierten Werte der Autokorrelationsfunktion lässt bereits auf die Ergebnisse des Varianz Ratio-Tests schliessen, da VR(k) eine direkte Funktion der kumulierten Autokorrelationswerte der jeweiligen Returnreihen darstellt.

Die Tabelle 2.5 zeigt die Varianz Ratios der monatlichen Indexreturns beider Indizes. Ferner gibt die Tabelle die wichtigsten Werte der Testverteilung aus dem Randomization-Experiment für die Nachkriegsperiode (1947-1990) wieder und weist in der äussersten Kolonne rechts die Signifikanzniveaus für die betreffenden VR(k) aus.

Der Verlauf der Varianz Ratios, in Abhängigkeit von k, ist für beide Indizes in Abb. 2.4 graphisch dargestellt. Für die 10%-Signifikanzgrenze wurden die Randomization Ergebnisse verwendet, welche für die Periode 1947-1990 aufgrund der Simulation mit Jahresdaten berechnet wurden.

Tab. 2.5 Varianz Ratios der monatlichen Indexreturns schweizerischer Aktien für die Periode 1973-1990

Wertgewichteter Index: Periode 1974-1990						Fraktile				Sign. Level
k	VR(k)	Mean	Median	SD	SD(B)	1%	5%	10%	20%	Sign.
24	0.822	0.997	0.995	0.149	0.257	0.650	0.748	0.811	0.876	.200
36	0.634	0.987	0.966	0.223	0.263	0.524	0.649	0.715	0.802	.048
48	0.615	0.973	0.947	0.274	0.266	0.473	0.568	0.655	0.737	.081
60	0.511	0.955	0.919	0.315	0.276	0.406	0.499	0.594	0.686	.055
72	0.345	0.934	0.887	0.348	0.260	0.346	0.464	0.542	0.631	.007
84	0.284	0.914	0.847	0.377	0.230	0.319	0.414	0.502	0.584	.006
96	0.268	0.893	0.826	0.400	0.209	0.289	0.377	0.460	0.551	.007
Gleichgewichteter Index: Periode 1974-1990										
24	1.080	0.997	0.995	0.149	0.257	0.650	0.748	0.811	0.876	.715
36	1.050	0.987	0.966	0.223	0.263	0.524	0.649	0.715	0.802	.640
48	1.081	0.973	0.947	0.274	0.266	0.473	0.568	0.655	0.737	.685
60	0.944	0.955	0.919	0.315	0.276	0.406	0.499	0.594	0.686	.540
72	0.722	0.934	0.887	0.348	0.260	0.346	0.464	0.542	0.631	.299
84	0.605	0.914	0.847	0.377	0.230	0.319	0.414	0.502	0.584	.215
96	0.568	0.893	0.826	0.400	0.209	0.289	0.377	0.460	0.551	.226

Erläuterungen zur obiger Tabelle:

VR(k):	Varianz Ratio der historischen Zeitreihe
Mean:	Mittelwert der empirischen Verteilung von VR(k)
Median:	Median der empirischen Verteilung von VR(k)
SD:	Standardabweichung der empirischen Verteilung von VR(k)
SD(B):	Der Bartlett'sche Schätzer für die Standardabweichung der Verteilung von VR(k). $SD(B) \approx \sqrt{4T/3k}*VR(k)$.
Sign. Level:	Wahrscheinlichkeit, nach welcher die VR(k) der empirischen Verteilung kleiner ist als die VR(k) der historischen Werte

Abb. 2.5 Varianz Ratios der nominalen, monatlichen Indexreturns schweizerischer Aktien

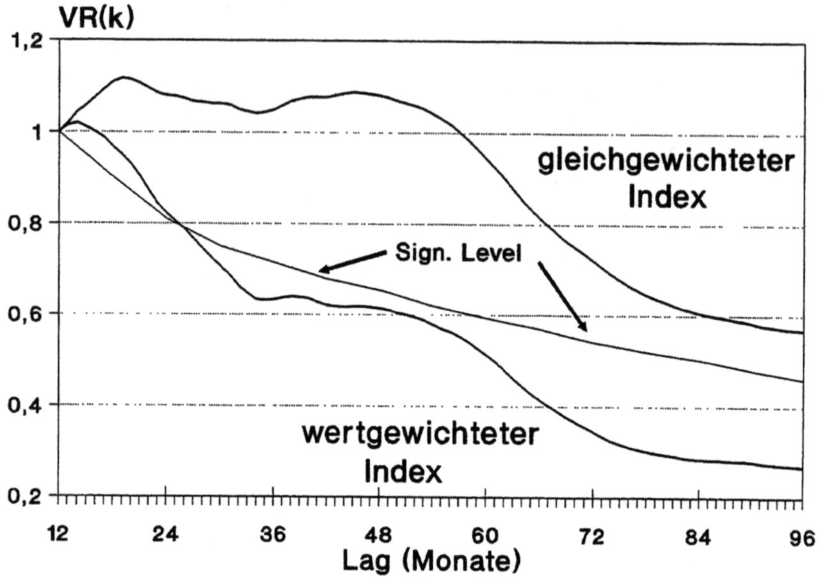

3.5. Erste Ergebnisanalyse und Interpretation für das weitere Vorgehen

Die bisherigen empirischen Testergebnisse skizzieren im wesentlichen folgendes Bild:

1. Betreffend der kurzfristigen Dynamik sind Aktienmarktreturns positiv autokorreliert und zeigen somit mean averses Verhalten. Bei der Untersuchung mit Monatsdaten geht hervor, dass die Returns des gleichgewichteten Aktienindexes deutlich stärker positiv autokorreliert sind als die Returnwerte des wertgewichteten Indexes.

2. Im Gegensatz zur kurzen Returnperiode bringen die untersuchten Indexreihen betreffend der langfristigen Dynamik signifikant negativ autokorrelierte Aktienreturns und somit "Mean Reversion" hervor.

Bei der Untersuchung mit Jahresdaten sprechen die Testergebnisse für die Vorkriegsperiode(1926-1946) weniger deutlich für "Mean Reversion" als die Ergebnisse für die Nachkriegsperiode (1947-1990).

Die Untersuchung mit Monatswerten für die Periode 1973-1990zeigt, dass der wertgewichtete Aktienindex deutlichere "Mean Reversion" Eigenschaften als der gleichgewichtete Index hervorbringt.[60]

Die Ergebnisse aus den Varianz Ratio-Tests zeigen, dass über lange Returnperioden die Varianz der Returns unterproportional zur Zeit zunimmt. Dies spricht für "Mean Reversion" im Preisverhalten und somit für eine langsam abfallende, stationäre Komponente im Preisbildungsprozess.

Das Abfallen der Varianz Ratios (VR(k)) bis unter den Wert von 0.5 für grosse k lässt sich dahingehend interpretieren, dass in der langfristigen Periodenbetrachtung weniger als die Hälfte der Varianz der Preisveränderung durch eine Random Walk-Innovation erklärt werden kann. Weiter kann aus den Ergebnissen gefolgert werden, dass der zugrundeliegende Preisbildungsprozess deterministische Trendeigenschaften besitzt bzw. dass ein erheblicher Teil der Preisfluktuationen temporär ist.[61]

Das Vorhandensein zeitlicher Abhängigkeiten in den Aktienreturns ist wohl ein Indiz dafür, dass zukünftige Aktienpreisentwicklungen nicht vollständig unabhängig von ihrer eigenen Kursgeschichte sind. Es kann aber nicht als eine generelle Absage an die EMH interpretiert werden. Denn nebst irrationalem Marktverhalten im Sinne der "Noise"-Argumentation (dies stünde in klarem Widerspruch zur EMH) können sich auch zeitlich inkonstante Expected Returns,[62] dargestellt in diversen Gleichgewichtsansätzen mit rationalen Marktteilnehmern, für dasselbe Preisverhalten verantwortlich zeigen. Und dieser, letztgeäusserte Zusammenhang spricht für die Gültigkeit der EMH. Die Problematik dieser Interpretation kommt auch deutlich zum Ausdruck bei FAMA/FRENCH(1988):

> *"There are two competing economic stories for strong predictability of long-horizon returns due to slowly decaying price components. Such price behavior (mean reversion) is consistent with common models of an irrational market in which stock prices take long temporary swings*

---

60) Ergebnisse amerikanischer Provinienz, so z.B. POTERBA/SUMMERS(1988), FAMA/FRENCH(1988) und KIM/NELSON/STARTZ(1991) bringen im Gegensatz zu den vorliegenden Resultaten deutlichere Evidenz für "Mean Reversion" betreffend der Vorkriegsperiode, wie auch für den gleichgewichteten Index hervor.

61) Vgl. COCHRANE(1988), S.898.

62) Wie an früherer Stelle dargelegt wurde, kann auch rationales Verhalten im Sinne einer "Constant Proportion Portfolio Insurance" "Mean Reversion" im Preisverhalten hervorbringen.

away from fundamental values. But the predictability of long-horizon returns can also result from time-varying equilibrium expected returns generated by rational pricing in an efficient market." [S. 247][63]

"Mean Reversion", induziert durch eine leicht abfallende Preiskomponente, lässt sich aber dahingehend interpretieren, dass das Preisverhalten durch einen reinen Random Walk-Prozess unvollständig spezifiziert ist. Die offene Frage richtet sich somit nach möglichen Alternativen für den zugrundeliegenden Preisbildungsprozess. Die Spezifikation eines rein stationären AR(1)-Prozesses wäre eine denkbare Variante. Die vorliegenden Ergebnisse zeigen jedoch Evidenz für kurzfristig positiv autokorrelierte Periodenreturns, was gegen eine AR(1)-Spezifikation spricht.

Einen adäquaten Ansatz unter Berücksichtigung obiger Testergebnisse bietet der unter 3.1.2.erwähnte Preisbildungsprozess in Form einer Kombination von AR(1)- und Random Walk-Prozess, wie dies u.a. durch SUMMERS(1986), FAMA/FRENCH(1988) und POTERBA/SUMMERS(1988) vorgeschlagen wird.[64]

"... because our finding of positive autocorrelation over short intervals implies that the AR(1) specification of the transitory component is inappropriate and because of our difficulties in extimating the ARMA(1,1) models implied by this approach. Instead we use an approach that does not require us to specify a process for the transitory component, but nevertheless allows us to focus on its standard deviation and the fraction of the one-period return variance that can be attributed to it."

[POTERBA/SUMMERS(1988), S.45]

In Anlehnung an die zitierten Autoren und motiviert durch die bisherigen Ergebnisse soll im letzten Abschnitt ein solches Preisbildungsmodell spezifiziert werden.

---

63) POTERBA/SUMMERS(1987) zeigen formal, dass beide Ansätze zu demselben "mean reversen" Preisverhalten führen.

64) Die Dekomposition nicht-stationärer Zeitreihen in eine permanente (Random Walk) und eine transitorische (AR(1)) Komponente hat ihren Ursprung in der Modellierung von Makrodaten mit zyklischer Struktur ("business cycles") und geht auf BURNS/MITCHELL(1946) zurück. Sie findet ökonomisch z.B. auch in der Einkommenstheorie von FRIEDMAN(1957), durch die Aufspaltung des Einkommens in ein permanentes und ein transitorisches Einkommen, Anwendung. Eine gute Aufarbeitung der Thematik im Lichte ökonometrischer Modelle findet sich in BEVERIDGE/NELSON(1981).

4. Kombination von AR(1)- und Random Walk-Prozess

Den vorangegangenen Ergebnissen, welche mit "Mean Reversion" auf eine allfällige Existenz einer leicht abfallenden Preiskomponente hinweisen, soll mit der Spezifikation des folgenden Modelles Rechnung getragen werden. Der Ansatz wurde wesentlich durch die Arbeit von BEVERIDGE/NELSON(1981) geprägt und findet bezüglich der Analyse von Finanzmarktdaten Anwendung in POTERBA/SUMMERS(1988), FAMA/FRENCH(1988) und LO/MacKINLAY(1988,1989). Die nun folgenden Ausführungen geben diese Methodologie wieder bzw. wenden diese bezüglich schweizerischer Aktienindizes an.

4.1. Darstellung des Preisbildungsprozesses

Dabei wird der logarithmierte Aktienpreis p_t als Summe eines nicht-stationären Prozesses (Random Walk), geschrieben als q_t, und eines AR(1)-Prozesses, geschrieben als u_t, formuliert.

(2.15) $$p_t = q_t + u_t$$

(2.16) $$q_t = q_{t-1} + \epsilon_t$$ mit white noise in ϵ_t

(2.17) $$u_t = \phi u_{t-1} + \zeta_t$$

ζ_t beschreibt einen white noise term und ϕ ist wenig kleiner als Eins.

Die Aufteilung des Preisbildungsprozesses bzw. der Einbezug eines AR(1)-Prozesses u_t lässt sich in zweierlei Hinsicht interpretieren. Einerseits ist die Interpretation dahingehend, dass die sog. transitorische Komponente, in Form eines leicht abfallenden AR(1)-Prozesses, fads, d.h. spekulativ induzierte Abweichungen der Preise von ihrem fundamentalen Gleichgewicht reflektiert. Andererseits kann sie modellmässig für Veränderungen der erwarteten Periodenreturns stehen. In beiden Fällen dient die Modellierung einer stationären Preiskomponente der Charakterisierung von Preisveränderungen, welche sich nicht durch "fundamentale" Innovationen bzw. durch eine Änderung der künftig erwarteten Preisentwicklung ergeben.

> *"... describing the stochastic properties of the stationary price component is a way of characterizing the part of stock price movements that cannot be explained by changing expectations about future cash flows."*
>
> *[POTERBA/SUMMERS(1988), S. 46]*

Bezüglich des spezifizierten 2-Komponenten Modells (Gleichungen 2.15 bis 2.17) ist die Hypothese die, dass der Aktienpreis einem nicht-stationären Prozess folgt, wobei der permanente Einfluss einer Innovation auf den Preis kleiner als Eins ist.

Ergibt sich z.B. eine Preisveränderung aufgrund neuer Information, so geht ein Teil der so induzierten Preisveränderung über die Zeit, mit fallendem Gewicht, sukzessive wieder verloren. Dieser Teil der Schock-Innovation wird modellmässig durch die stochastische Eigenschaft der transitorischen Komponente des AR(1)-Prozesses erfasst und führt zu negativ autokorrelierten Returns bzw. zu "Mean Reversion".

Diese Modellimplikation kann durch Differenzierung der Ursprungsgleichung (2.15) dargestellt werden

(2.18)
$$r_{t+T} = p_{t+T} - p_t$$
$$= (q_{t+T} - q_t) + (u_{t+T} - u_t)$$

Die Random Walk Komponente induziert white noise in den Aktienreturns und für die transitorische Komponente u_t lässt sich zeigen, dass diese - durch Induktion negativer Autokorrelation in den Aktienreturns - zu "Mean Reversion" führt.

"Mean Reversion" bzw. die negativ autokorrelierten Returnwerte, welche von u_t herrühren, entstehen aufgrund des für die Periode t+T negativen Erwartungswertes für den Autokorrelationskoeffizienten $\rho(T)$.

Der negative Erwartungswert von $\rho(T)$ lässt sich wie folgt herleiten:[65]

---

65) Bezüglich der nun folgenden Ausführungen sowie bzgl. der unter 4.1 vorgenommenen Varianzdekomposition vgl. die Ausführungen in COCHRANE(1988), FAMA/FRENCH(1988), S.249ff. und POTERBA/SUMMERS(1988), S.46ff. bzw. die dort zitierte Literatur.

(2.19) $$\rho(T)=\frac{cov(u_{t+T}-u_t;u_t-u_{t-T})}{\sigma^2(u_{t+T}-u_t)}$$

wobei der Zähler geschrieben werden kann als

(2.20) $$cov(u_{t+T}-u_t;u_t-u_{t-T})=$$
$$-\sigma^2(u)+2cov(u_t;u_{t+T})-cov(u_t;u_{t+2T})$$

Aufgrund der Stationaritätseigenschaft von u_t fallen die Kovarianzen auf der rechten Seite der Gleichung weg und es ergibt sich

$$cov(u_{t+T}-u_t;u_t-u_{t-T})=-\sigma^2(u)$$

Dementsprechend ergibt sich für den Zähler

(2.21) $$\sigma^2(u_{t+T}-u_t)=2\sigma^2(u)-2cov(u_{t+T};u_t)=2\sigma^2(u)$$

und somit für $\rho(T)$ ein Erwartungswert von

(2.22) $$\rho(T)=\frac{-\sigma^2(u)}{2\sigma^2(u)}=-0.5$$

4.2. Die Bedeutung der transitorischen Komponente für die Varianz des Preisbildungsprozesses (Varianzdekomposition)

Wird der Aktienpreisbildungsprozess als Summe eines Random Walks (permanente Komponente) und eines AR(1)-Prozesses (transitorische Komponente) beschrieben, so ist die Frage interessant, in welchem Verhältnis eine Preisinnovation auf die eine bzw. andere Komponente fällt.

Der Ansatz der Varianzdekomposition, welcher u.a. von SUMMERS(1986), FAMA/FRENCH(1988) und POTERBA/SUMMERS(1988) in diesem Zusammenhang Anwendung findet, erlaubt, quantitative Aussagen über die Bedeutung der beiden im Modell enthaltenen Komponenten zu machen.

Gegenstand der Varianzdekomposition ist, dass ausgehend von der Varianz eines Finanzaktivums - in unserem Falle die Varianz des Indexes schweizerischer Aktien - untersucht wird, welcher prozentuale Anteil dieser Gesamtvarianz auf die eine bzw. andere Komponente zurückzuführen ist. Mit anderen Worten, die Varianz wird, als absolutes Volatilitätsmass, prozentual in zwei Teilkomponenten zerlegt. Die beiden Teilkomponenten sind dann ein Ausdruck dafür, wieviel Prozent der Aktienpreisschwankung sich aufgrund der permanenten bzw. transitorischen Komponente ergeben.

Im folgenden sollen, ausgehend von Gleichung (2.15) die Gesamtvarianz und die beiden Teilvarianzen hergeleitet werden.[66]

Die Varianz eines T-Periodenreturns r_{t+T} lässt sich schreiben als

(2.23)
$$\sigma_T^2 = T\sigma^2(\epsilon) + 2\sigma^2(u) - 2\rho(T)\sigma^2(u)$$
$$= T\sigma^2(\epsilon) + 2(1-\rho(T))\sigma^2(u)$$

$\sigma^2(\epsilon)$ ist dabei die Varianz der Innovationen der permanenten Komponente q_t, $\sigma^2(u)$ steht für die Varianz der transitorischen Komponente u_t und ρ_T stellt bezüglich des stationären Prozesses u_t den Autokorrelationskoeffizienten T-ter Ordnung dar.

Wird ρ_T als konstant angenommen, so lässt sich obige Gleichung durch Einsetzen zweier unterschiedlicher Perioden-Varianzen für Periode T bzw. T' in ein Gleichungssystem mit zwei Unbekannten umformen. $\sigma^2(\epsilon)$ und $\sigma^2(u)$ ergeben sich dann durch Auflösung des Gleichungssystemes.

(2.24)
$$\sigma^2(\epsilon) = \frac{\sigma_R^2[VR_T(1-\rho(T'))T - VR_{T'}(1-\rho(T))T']}{(1-\rho(T'))T - (1-\rho(T))T'}$$

(2.25)
$$\sigma^2(u) = \frac{\sigma_R^2 T'[VR_T - VR_{T'}]T}{2[(1-\rho(T))T' - (1-\rho(T'))T]}$$

σ_R^2 ist die Gesamtvarianz der Einperiodenreturns und VR_T ist die T-Perioden Varianz Ratio (Verhältnis der T-Perioden Varianz zu T mal der Einperioden Varianz).

---

66) Die Herleitung und Durchführung der Varianzdekomposition wird analog zu den Ausführungen in POTERBA/SUMMERS(1988), S.46ff. vorgenommen.

Durch das Verhältnis $1 - \sigma_{\varepsilon}^2/\sigma_R^2$ kann ausgedrückt werden, welcher prozentuale Anteil der Return-Varianz durch die Varianz der transitorischen Komponente erklärt werden kann.

Durch die Wahl der jeweiligen Perioden T bzw. T' sowie durch unterschiedliche Annahmen betreffend der Autokorrelationseigenschaft von u_t lassen sich anhand der Gleichungen (2.24) und (2.25) die Varianz der transitorischen Komponente, $\sigma^2(u)$, und der prozentuale Anteil von $\sigma^2(u)$ an der Gesamtvarianz, $1 - \sigma_{\varepsilon}^2/\sigma_R^2$, schätzen.

4.3. Schätzergebnisse aus der Varianzdekomposition

4.3.1. Berechnung auf der Basis von Jahreswerten

Tab. 2.6 enthält, basierend auf den jährlichen Returndaten des Schweizer Aktienindexes, erstellt von der Banque Pictet & Cie., für die Periode 1926-1990 die betreffenden Schätzwerte. Anstelle der Varianz von u_t wurde die entsprechende Standardabweichung σ_u tabelliert.

Die aufgeführten Werte wurden für T=1 bzw. T'=8 sowie für unterschiedliche Szenarien hinsichtlich der betreffenden Autokorrelationswerte, ρ_1 bzw. ρ_8, geschätzt.

Für σ_R^2 wurde die Varianz der jährlichen Indexreturns über die Periode 1926-1990 berechnet und eingesetzt. Der Wert für die Varianz (Standardabweichung) beträgt 0.0066 (8.1 %). Die Werte für die jeweiligen Varianz Ratios wurden der Tabelle 2.2.(nominelle Jahresreturns) entnommen.

Tab. 2.6 **Permanente und transitorische Return-Komponenten: Ergebnisse aufgrund der Untersuchung mit <u>Jahresdaten</u> für die Periode 1926-1990**

Periode:	$\rho_1 = 0.0$		$\rho_1 = 0.35$		$\rho_1 = 0.5$	
1926-1990	σ_u	$1 - \sigma_\epsilon^2/\sigma_R^2$	σ_u	$1 - \sigma_\epsilon^2/\sigma_R^2$	σ_u	$1 - \sigma_\epsilon^2/\sigma_R^2$
$\rho_8 = 0.0$	4.5%	0.653	5.6%	0.707	6.5%	0.898
$\rho_8 = 0.15$	4.4%	0.639	5.6%	0.683	6.5%	0.725
$\rho_8 = 0.3$	4.4%	0.626	5.6%	0.660	6.4%	0.692

Tab. 2.6 zeigt eine Matrixdarstellung mit einer Auswahl von Werten für ρ_1 bzw. ρ_8. Ausgehend von diesen Annahmen ist zum einen mit σ_u die annualisierte Standardabweichung der transitorischen Komponente tabelliert. Zum anderen ist mit $1 - \sigma_\epsilon^2/\sigma_R^2$ der Anteil aufgeführt, welcher der Varianz der transitorischen Komponente - relativ zur Gesamtvarianz (Varianz der jährlichen Returns) - zukommt. Gemäss obiger Tabelle trägt die transitorische Komponente - je nachdem von welchen ρ-Werten man ausgeht - zwischen 62% und 90% an die Varianz der jährlichen Indexreturns bei. Zudem ergeben sich für die Standardabweichung der transitorischen Komponente Werte zwischen 4.4% und 6.5%.

Aus der Tabelle geht ebenfalls hervor, dass die Schätzergebnisse stark vom Autokorrelationskoeffizienten 1. Ordnung abhängen und kaum von jenen höherer Ordnung.

Obige Resultate lassen sich so interpretieren, dass sich bei langfristiger Optik mehr als die Hälfte der jährlichen Preisschwankungen schweizerischer Aktien nicht lediglich aufgrund von "Innovationen" (Random Walk Komponente), sondern ebenso aufgrund eines "Reagierens" auf vergangene Preisentwicklungen ergeben.

In Tab. 2.7 und 2.8 finden sich die Ergebnisse der Varianzdekomposition für die Vorkriegs- bzw. Nachkriegssubperioden. Die Resultate machen auch den

Zusammenhang zwischen der transitorischen Komponente und "Mean Reversion" deutlich, denn die Bedeutung der transitorischen Komponente wird umso grösser, je kleiner die 8-Jahres Varianz Ratio (VR_8) ist.

Tab. 2.7 **Permanente und transitorische Return-Komponenten: Ergebnisse aufgrund der Untersuchung mit Jahresdaten für die Periode 1926-1946**

Periode:	$\rho_1 = 0.0$		$\rho_1 = 0.35$		$\rho_1 = 0.5$	
1926-1946	σ_u	$1-\sigma_\epsilon^2/\sigma_R^2$	σ_u	$1-\sigma_\epsilon^2/\sigma_R^2$	σ_u	$1-\sigma_\epsilon^2/\sigma_R^2$
$\rho_8 = 0.00$	4.1%	0.539	5.1%	0.584	5.9%	0.841
$\rho_8 = 0.15$	4.0%	0.528	5.1%	0.564	5.9%	0.599
$\rho_8 = 0.30$	4.0%	0.517	5.1%	0.545	5.8%	0.572

Tab. 2.8 **Permanente und transitorische Return-Komponenten: Ergebnisse aufgrund der Untersuchung mit Jahresdaten für die Periode 1947-1990**

Periode:	$\rho_1 = 0.0$		$\rho_1 = 0.35$		$\rho_1 = 0.5$	
1947-1990	σ_u	$1-\sigma_\epsilon^2/\sigma_R^2$	σ_u	$1-\sigma_\epsilon^2/\sigma_R^2$	σ_u	$1-\sigma_\epsilon^2/\sigma_R^2$
$\rho_8 = 0.00$	4.8%	0.758	6.4%	0.821	7.1%	0.951
$\rho_8 = 0.15$	4.8%	0.742	6.0%	0.793	7.0%	0.842
$\rho_8 = 0.30$	4.8%	0.727	6.0%	0.767	6.9%	0.804

4.3.2. Berechnung auf der Basis von Monatswerten

Tab. 2.9 und 2.10 enthalten die Schätzwerte für einen gleich- bzw. wertgewichteten Schweizer Aktienindex, welche für die Periode 1973.12-1990.05 mit Monatsdaten berechnet wurden. Die betreffenden Varianz Ratios wurden für T=12 bzw. T'=96 der Tabelle 2.5 entnommen. Für σ_R^2 wurde die Varianz der monatlichen Indexreturns über die Periode 1974.01-1990.05 berechnet und eingesetzt. Der Wert für die annualisierte Varianz (Standardabweichung) beträgt 0.0264(16.24%) für den wertgewichteten Index und 0.0204(14.28%) für den gleichgewichteten Index.

Tab. 2.9 **Permanente und transitorische Return-Komponenten: Ergebnisse aufgrund der Untersuchung mit Monatsdaten für einen wertgewichteten Aktienindex (1973-1990)**

Periode:	$\rho_{12} = 0.0$		$\rho_{12} = 0.35$		$\rho_{12} = 0.5$	
73.12-90.05	σ_u	$1 - \sigma_\epsilon^2/\sigma_R^2$	σ_u	$1 - \sigma_\epsilon^2/\sigma_R^2$	σ_u	$1 - \sigma_\epsilon^2/\sigma_R^2$
$\rho_{96} = 0.00$	10.1%	0.837	12.8%	0.906	14.9%	0.990
$\rho_{96} = 0.15$	10.1%	0.819	12.7%	0.875	14.7%	0.930
$\rho_{96} = 0.30$	10.0%	0.802	12.6%	0.846	14.5%	0.887

Tab. 2.10 **Permanente und transitorische Return-Komponenten: Ergebnisse aufgrund der Untersuchung mit Monatsdaten für einen gleichgewichteten Aktienindex (1973-1990)**

Periode:	$\rho_{12} = 0.0$		$\rho_{12} = 0.35$		$\rho_{12} = 0.5$	
73.12-90.05	σ_u	$1-\sigma_\epsilon^2/\sigma_R^2$	σ_u	$1-\sigma_\epsilon^2/\sigma_R^2$	σ_u	$1-\sigma_\epsilon^2/\sigma_R^2$
$\rho_{96} = 0.00$	6.9%	0.494	8.7%	0.535	10.0%	0.818
$\rho_{96} = 0.15$	6.8%	0.483	8.6%	0.516	9.9%	0.549
$\rho_{96} = 0.30$	6.8%	0.473	8.5%	0.499	9.8%	0.524

Beim wertgewichteten Index hat die transitorische Komponente von rund 80% bis 99% einen extrem hohen Anteil an der Gesamtvarianz der monatlichen Indexreturns. Etwas kleiner ist dieser Anteil beim gleichgewichteten Index. Dieser liegt aufgrund obiger Schätzungen zwischen 47% und 82%. Die Standardabweichungen der transitorischen Komponente liegen beim wertgewichteten Index zwischen 10% und 15% und beim gleichgewichteten Index zwischen rund 7% und 10%.

Die unterschiedlichen Werte für den gleich- bzw. wertgewichteten Index widerspiegeln die Ergebnisse aus dem Varianz Ratio-Test. Dort sind, bzgl. "Mean Reversion", beim wertgewichteten Index ebenfalls die deutlicheren Resultate hervorgegangen. Dennoch ist es erstaunlich, dass bereits bei schwach negativ korrelierten Returns die transitorische Komponente einen erheblichen Anteil an die Volatilität von Aktienpreisen beisteuert.

5. Zusammenfassung und Schlussfolgerungen

Die Effizienzmarkt Diskussion der sechziger und siebziger Jahre, deren Grundhypothese im ersten Kapitel in ihrer klassischen Form dargestellt wurde, erfuhr in den achtziger und neunziger Jahren mit den empirischen Ergebnissen von "Excess Volatility" und "Mean Reversion" eine wesentliche Innovation.

Das Phänomen "Excess Volatility" bezieht sich auf die Barwertbeziehung zwischen Aktie und ihrer Dividende und besagt, dass der Preis einer Aktie auf eine Veränderung der Dividende "übervolatil" reagiert. Das Phänomen der "Mean Reversion" ist so zu verstehen, dass Aktienreturns im langfristigen Periodenvergleich nicht vollständig unabhängig voneinander sind (negative Autokorrelation), wie dies beim Random Walk-Modell im Rahmen der EMH allgemein angenommen wird. Beide empirischen Phänomene führen zur sog. "Overreaction"-Hypothese, d.h. zur Hypothese, dass Aktienpreise hinsichtlich neuer Information systematisch "überreagieren" bzw. dass eine "Überreaktion" des Aktienpreises bzgl. fundamentaler Werte im Laufe der Zeit, mit abnehmendem Gewicht, wieder in Richtung des fundamentalen Gleichgewichtes korrigiert wird.

Die Finanzmarktökonomie kennt zwei unterschiedliche Theorien, welche als Erklärungsansätze für die Phänomene im Zusammenhang mit der Hypothese "überschiessender" Aktienmärkte von Bedeutung sind. Zum einen sind es sog. "Fads & Fashions"-Ansätze, welche irrationales Marktverhalten bzw. die Existenz sog. "Noise Trader" für die beobachteten Phänomene verantwortlich machen. Zum anderen sind es Gleichgewichtsansätze, welche im Rahmen rationaler Marktteilnehmer ein "Überschiessen" des Aktienmarktes erklären.[67] Beide Ansätze werden am Anfang des Kapitels ausführlich dargestellt und besprochen.

Da sich "Excess Volatility" lediglich auf das Dividend Discount-Modell bezieht und deshalb im Rahmen der EMH nur von partiellem Interesse ist, konzentriert sich die empirische Analyse auf die Überprüfung der Unkorreliertheit der Aktienreturns im Sinne von "Mean Reversion".

67) Diese Modelle sind u.a. gestützt auf Motive im Konsumverhalten, Zyklen im makroökonomischen Umfeld, technologische Faktoren, asymmetrisches Risikoverhalten (Portfolio Insurance) und dergleichen.

Hierzu wird als adäquates Testprozedere ein Varianz Ratio-Test angewandt, wobei anhand eines Randomization Verfahrens die Testverteilung unter der Nullhypothese simuliert und zur Beurteilung der Signifikanz der Teststatistik beigezogen wurde.

Die Untersuchung wurde mit Jahresdaten für die Periode 1926-1990 und für die Subperioden 1926-1946 bzw. 1947-1990 durchgeführt. Eine kürzere Periode, 1973.12-1990.05, wurde mit Monatsdaten für einen gleich- und einen wertgewichteten Schweizer Aktienindex getestet. Hierzu lassen sich folgende Ergebnisse zusammenfassen:

1. Mit **Jahresdaten** ergeben sich über die kurzen Lags von 1-2 Jahren positiv korrelierte Returnwerte. Längere Lags weisen hingegen klar negativ autokorrelierte Returns aus. Betreffend der Subperioden sprechen die Ergebnisse der Nachkriegsperiode (1947-1990) deutlicher für die "Mean Reversion"-Hypothese als jene der Vorkriegsperiode (1926-1946).

2. Die Untersuchungen mit **Monatsdaten** ergeben folgendes Bild: Beim **wertgewichteten Index** sind in der kurzen Periode nur geringfügig positiv autokorrelierte Returns festzustellen. Die Werte der Varianz Ratio fallen sehr schnell unter den hypothetischen Wert von Eins und sind bereits bei einem Lag von zwei Jahren signifikant auf dem 10%-Fehlerniveau (signifikant negative Autokorrelationsstruktur).

   Beim **gleichgewichteten Index** deutet die Varianz Ratio bis zum Lag von fünf Jahren eine positiv autokorrelierte Returnstruktur an. Erst nach etwa fünf Jahren sind negativ autokorrelierte Returns bzw. "Mean Reversion" festzustellen.

   Aufgrund obiger Resultate akzentuiert sich die "Mean Reversion"-Hypothese für den Schweizer Aktienmarkt - vor allem für die Periode ab 1947 und insbesondere für den wertgewichteten Aktienindex.

Als Quintessenz der Ergebnisse geht hervor, dass Preisveränderungen schweizerischer Aktien nicht vollständig unabhängig voneinander sind bzw. dass ein reiner Random Walk-Prozess[68] eine unvollständige Repräsentation des zugrundeliegenden Preisbildungsmechanismus darstellt.

Die empirische Literatur interpretiert ähnliche Resultate amerikanischer Provenienz dahingehend, dass negativ autokorrelierte Returns für eine leicht abfallende Preiskomponente in Form eines AR(1)-Prozesses sprechen.[69]

---

68) Oder auch ein Random Walk mit Trend, da bei der Existenz einer stationären Komponente von einem deterministischen, nicht aber einem stochastischen (Random Walk mit Trend) ausgegangen werden muss.

69) Vgl. u.a. SUMMERS(1986), POTERBA/SUMMERS(1988), FAMA/FRENCH(1988), LO/MacKINLAY(1988,1989).

Dieser Tradition folgend, geprägt übrigens durch Erkenntnisse bzgl. der Modellierung von Makrodaten mit sog. deterministischem Trend[70], wird im letzten Abschnitt dieses Kapitels eine Kombination von Random Walk- und AR(1)-Prozess im Sinne einer alternativen Preisbildung spezifiziert.

Anhand einer Varianzdekomposition wird versucht, quantitative Aussagen bezüglich der Bedeutung der abfallenden, stationären Preisbildungskomponente zu machen.

3. Die Ergebnisse der **Varianzdekomposition**, basierend auf der Spezifikation eines Preisbildungsmodells in Form einer Kombination von Random Walk- und stationärem AR(1)-Prozess, akzentuieren die Resultate aus den vorangegangenen Tests. Sie zeigen, dass über 50 % der Varianzinnovation der Periodenreturns durch die Varianz der stationären Preiskomponente erklärt werden kann. Aufgrund des formalen Zusammenhangs zwischen Varianz Ratio und stationärer Preiskomponente[71] stehen die Ergebnisse im Einklang mit den bisherigen Resultaten in dem Sinne, als die Bedeutung der stationären Komponente für die Nachkriegsperiode bzw. für den wertgewichteten Index jeweils am grössten ist.

Die Existenz von "Mean Reversion", basierend auf einer stationären Komponente im Preisbildungsprozess, kann als eine bedingte Absage an das Random Walk Modell interpretiert werden. Dies hat nicht unbedeutende Implikationen für die Beurteilung von Finanzmärkten bezüglich Trendeigenschaft und Risiko.

Während sich beim Random Walk der Aktienpreis beliebig weit weg von einem wie immer auch definierten Mittelwert bewegen kann (aufgrund der theoretisch unendlichen Varianz), erfährt der Aktienpreis bei "Mean Reversion" eine Art "Trenddominanz" und wird so - relativ zum langfristigen Trend - in gewissen Schranken gehalten. Für die Langfristprognose (Zeithorizont von mehreren Jahren) bildet demnach eine Extrapolation des langfristigen Trendverhaltens eine bessere Prognose als die Extrapolation des zuletzt realisierten Kursniveaus (Random Walk-Hypothese).

Eine schwach abfallende, stationäre Preiskomponente im Preisbildungsprozess führt dazu, dass das Risiko (Standardabweichung), basierend auf der Varianzeigenschaft eines solchen Prozesses, für lange Zeithorizonte tiefer ist, als es aufgrund des Random Walk Modells zu erwarten ist.[72]

---

70) Hierzu vgl. COCHRANE(1988).

71) Für die Darstellung des Zusammenhangs vgl. COCHRANE(1988).

72) Die Konsequenz dieser Eigenschaft wird in der Literatur oft dahingehend interpretiert, dass die Risikoaversion von Investoren mit zunehmendem Zeithorizont kleiner wird. Vgl. z.B. POTERBA/SUMMERS(1988) und SAMUELSON(1988) bezüglich der Implikation für Asset Allokation Entscheide.

Die vorliegenden Ergebnisse aus diesem Kapitel bedürfen jedoch, bezieht man sie auf die EMH im allgemeinen, einer differenzierten Schlussbetrachtung. Denn wie in Abschnitt 2 dieses Kapitels dargelegt wurde, können sowohl rationales Marktverhalten im Sinne der EMH, wie auch irrationales "Noise Trading" für dieselben Zeitreiheneigenschaften verantwortlich sein. Die vorliegenden Ergebnisse lassen somit kein abschliessendes Urteil bezüglich der Gültigkeit der EMH zu. Einerseits fehlen ökonometrische Ansätze, welche "Noise Trading"-Effekte klar von anderen Effekten (zeitlich inkonstante Risikoprämien bzw. Expected Returns) trennen. Andererseits sind aufgrund der angedeuteten Trennschärfeproblematik die vorherrschenden Tests zu unpräzise, um sich bezüglich der Beurteilung von Markteffizienz auf die dünnen Äste ultimativer Aussagen zu begeben.

> *"Only by comparing models based on the presence of noise traders with models based on changing risk factors can we judge whether financial markets are efficient in the sense of rationally valuing assets, as well as precluding the generation of excess profits."*
>
> *[POTERBA/SUMMERS(1988), S.54.]*

Kapitel 3:
Saisonale Aktienmarktineffizienzen: Darstellung und empirische Evidenz

"Oktober. Einer der gefährlichsten Monate für Börsenspekulationen. Die anderen sind Juli, Januar, April, September, November, Mai, März, Juni, Dezember, August und Februar."

Mark Twain

1. Einleitung

Nach der im Lichte der "Overreaction"-Hypothese geführten Effizienzmarkt-Debatte, welche sich im vorangegangenen Kapitel schwergewichtig mit dem Thema "Mean Reversion" und somit mit der langfristigen Dynamik bzw. mit einem allfälligen Trendverhalten in der Aktienpreisentwicklung auseinandersetzte, beziehen sich die Untersuchungen in diesem Kapitel auf monatliche bzw. tägliche, saisonale Return-Anomalien.

Ausgangspunkt bildet wiederum die Effizienzmarkthypothese, nach deren Definition sich jegliche Marktinformation sofort im Aktienpreis niederschlägt und somit die Preisbildung an spekulativen Märkten weitgehend als Zufallsprozess spezifiziert. Ein solches Preisverhalten würde ein systematisch erfolgreiches Timing verunmöglichen. Bilden sich saisonale Regelmässigkeiten in der Marktentwicklung, so werden diese von den Marktteilnehmern entdeckt und durch Spekulation eliminiert. So sieht es das theoretische Konzept.

Gegenüber diesem theoretischen Konzept steht heute eine ganze Reihe von Studien mit empirisch gegenteiliger Evidenz. Es konnten für die Aktienmärkte unterschiedlichster Provenienz auf der Basis monatlicher und täglicher Returnschwankungen systematische Verhaltensmuster gefunden werden.[1]

Die <u>monatliche Return Anomalie</u>, welche in der empirischen Literatur als Month-of-the-Year od. Januar Effekt Einzug nahm, wurde erstmals durch WACHTEL(1942) empirisch beobachtet und dokumentiert. Während GRANGER/MORGENSTERN(1963/1970) die Existenz temporaler, systematischer Ertragsschwankungen noch verneinen, untermauern die Untersuchungen von BONIN/MOSES(1974), OFFICER(1975), ROZEFF/KINNEY(1976) und BRANCH(1977) sowie später auch diejenige von KEIM(1983) die These Wachtels klar. Der Januar Effekt bezieht sich auf die Feststellung, dass im Durchschnitt im Monat Januar - verglichen mit den restlichen Monaten im Jahr - systematisch höhere Aktienreturns erzielt werden. Dieser Effekt tritt noch verstärkter in Erscheinung, wenn man die Aktienreturns niedrig kapitalisierter Gesellschaften betrachtet.

1) Für eine kompakte Übersicht vgl. u.a. DIMSON(1988) und IKENBERRY/LAKONISHOK(1988).

Die <u>**tägliche Return Anomalie**</u> scheint im Lichte der Effizienzmarkthypothese die erstaunlichste und gleichsam auch die frustrierendste zu sein. Ausgehend von der These eines effizienten Marktes würde man bezüglich täglicher Returnschwankungen zwei Erwartungen haben. Einerseits würde man erwarten, dass sich im Durchschnitt die täglichen Returnschwankungen ausgleichen und über längere Perioden hinweg betrachtet denselben Return generieren. Andererseits liesse sich vermuten, dass der Montagsreturn, aufgrund der längeren Halteperiode (drei Tage vom Freitags- bis Montagsschlusskurs) höher ausfallen müsse. Die empirische Evidenz bis dato spricht in geradezu diametraler Weise gegen beide Erwartungshaltungen.

Die tägliche Return Anomalie, in der amerikanischen Literatur als Day-of-the-Week oder Weekend Effekt dokumentiert, basiert auf den frühen Studien von FIELDS(1931/34), OSBORNE(1962) sowie CROSS(1973). Sie wurde in den achtziger Jahren u.a. von FRENCH(1980), GIBBONS/HESS(1981) und LAKONISHOK/LEVI(1982) wieder aufgenommen. Die empirischen Ergebnisse dieser Studien bringen im wesentlichen hervor, dass Aktienmarkterträge an Montagen signifikant negativ ausfallen, während die Erträge am Ende der Woche signifikant positiv sind und über dem Wochendurchschnitt liegen. Über das Returnverhalten von Dienstag, Mittwoch und Donnerstag variieren die Ergebnisse je nach Studie, wobei für Mittwoch meist die höchsten Tagesreturns der Woche resultieren.

Die Diskussion betreffend der Existenz saisonaler Returnregelmässigkeiten auf Aktienmärkten brachte seit den späten siebziger Jahren eine beinahe unüberblickbare Flut empirischer Studien hervor. Es ist nicht das Ziel der Ausführungen in diesem Kapitel, die Vielzahl der Beiträge aufzuführen und deren Inhalte wiederzugeben.[2] Vielmehr wird versucht, die wichtigsten Thesen als Eckpfeiler zu verwenden und in diesem Zusammenhang den Schweizer Aktienmarkt zu focusieren.

---

2) Eine Übersicht über diverse internationale Studien liefern GULTEKIN/GULTEKIN(1983) sowie JAFFE/WESTERFIELD(1985). Für eine gute Zusammenfassung über die empirische Literatur vgl. auch HOTZ(1989).

2. Monatliche Return Anomalie: Month-of-the-Year oder Januar Effekt

ROZEFF/KINNEY(1976) untersuchen in ihrer bekannten Studie die saisonalen Einflüsse auf dem amerikanischen Aktienmarkt für die Periode 1904 bis 1974. Sie stellen fest, dass die Erträge im Monat Januar - im Vergleich zu den Erträgen innerhalb der restlichen Monate des Jahres - signifikant höher ausfallen.[3] Spätere Studien, so auch diese von KEIM(1983), stellen den Januar Effekt in Zusammenhang mit dem Small Firm Effekt. Es wird festgestellt, dass sich der Januar Effekt, vor allem bei tiefkapitalisierten Aktien, in überaus stärkerem Ausmasse manifestiert.[4] Für den amerikanischen Aktienmarkt findet KEIM, dass tiefkapitalisierte Aktien im Januar deutlich positive, hochkapitalisierte hingegen im Januar negative Erträge aufweisen. Die Untersuchung, welche anhand von Tagesreturns durchgeführt wurde, bringt zwischen einem Portefeuille, zusammengestellt aus Aktien tiefkapitalisierter Firmen und einem Portefeuille, zusammengestellt aus Aktien hochkapitalisierter Firmen, eine tägliche, durchschnittliche Ertragsdifferenz von 0.71 %. Mit 21 Handelstagen im Monat entspricht dies einer Ertragsdifferenz im Januar von 16 %.[5] Gemäss KEIM lässt sich somit etwa 50 % der Small Firm Anomalie auf den Januar Effekt zurückführen.[6]

In Anlehnung an die Untersuchungen von KEIM(1983) testet ROLL(1983) die Saisonalitätseigenschaften von Aktienreturns über das Jahresende. Gemäss seiner These sind nicht nur die Januartage, sondern auch der letzte Tag im Dezember für das anormale Preisverhalten entscheidend. ROLL bezieht sich in seiner Studie mit amerikanischen Daten für die Periode 1963-1979 lediglich auf den letzten Dezembertag sowie auf die ersten vier Januartage (Turn-of-the-Year Effect). Er berechnet die Ertragsunterschiede zwischen einem gleichgewichteten und einem wertgewichteten Index und kommt zu

3) Für eine tabellarische Darstellung der Untersuchungsergebnisse vgl. ROZEFF/KINNEY(1974), S.388.

4) Bezüglich des Januar Effektes leiten COOK/ROZEFF(1984) auch eine Beziehung zum P/E-Ratio Effekt her.

5) $(1 + r_t)^{21} = (1 + r_m)$

6) Für eine Darstellung der Untersuchungsergebnisse vgl. KEIM(1983), S.21 ff.

ähnlichen Schlussfolgerungen wie KEIM. Die Ertagsunterschiede der beiden Indizes fallen jedoch tiefer aus als jene, welche KEIM für selektionierte Portfolios errechnet hat.[7]

2.1. Empirische Untersuchung für die Schweiz

2.1.1. Testmethodologie und Vorgehen

In einem ersten Schritt soll anhand eines Regressionsmodells getestet werden, ob die Monatsreturns des wert- bzw. gleichgewichteten Indexes einem allfälligen saisonalen Einfluss unterliegen. Die Modellierung saisonaler Einflüsse wird in der empirischen Literatur oft durch den Einbezug sog. Dummy-Variablen vorgenommen.[8] In bezug auf den Month-of-the-Year bzw. den Day-of-the-Week Effekt werden jeweils Dummy-Variablen für die Kalendermonate bzw. Wochentage spezifiziert. Ein Januar-Dummy z.B. nimmt für Januartage den Wert eins an, während er für Nicht-Januartage den Wert Null erhält. In Anlehnung an diese Testmethodologie wird nachstehend vorerst folgende Gleichung geschätzt:[9]

(3.1)
$$R_t = \sum_{i=1}^{12} b_i + \zeta_t$$

wobei $b_1 \ldots b_{12}$ als Dummy für die Monate Januar-Dezember stehen

7) Bezüglich der Untersuchungsergebnisse vgl. ROLL(1983), S.19.

8) Bezüglich der Verwendung von Dummies vgl. KELEJIAN/OATES(1989), S.178ff.

9) Dieselbe Testmethodologie findet sich u.a. in CADSBY(1988) für kanadische Kalenderanomalien, in CONDOYANNI/O'HANLON/McLEAY(1988) für jene des griechischen Aktienmarktes und in HAWAWINI/MICHEL/CORHAY(1988) für den Fall belgischer Aktien.

In Tabelle 3.1 sind die Resultate der Regressionsschätzung aus Gleichung (3.1) zusammengefasst. In der zweiten Kolonne sind die Parameterschätzwerte für die Dummyvariablen der einzelnen Monate und in Kolonne drei die entsprechenden t-Werte tabelliert. Für t-Werte > 1.96 kann davon ausgegangen werden, dass ein entsprechender signifikanter, saisonaler Einfluss besteht. In Kolonne vier ist das Signifikanzniveau für die entsprechenden t-Werte aufgeführt.[10] In der fünften Kolonne sind die Werte der F-Statistik, das Bestimmtheitsmass (R^2) sowie der Standardfehler der Regressionsschätzung (SE) und die Durbin-Watson Statistik (DW) angegeben.

10) Das Signifikanzniveau wird als Wahrscheinlichkeit wiedergegeben, nach welcher der t-Wert grösser ist als der entsprechende Wert der Teststatistik.

Tab. 3.1 Month-of-the-Year: Regressions-Schätzwerte

Wertgewichteter Index				Schätzung mit Tageswerten für die Periode 1.1.1974 - 31.5.1991	
b_i	Schätzwert für b_i	t	P>|t|		
b_1	0.001072	2.67	0.007		
b_2	0.000192	0.46	0.649	Anz. Beob.	4544
b_3	0.000186	0.46	0.644	F-Wert	2.146
b_4	0.000424	1.04	0.300	P>|F|	0.015
b_5	-0.000699	-1.74	0.082	R^2	0.005
b_6	0.000917	2.18	0.030	R^2 adj.	0.003
b_7	0.000469	1.13	0.258	SE	0.008
b_8	-0.000003	-0.01	0.994	DW	1.835
b_9	-0.001938	-2.46	0.014		
b_{10}	-0.000043	-0.11	0.916		
b_{11}	0.000139	0.33	0.741		
b_{12}	0.000627	1.51	0.131		

Gleichgewichteter Index				Schätzung mit Tageswerten für die Periode 1.1.1974 - 31.5.1991	
b_i	Schätzwert für b_i	t	P>|t|		
b_1	0.001170	3.82	0.000		
b_2	0.000222	0.69	0.489	Anz. Beob.	4544
b_3	0.000302	0.98	0.325	F-Wert	2.870
b_4	0.000641	2.06	0.040	P>|F|	0.001
b_5	-0.000374	-1.22	0.222	R^2	0.007
b_6	0.000562	1.75	0.080	R^2 adj.	0.006
b_7	0.000211	0.66	0.504	SE	0.006
b_8	0.000135	0.43	0.668	DW	1.675
b_9	-0.000580	-1.81	0.071		
b_{10}	-0.000603	-1.91	0.056		
b_{11}	0.000115	0.36	0.720		
b_{12}	0.000659	2.09	0.037		

Aufgrund der tabellierten Ergebnisse der Regressionsschätzung lässt sich für den wertgewichteten Index ein signifikant positiver, saisonaler Einfluss des Monats Januar (b_1, Signifikanzniveau 0.7 %) feststellen. Demgegenüber ist ein signifikant negativer, saisonaler Einfluss des Monats September (b_9, Signifikanzniveau 1.4 %) zu bemerken.

Der F-Wert, welcher auf den Einfluss der Gesamtheit der Rechthandvariablen testet, ist mit 2.15 signifikant (p-Wert = 1.5 %) und das Bestimmtheitsmass (R^2) ist mit 0.005 eher bescheiden. Diese Werte sind jedoch kaum von Bedeutung, da bezüglich der obigen Schätzung lediglich die Dynamik, d.h. die Frage, ob ein saisonaler Einfluss der einzelnen Monate besteht oder nicht, von Interesse ist.

Die Ergebnisse bezüglich des gleichgewichteten Indexes zeigen ebenfalls einen signifikanten Januar Effekt, wobei der t-Wert hier mit 3.82 noch höher ausfällt. Ferner ist zu bemerken, dass der signifikante Septemberwert (b_9), welcher beim wertgewichteten Index auffiel, hier schwächer ist. Dafür sind die Schätzwerte für die Monate April und Dezember positiv und jener für den Oktober negativ signifikant.

Die Resultate aus obiger Regressionsanalyse geben anhand der t-Statistik für die Schätzwerte von b_j einen ersten Eindruck über die Signifikanz des jeweiligen Monatseinflusses. Eine weitere Frage besteht nun darin, ob die Einflüsse der einzelnen Kalendermonate statistisch signifikant unterschiedlich sind. Die unterschiedlichen t-Werte deuten zwar solche Unterschiede an, sagen jedoch nicht, ob diese auch signifikant sind. Bezüglich der Beurteilung des Januar Effektes ist aber gerade diese Frage relevant, nämlich ob sich der Januar signifikant von den restlichen Kalendermonaten unterscheidet oder nicht.

Diese Frage liesse sich beantworten, indem man die einzelnen Parameterschätzwerte auf ihre Unterschiedlichkeit hin testet.[11] Eine direktere Möglichkeit bietet sich durch die Schätzung obiger Gleichung mit einer Konstanten, gegeben als

(3.2) $$R_t = b_0 + \sum_{i=2}^{12} b_i + \zeta_t$$

wobei b_0 die Konstante bildet und $b_2 \ldots b_{12}$ als Dummy für die Monate Februar-Dezember stehen.

Dabei ist zu beachten, dass für diesen Fall eine der Dummies als Rechthandvariable fallengelassen werden muss.[12] Durch diese Spezifikation der Regressionsgleichung ändert sich die Interpretation der für die b_j resultierenden t-Werte in dem Sinne, als diese nun relativ zu b_0 auszulegen sind.

---

11) Für sog. Test für die Differenz von Mittelwerten vgl. SPIEGEL(1976), Kapitel 10.

12) Ansonsten würde eine perfekte Multikollinearität bestehen, vgl. KELEJIAN/OATES(1989), S.184.

D.h. wird im vorliegenden Fall der Dummy für den Monat Januar (b_1) aus der Gleichung herausgenommen, so lassen sich allfällig signifikante t-Werte für die Parameterschätzwerte b_j dahingehend interpretieren, als dass diese einen signifikanten Unterschied des Monats j, verglichen mit dem Monat Januar dokumentieren. Aus der zuvor absoluten Betrachtungsweise wird somit eine relative, im vorliegenden Fall relativ zum Kalendermonat Januar.

Tabelle 3.2 gibt die Parameterschätzwerte sowie deren t-Statistik für die Konstante und die einzelnen Dummy-Variablen aus der obigen Regressionsgleichung wieder. Der Schätzwert für die Konstante b_0 entspricht aufgrund der Auslegung der Gleichung exakt dem Schätzwert, welcher zuvor anhand der Schätzung von Gleichung (3.1) für b_1 gewonnen wurde.

Tab. 3.2 Month-of-the-Year: Regressions-Schätzwerte

Wertgewichteter Index				Schätzung mit Tageswerten für die Periode 1.1.1974 - 31.5.1991	
b_i	Schätzwert für b_i	t	P>|t|		
b_0	0.001072	2.67	0.007		
b_2	-0.000880	-1.51	0.131	Anz. Beob.	4544
b_3	-0.000886	-1.55	0.120	F-Wert	2.146
b_4	-0.000648	-1.13	0.258	P>|F|	0.015
b_5	-0.001771	-3.11	0.002	R^2	0.005
b_6	-0.000155	-0.27	0.790	R^2 adj.	0.003
b_7	-0.000603	-1.04	0.296	SE	0.008
b_8	-0.001075	-1.86	0.062	DW	1.835
b_9	-0.002111	-3.62	0.000		
b_{10}	-0.001116	-1.93	0.053		
b_{11}	-0.000933	-1.60	0.109		
b_{12}	-0.000446	-0.77	0.440		

Gleichgewichteter Index				Schätzung mit Tageswerten für die Periode 1.1.1974 - 31.5.1991	
b_i	Schätzwert für b_i	t	P>|t|		
b_0	0.001170	3.82	0.000		
b_2	-0.000948	-2.14	0.033	Anz. Beob.	4544
b_3	-0.000868	-2.00	0.045	F-Wert	2.870
b_4	-0.000529	-1.21	0.226	P>|F|	0.001
b_5	-0.001544	-3.57	0.000	R^2	0.007
b_6	-0.000609	-1.37	0.170	R^2 adj.	0.006
b_7	-0.000959	-2.18	0.029	SE	0.006
b_8	-0.001035	-2.36	0.018	DW	1.675
b_9	-0.001750	-3.95	0.000		
b_{10}	-0.001773	-4.04	0.000		
b_{11}	-0.001056	-2.38	0.017		
b_{12}	-0.000512	-1.16	0.244		

Betreffend der Schätzwerte von b_j sind zwei wesentliche Aussagen hervorzuheben. Erstens zeigt es sich, dass alle Parameterschätzwerte der Nicht-Januar Monate ein negatives Vorzeichen haben, d.h. sich negativ vom Januar-Schätzwert unterscheiden. Zweitens ist bezüglich der Signifikanz der Unterschiede zu bemerken, dass diese für den wertgewichteten Index schwächer ausfallen als für den gleichgewichteten. Im ersten Fall heben sich bei einem Signifikanzniveau ≤ 5 % lediglich 3 von 11 Monaten signifikant negativ vom Januar ab, im zweiten Fall sind es immerhin 8 von 11.

Nachdem mit den vorangegangenen Schätzungen versucht wurde ein für die einzelnen Kalendermonate differenziertes Bild zu schaffen, soll mit der abschliessenden Schätzung die Frage beantwortet werden, ob sich die Januarreturns signifikant von den Returns der restlichen Monate im Gesamten unterscheidet. Für diesen Fall werden in Gleichung (3.2) die Monatsdummies b_2 ... b_{12} durch eine einzige Dummy-Variable b_{nj}, welche für alle Nicht-Januarreturns steht, global erfasst. Die Regressionsgleichung folgt somit als

(3.3) $$R_t = b_0 + b_{nj} + \zeta_t$$

wobei b_{nj} als Dummy für alle Nicht-Januarwerte steht.

Tabelle 3.3 gibt die Resultate aus obiger Schätzung wieder.

Tab. 3.3 Month-of-the-Year: Regressions-Schätzwerte

Wertgewichteter Index					
b_i	Schätzwert für b_i	t	$P>\vert t\vert$	Schätzung mit Tageswerten für die Periode 1.1.1974 - 31.5.1991	
b_0	0.001072	2.67	0.007	Anz. Beob.	4544
b_{nj}	-0.000969	-2.30	0.021	F-Wert	5.2857
				$P>\vert F\vert$	0.0215
				R^2	0.0011
				R^2 adj.	0.0009
				SE	0.0080
				DW	1.8283

Gleichgewichteter Index					
b_i	Schätzwert für b_i	t	$P>\vert t\vert$	Schätzung mit Tageswerten für die Periode 1.1.1974 - 31.5.1991	
b_0	0.001170	3.82	0.000	Anz. Beob.	4544
b_{nj}	-0.001053	-3.28	0.001	F-Wert	10.779
				$P>\vert F\vert$	0.0010
				R^2	0.0024
				R^2 adj.	0.0021
				SE	0.0061
				DW	1.6678

Die Resultate obiger Tabelle runden das Bild der zuvor gewonnenen Ergebnisse ab und zeigen, dass ein statistisch signifikanter Unterschied zwischen Januar-Returns und Nicht-Januar-Returns besteht. Dieser Unterschied fällt für den gleichgewichteten Index (Signifikanzniveau von 0.1 %) akzentuierter aus als für den wertgewichteten Index (Signifikanzniveau von 0.7 %).

Nachdem mit vorangegangenen Regressionsschätzungen die statistische Signifikanz monatlicher Returnunterschiede aufgezeigt werden konnte, werden im folgenden, in Anlehnung an die Arbeit von KEIM(1983), die täglichen Ertragsdaten einer statistisch deskriptiven Analyse unterzogen.

Für die Jahre 1974 bis 1991 (Mai) wurden einerseits für einen gleich- bzw. wertgewichteten Index und andererseits für unterschiedliche Portefeuilles die durchschnittlichen Tagesreturns der Monate Januar, Februar etc. berechnet. In Tabelle 3.4 sind die entsprechenden Werte der Indexreturns aufgeführt:

Im oberen Teil der Tabelle beziehen sich die Werte auf den kapitalisierungsgewichteten Index und im unteren Teil auf den gleichgewichteten Index schweizerischer Aktienpapiere. Nebst den Werten für einzelne Monate sind ferner die Durchschnitte für alle zwölfMonate (Jan.-Dez.) sowie die Durchschnitte für die Nicht-Januarmonate (Feb.-Dez.) angegeben.

In der zweiten Kolonne (N) ist die Anzahl der pro Monat berücksichtigten Tagesreturns angegeben und Kolonne drei (Mean) beziffert den betreffenden Tagesdurchschnittsreturn. Kolonne vier enthält den t-Wert.[13]

---

13) Ausgegangen von der Hypothese (Nullhypothese H_0: Mean = 0) prüft der t-Test, ob der Mittelwert (Mean) von Null verschieden ist. t-Werte grösser 1.96(bzw. kleiner -1.96deuten auf signifikant von Null verschiedene Mittelwerte hin.

Der t-Wert berechnet sich wie folgt: $t = \frac{Mean - 0}{SD}$

Tab. 3.4 Month-of-the-Year: Statistische Eigenschaften der Indexreturns

Untersuchung der Tagesreturns für die Periode 31.12.1973 - 31.05.1991								
Kapitalisierungsgewichteter Index:								
Monat	N	Mean	t:	SD	Schiefe	Kurtosis	Highest	Lowest
Jan.	359	0.121	2.19	0.055	0.409	4.534	3.248	-4.221
Feb.	350	0.020	0.47	0.043	-0.471	4.305	1.903	-4.612
Mar.	369	0.021	0.51	0.041	-0.689	5.113	1.893	-4.732
Apr.	325	0.047	1.35	0.035	-0.027	1.983	1.388	-2.053
Mai	343	-0.079	-2.24	0.035	-0.022	1.507	1.731	-2.565
Jun.	333	0.102	3.23	0.032	-0.061	0.450	1.497	-1.769
Jul.	351	0.048	1.54	0.031	-1.088	4.992	1.282	-3.541
Aug.	351	0.003	0.06	0.050	-1.464	10.436	2.042	-5.922
Sep.	336	-0.112	-2.76	0.041	-0.935	2.470	1.377	-3.146
Okt.	362	0.003	0.04	0.075	-4.600	40.706	3.169	-13.103
Nov.	358	0.014	0.29	0.048	-0.632	8.062	2.875	-5.107
Dez.	291	0.077	1.85	0.042	-0.217	3.875	1.520	-2.891
Jan-Dez	344	0.022	-	0.044	-0.816	7.369	1.994	-4.472
Feb-Dez	343	0.013	-	0.043	-0.928	7.627	3.169	-4.495
Gleichgewichteter Index:								
Monat	N	Mean	t	SD	Schiefe	Kurtosis	Highest	Lowest
Jan.	359	0.129	3.50	0.037	0.335	3.958	2.212	-2.240
Feb.	350	0.019	0.72	0.026	-1.421	10.730	1.099	-3.799
Mar.	369	0.035	1.38	0.025	-1.147	9.276	1.125	-3.394
Apr.	325	0.077	3.38	0.023	-0.294	5.814	1.106	-2.318
Mai	343	-0.043	-1.88	0.023	-0.094	1.780	1.074	-1.883
Jun.	333	0.059	2.73	0.022	0.291	1.587	1.100	-1.176
Jul.	351	0.019	0.86	0.022	-1.090	7.408	1.013	-2.779
Aug.	351	0.013	0.45	0.029	-1.985	13.466	1.294	-3.995
Sep.	336	-0.060	-2.00	0.030	-1.085	4.071	1.077	-3.003
Okt.	362	-0.059	-0.88	0.067	-5.811	63.722	1.781	-15.142
Nov.	358	0.008	0.21	0.038	-1.879	30.624	1.795	-7.271
Dez.	291	0.071	2.56	0.028	-0.098	4.165	1.231	-2.287
Jan-Dez	344	0.022	-	0.031	-1.190	13.050	1.326	-4.107
Feb-Dez	343	0.013	-	0.030	-1.267	13.877	1.245	-4.277

In Kolonne fünf (SD) ist die Standardabweichung und in Kolonne sechs und sieben sind die höheren Verteilungsmomente (Verteilungsschiefe und Kurtosis) tabelliert. Die letzten beiden Kolonnen geben die im betreffenden Monat realisierten Tageshöchst- bzw. Tagestiefstreturns wieder.

2.1.2. Darstellung der Ergebnisse

Ein Blick auf die Tabelle 3.4 zeigt, wie dies bereits bei den Ergebnissen aus der Regressionsanalyse der Fall war, eine deutliche Manifestation des Januar Effektes. Beim kapitalisierungsgewichteten Index ist der mittlere Tagesreturn im Januar mit 0.121 % um beinahe das Zehnfache höher als der Durchschnitt der Tagesreturns der restlichen Monate (0.013). Einzig der Monat Juni liegt mit einem Tagesmittel von 0.102 in der Nähe des Januarwertes. Mai und September weisen als einzige Monate negative Tagesdurchschnitte auf. Bezüglich der Standardabweichung - diese gibt einen Hinweis auf die Schwankungen der täglichen Returnwerte - lässt sich feststellen, dass die Monate Oktober (1.387)[14] und Januar (1.052) deutlich über dem Monatsdurchschnitt von 0.805 liegen. Der t-Wert zeigt signifikant von Null abweichende Mittelwerte für die Monate Januar, Mai (negativ), Juni und September (negativ).

Das Mass der Verteilungsschiefe, welches einzig für den Monat Januar positiv ausfällt, zeigt ein für Finanzwerte atypisches Bild. Dies gibt den Hinweis, dass im Januar, im Gegensatz zu beinahe beliebig wählbaren anderen Perioden, positive Tagesreturnwerte dominieren.

Bezogen auf den gleichgewichteten Index, wo niedrig kapitalisierte Gesellschaften, verglichen mit der vorangegangenen Betrachtung stärker gewichtet werden, zeigt sich bezüglich des Januar Effektes ein ähnliches Bild. Einzig die Standardabweichungen der Tagesreturnwerte sind insgesamt tiefer, und die Unterschiede zwischen der Schwankungsbreite im Januar und derjenigen der restlichen Monate sind weniger akzentuiert.[15]

Die in Tabelle 3.4 aufgeführten Werte führen zur Hypothese, dass sich die Preisbildung an den Börsen im Januar - betrachtet man den langfristigen Durchschnitt - unterscheidet von der Preisbildung in den restlichen elf Monaten. Ein solches unterschiedliches Returnverhalten würde sich in einer unterschiedlichen Verteilungsdichte der Returnmittelwerte ausweisen. Ausgehend von den in Tabelle 3.4 ausgewiesenen Verteilungsmomenten (Mean, SD) wurden zwei Normalverteilungen geschätzt. Einerseits wurden die Tagesreturnmittelwerte im Januar und andererseits die Returnwerte in den restlichen elf Monaten verwendet. Dieses Prozedere wurde auf der Basis der

---

14) Bezüglich der Oktoberwerte bedarf es einer Abstraktion, da der Crash im Oktober 1987 zu einer erheblichen Verzerrung der langfristigen Durchschnitte führt.

15) Eine Ausnahme hier ist wiederum die Standardabweichung im Monat Oktober

Returnmittelwerte des wertgewichteten und des gleichgewichteten Indexes durchgeführt. Die Verteilungen sind in Abbildung 3.1 und 3.2 graphisch dargestellt.

In Abb. 3.1 bzw. 3.2 finden sich auf der X-Achse die Tagesreturnmittelwerte von -0.2 bis 0.3 abgetragen. Die Y-Achse repräsentiert die Wahrscheinlichkeitsdichte. Die beiden Normalverteilungen zeigen, dass die Januarverteilung deutlich rechts von der Verteilung der Mittelwerte für die Monate Februar bis Dezember zu liegen kommt. Die Verteilungsmittelwerte betragen, wie bereits in Tabelle 3.3 festgehalten, 0.121 % (Januar) bzw. 0.013 % (Februar-Dezember). Die Tatsache, dass die Tagesreturns im Januar stärker schwanken bzw. die grössere Standardabweichung aufweisen als der Durchschnitt der Returnmittelwerte der restlichen Monate, manifestiert sich durch das "breitere" Verteilungsbild der Januarverteilung.

Abb. 3.1 Januar Effekt: Wertgewichteter Index
Wahrscheinlichkeitsdichte der
Tagesreturn-Mittelwerte

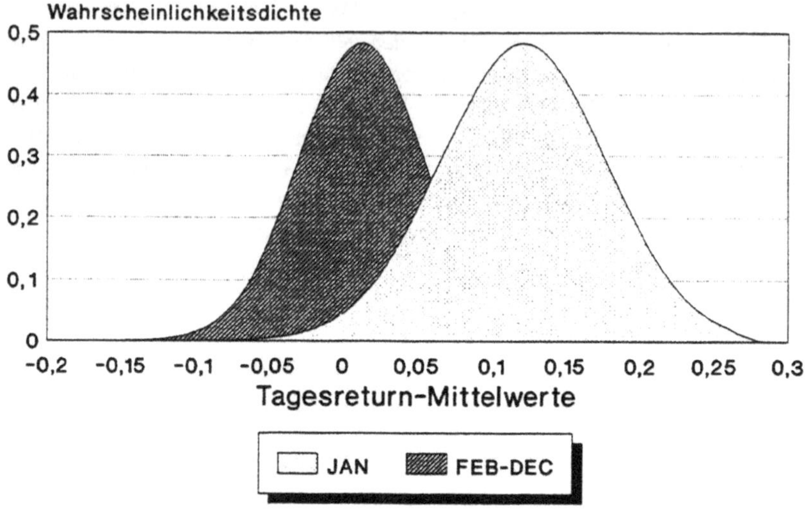

Abb. 3.2 Januar Effekt: Gleichgewichteter Index
Wahrscheinlichkeitsdichte der
Tagesreturn-Mittelwerte

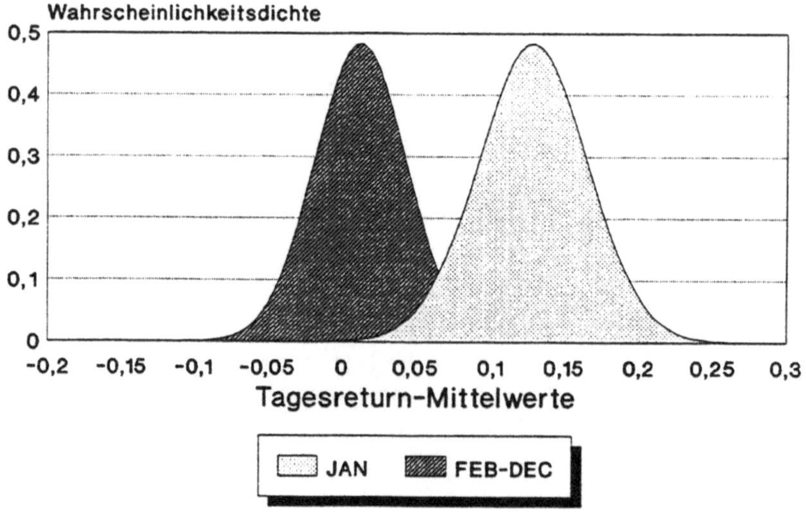

Während sich die Returnverteilungen des wertgewichteten Indexes (Abb. 3.1) noch etwa zur Hälfte überlappen, differenzieren sich die Verteilungsbilder des gleichgewichteten Indexes noch stärker. Die Verteilungskurven sind "schlanker" und unterscheiden sich bzgl. ihrer Breite nur wenig. Eine Eigenschaft, welche sich durch die insgesamt geringeren und ähnlichen Standardabweichungen ausweist.

Die Ergebnisse aus Tabelle 3.4 sowie die Verteilungskurven von Abb. 3.1 bzw. 3.2 zeigen einen verstärkten Januar Effekt bei den Tagesreturns des gleichgewichteten Indexes. Dies lässt den Schluss zu, dass aufgrund der stärkeren Gewichtung tiefkapitalisierter Gesellschaften im Falle des gleichgewichteten Indexes die Marktkapitalisierung einen nachhaltigen Einfluss auf das Ausmass des Januar Effektes haben könnte.[16] Um diese Interrelation zwischen Januar Effekt und Small Firm Effekt differenziert herausarbeiten zu können, wurden dieselben statistischen Berechnungen, wie sie zuvor auf der Basis von Indizes durchgeführt wurde, auf einzelne Portefeuilles übertragen. Hierzu wurden auf der Basis von Tagesreturndaten die Zeitreihen der Portefeuilles verwendet, welche bereits im Zusammenhang mit der Untersuchung des Small Firm Effektes berechnet wurden. Die statistischen Eigenschaften des hoch- bzw. tiefkapitalisierten Portefeuilles, bezogen auf die Monate Januar bis Dezember, finden sich analog zur Tabelle 3.4 in Tabelle 3.5.

---

16) Zu ähnlichem Schluss kommt auch KEIM(1983).

Tab. 3.5 Month-of-the-Year: Statistische Eigenschaften der Portefeuillereturns

Untersuchung der Tagesreturns für die Periode 31.12.1973 - 31.05.1991								
Highcap Portefeuille:								
Monat	N	Mean	t	SD	Schiefe	Kurtosis	Highest	Lowest
Jan.	359	0.102	1.79	0.057	0.369	5.050	3.523	-5.000
Feb.	350	0.003	0.06	0.050	-0.962	5.926	1.894	-5.281
Mar.	369	0.026	0.65	0.040	-0.693	6.001	1.867	-4.861
Apr.	325	0.067	2.07	0.032	-0.311	0.997	1.291	-1.886
Mai	343	-0.036	-0.98	0.037	0.265	1.434	1.660	-2.076
Jun.	333	0.102	3.04	0.034	0.184	1.497	1.627	-1.944
Jul.	351	0.039	1.14	0.034	-1.114	5.722	1.617	-3.759
Aug.	351	-0.017	-0.34	0.050	-1.601	15.169	2.074	-7.240
Sep.	336	-0.123	-2.60	0.047	-0.796	3.130	1.615	-3.511
Okt.	362	-0.004	-0.04	0.100	-4.061	33.531	3.401	-13.365
Nov.	358	0.024	0.46	0.052	-0.670	13.278	2.782	-6.013
Dez.	291	0.073	1.81	0.040	-0.674	4.678	1.551	-3.662
Jan-Dez	344	0.021	-	0.048	-0.839	8.034	2.075	-4.059
Feb-Dez	343	0.014	-	0.047	-0.948	8.306	1.944	-3.963
Lowcap Portefeuille:								
Monat	N	Mean	t:	SD	Schiefe	Kurtosis	Highest	Lowest
Jan.	359	0.151	3.69	0.041	2.186	18.624	2.789	-2.809
Feb.	350	0.037	1.37	0.027	-1.085	9.036	1.262	-3.653
Mar.	369	0.053	1.97	0.027	-0.283	5.170	1.516	-2.497
Apr.	325	0.101	2.88	0.035	-1.289	30.626	2.123	-5.951
Mai	343	0.054	-2.02	0.027	-1.207	5.493	0.983	-2.787
Jun.	333	0.046	1.47	0.031	1.405	14.440	1.553	-2.309
Jul.	351	0.015	0.45	0.033	-2.260	32.401	1.557	-6.182
Aug.	351	0.011	0.33	0.033	-0.222	10.758	1.558	-3.663
Sep.	336	-0.024	-0.78	0.031	0.717	7.440	1.305	-2.503
Okt.	362	-0.100	-1.81	0.055	-4.208	45.311	1.534	-10.006
Nov.	358	-0.011	-0.28	0.039	-3.034	39.243	2.125	-8.060
Dez.	291	0.083	2.75	0.030	1.007	4.979	1.512	-1.788
Jan-Dez	344	0.026	-	0.031	-0.689	18.627	1.651	-4.351
Feb-Dez	343	0.014	-	0.029	-0.951	18.627	1.548	-4.491

Die bereits bei der Betrachtung der Ergebnisse auf Indexbasis wiedergegebenen Kernaussagen bestätigen sich auch hier. Der Mittelwert der Tagesreturns im Januar ist um ein Vielfaches höher als der Returnmittelwert bezogen auf die verbleibenden elf Monate.

Ein Augenschein auf die Werte des tiefkapitalisierten Lowcap-Portefeuilles lässt einen noch höheren Returnunterschied zwischen Januarwerten und Werten der Restmonate feststellen. Die insgesamt tiefere Standardabweichung und die signifikant positive Verteilungsschiefe der Januarerträge lässt den Januar Effekt für das Portefeuille mit tiefkapitalisierten Aktienpapieren am akzentuiertesten ausfallen. Anhand der Verteilungskurven von Abb. 3.3 und 3.4 lässt sich dies graphisch eindrücklich zeigen.

Abb. 3.3 Januar Effekt: Highcap. Portefeuille Wahrscheinlichkeitsdichte der Tagesreturn-Mittelwerte

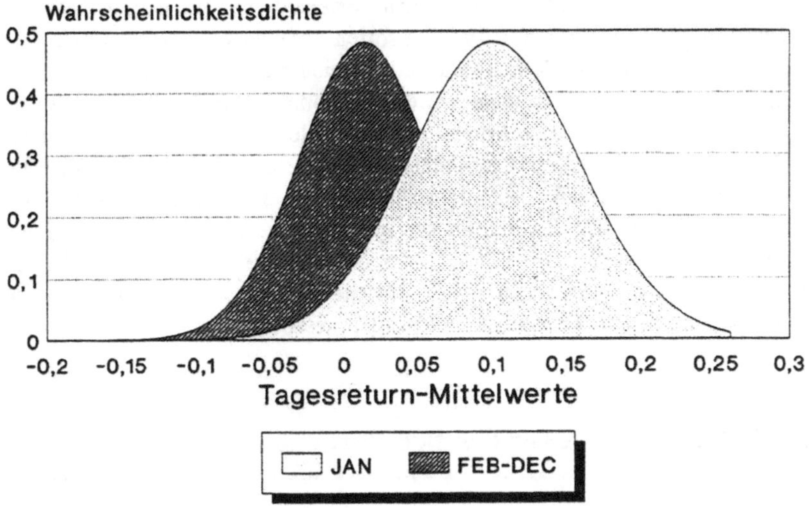

Abb. 3.4 Januar Effekt: Lowcap. Portefeuille Wahrscheinlichkeitsdichte der Tagesreturn-Mittelwerte

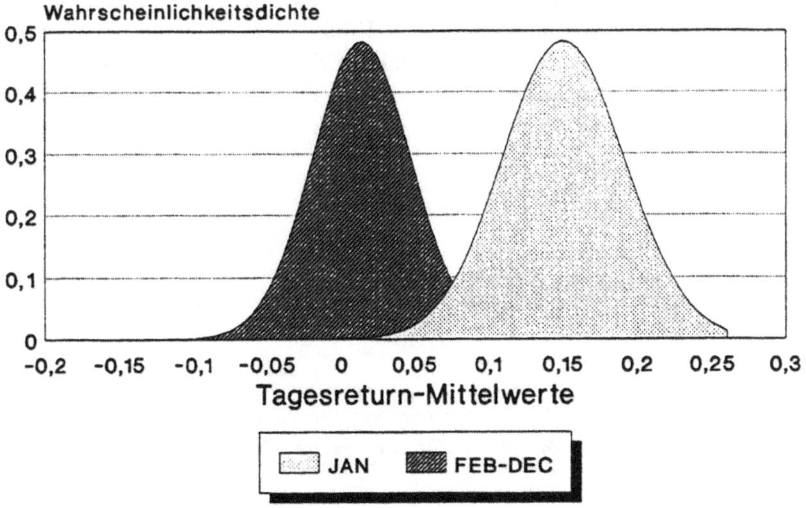

2.2. Ansätze zur Erklärung des Januar Effektes

Die Ansätze zur Erklärung des Januar Effektes wie sie in der Literatur anzutreffen sind, lassen sich in fünf Kategorien eingliedern. Erstens vermag das durchschnittlich höhere Risiko (Standardabweichung) von Januarerträgen als Erklärung beigezogen werden. Zweitens können Mechanismen bei der Informationsgestaltung und drittens institutionelle Gegebenheiten wie Steuer- und Buchungspraxis etc. und Liquiditätsbedürfnisse eine Rolle spielen. Viertens können andere, wie z.B. psychologische Aspekte als Erklärung dienen und zuallerletzt lassen sich Zweifel an der quantitativen Messbarkeit und deren Korrektheit einfügen. Die Ansätze der ersten vier Kategorien sollen im folgenden, ohne Anspruch auf Vollständigkeit, an exemplarischen Untersuchungen und Ergebnissen dargestellt werden.

2.2.1. Das Risiko als erklärende Variable

Es fällt auf, dass das Risiko in Form der Standardabweichung tatsächlich bezogen auf die Januarreturnwerte zwischen 20 % bis 30 % höher ausfällt als das durchschnittliche Risiko der übrigen Monatsreturnwerte. Eine Feststellung, welche sich beinahe beliebig in Studien bezüglich anderer Märkte wiederfindet.[17] Betrachtet man hingegen die Returndifferenzen, so sieht man, dass im Vergleich zum Jahresdurchschnitt die Januarwerte um ein Vielfaches höher liegen und sich somit der Januar Effekt auch bei risikoadjustierten Returns nicht eliminieren lässt.[18] Der Risikoaspekt trägt gewissermassen einen Anteil zur Erklärung bei, lässt aber die wirklich bedeutenden Returnunterschiede unerklärt.

---

17) Als Beispiele dazu vgl. man die Resultate in ROZEFF/KINNEY(1976), TINIC/WEST(1984) und ROGALSKI/TINIC(1986) jeweils für den amerikanischen Aktienmarkt.

18) Eine Feststellung, welche ebenso für die meisten der zitierten Arbeiten gilt. Interessanterweise geht auch hervor, dass ähnlich wie mit schweizerischen Daten, die Standardabweichung der Novembererträge in der Regel deutlich über dem Durchschnitt liegt.

2.2.2. Informationsveröffentlichung als erklärende Variable ("information hypothesis")

Ansätze, welche die Informationspraxis von Firmen als Element zur Erklärung des Januar Effektes aufführen, tun dies meist in Zusammenhang mit dem auch mit schweizerischen Daten beobachteten Phänomen, dass nämlich kleinere, tiefkapitalisierte Firmen einen stärkeren Januar Effekt aufweisen als Papiere hochkapitalisierter Firmen. So weisen KEIM(1983) und auch ARBEL(1985) darauf hin, dass Informationen betreffend kleinerer Firmen vornehmlich über den Jahreswechsel veröffentlicht werden und somit neue Vermögensdispositionen am Jahresanfang auslösen. Grössere Firmen, welche häufiger publizieren, verteilen gemäss dieser Hypothese ihren Informationsfluss gleichmässiger über das Jahr. Weiter läuft einher das Argument, dass über den Jahreswechsel generell eine höhere Informationsmenge auf den Märkten eintritt.

2.2.3. Institutionsbedingte Gründe als erklärende Variable

(a) Steuerbedingte Gründe (Die Tax-Loss Selling Hypothese)

Einer der bedeutendsten und in der Literatur wohl am meisten zitierten Ansätze zur Erklärung des Januar Effektes besteht in der sog. Tax-Loss Selling Hypothese. Das Argument von steuerbedingten Aktienverkäufen am Jahresende findet sich schon früh in der Arbeit von WACHTEL(1942) und später in den Ausführungen von HAUGEN/WICHERN(1973), DYL(1977), ROZEFF/KINNEY(1976), KEIM(1983) u.v.a.[19] Die Begründung liegt im allgemeinen darin, dass es sich lohnt, Kapitalverluste am Ende des Steuerjahres zu realisieren, da sich solche von der Einkommenssteuer absetzen lassen. Neuengagements aus der so gewonnenen Liquidität werden demzufolge in den ersten Handelstagen im neuen (Steuer-)Jahr getätigt. Mit der Tax-Loss Selling Hypothese wird meist auch Bezug auf die Interdependenz zwischen Januar

19) Für eine ausführliche Zusammenfassung der Literatur bezüglich der Tax-Loss Hypothese vgl. man ferner die Ausführungen in HOTZ(1989).

Effekt und Small Firm Effekt genommen,[20] da sich der Januar Effekt v.a. bei kleineren Firmen in den USA systematisch bis ins letzte Jahrhundert verfolgen lässt. Untersuchungen über unterschiedliche Perioden mit entsprechend anderen Steuerverordnungen zeigen dann auch, dass z.B. um die Jahrhundertwende bis 1917 kein signifikanter Januar Effekt zu beobachten war.[21]

REINGANUM/SHAPIRO(1987) finden für den Britischen Aktienmarkt Steuereffekte im Returnverhalten. Dies ist deshalb interessant, da das britische Steuerreglement für Individuen das Steuerjahrende auf den fünften April festsetzt, während für Institutionen das Steuerjahr Ende Dezember ausläuft. Demzufolge wurden im April signifikant positiv vom Monatsdurchschnitt abweichende Returnwerte beobachtet. Allerdings wurde parallel dazu ein Januar Effekt registriert.

Bezogen auf schweizerische Verhältnisse lassen sich in groben Zügen folgende Bemerkungen festhalten: Für natürliche Personen wurde bis Anfang der achtziger Jahre eine Kapitalgewinnsteuer veranschlagt, welche es erlaubte allfällige realisierte Kapitalverluste mit Kapitalgewinnen per Ende Jahr aufzurechnen.[22] Eine Steuerpraxis, die bei privaten Kapitalanlegern vielerorts zu entsprechenden Depotumschichtungen per Ende Jahr führte. In den achtziger Jahren wurde jedoch die Kapitalgewinnsteuer auf kantonaler Ebene sukzessive aufgehoben. Im Gegensatz zur Steuergesetzgebung für natürliche Personen liegen für juristische Personen[23] keinerlei zwingende Gründe für ein derartiges Verhalten steuerbedingter Aktienverkäufe vor. So z.B. sind Pensionskassen, welche mit über 300 Mia. Schweizer Franken Anlagevolumen einen wesentlichen Anteil am institutionellen Geschäft in der Schweiz ausmachen, weitgehend von der Steuer befreit. Was andere juristische Personen

---

20) Diese interrelative Beziehung zwischen den beiden Effekten ist auch anhand schweizerischer Daten zu beobachten.

21) Vor 1917 wird davon ausgegangen, dass die Einkommenssteuerbelastungen ökonomisch nicht ins Gewicht fallen und somit als irrelevant betrachtet werden können. Hierzu vgl. die Ausführungen von SCHULZ(1985). Entgegen den Ergebnissen von SCHULZ, welcher weder für hoch- noch für tiefkapitalisierte Firmen signifikante Werte findet, resultiert für dieselbe Periode aus der Untersuchung von JONES/PEARCE/WILSON(1987) positive Evidenz für kleine Firmen.

22) Da es sich in diesem Zusammenhang um eine sogenannte "Objektsteuer" handelt, ist nur eine Aufrechnung mit allfälligen Kapitalgewinnen, nicht aber ein Abzug vom Einkommen möglich.

23) Juristische Personen lassen sich von der Steuergesetzgebung in die vier Kategorien Pensionskassen, Finanz- und Holdinggesellschaften, normale jur. Personen wie Firmen etc. und philantropische Stiftungen einteilen.

betrifft, so können diese einen allfälligen Kapitalverlust auf Wertschriften via Abschreibungen direkt verrechnen, ohne die Wertschriften verkaufen zu müssen.[24]

Für die ausführliche Tax-Loss Selling Debatte, wie sie sich in der empirischen Literatur gebärt, finden sich genügend Schwachstellen und empirische Gegenevidenz, als dass sich der Januar Effekt auf einen Steuereffekt reduzieren liesse. So weisen LAKONISHOK/SMIDT(1987) zu Recht darauf hin, dass es keine ausreichenden Gründe gäbe, dass die im Dezember aus steuerbedingten Verkäufen resultierende Liquidität bis im Januar "aufbewahrt" wird und nicht direkt wieder in Neuengagements bzw. in Aktien angelegt wird. Gegen die Tax-Loss Selling Hypothese spricht auch die positive empirische Evidenz für den Januar Effekt in Ländern, welche entweder keine Kapitalgewinnsteuern kennen, wie z.B. Japan und Kanada (vor 1972) oder deren Steuerjahr im Juni endet, wie z.B. Australien.

(b) Weitere, institutionsbedingte Gründe

Ein weiterer Grund zur Erklärung des Januar Effektes wird gelegentlich in der Liquiditätsplanung von Investoren gesucht. Gegeben ist die Hypothese, dass der Saldo zwischen Liquiditätsbedarf und Liquiditätsverfügbarkeit nicht einem Zufallsprozess folgt, sondern deterministisch verläuft. Das Weihnachts- und Neujahrgeschäft lässt die Liquiditätsbedürfnisse der privaten Anleger steigen, sodass von dieser Seite her Liquidität aus dem Markt genommen wird.[25] Hauptsächlich durch institutionelle Anleger werden dann die fundamental tief bewerteten Aktien wieder gekauft, wodurch ein übermässiger Preisanstieg im Januar induziert wird.[26] Die Frage, weshalb der Ausgleich durch die institutionellen Investoren nicht sofort wahrgenommen wird, könnte darin liegen, dass aufgrund des Abschlusses der Jahresperformance-Periode im alten Jahr keine neuen Risiken genommen werden.

---

24) Bezüglich der Bemerkungen zur schweizerischen Steuergesetzgebung danke ich meinem Kollegen Rudolf Senn, dannzumal Leiter der Steuerabteilung bei der Bank Sarasin & Cie in Basel, für seine Diskussionsbereitschaft.

25) Verkauft werden vornehmlich jene Titel, welche sich aufgrund der Buchverluste von der Steuer absetzen lassen. Somit kann hier eine Korrelation zum Steuereffekt bzw. zur Tax-Loss Selling Hypothese hergeleitet werden.

26) Bzgl. dieser Hypothese vgl. man die Ausführungen in ARBEL(1985) und ROZEFF/KINNEY(1976).

2.2.4. Psychologische und weitere Gründe als erklärende Variable

Nebst steuerbedingten Gründen dürften andere, empirisch weniger stringent zu handhabende Gründe, eine nicht zu übersehende Rolle für die Erklärung des Januar Effektes einnehmen. Ein mir wesentlich scheinender Aspekt liegt in der vielerorts vorherrschenden Praxis der terminlichen Fixierung eines Portfolio Management Mandates auf das Jahresende. Der Bilanzstichtag der meisten Pensionskassen und Firmen Ende Jahr ist somit auch für die über das Jahr erwirtschaftete Performance auf Wertschriften relevant. Der Asset Manager stellt sich bezüglich seiner Anlageentscheide taktisch auf die Abrechnungsperiode seines Auftraggebers ein. Er wird in der Regel am Anfang der Periode seine Positionen aufbauen und gegen Ende der Periode - im Falle einer für den Kunden zufriedenstellenden Performance - Positionen abbauen, um keine erhöhten Risiken mehr in Kauf zu nehmen. Ein solches, auf eine Jahresperiode abgestütztes taktisches Verhalten wird zusätzlich noch verstärkt, wenn sich der Asset Manager in einem Konkurrenzvergleich befindet, in welchem dem bzgl. Performance Schlechtesten Ende Jahr das Mandat entzogen wird.[27]

Ebenso in diese seitens der Praxis verhärteten Verhaltensmuster passt das sog. "Window-Dressing"-Argument, welches man gelegentlich zur Erklärung des Januar Effektes beizieht.[28] Hierbei werden Positionen, welche anfangs Jahr gekauft und über das laufende Jahr deutlich unter den Einstandskurs gefallen sind, vor Ende Jahr wieder verkauft. Der Asset Manager umgeht so, dass er das "Halten" einer kritischen Position rechtfertigen muss.

Es ist nur schwer abzuschätzen, inwiefern und in welchem Ausmass die unter diesem Abschnitt skizzierten Verhaltensmuster zu einem Januar Effekt beitragen, denn es fehlen diesbezüglich Ansätze der empirischen Modellier- und Testbarkeit.

27) Beachtet man die Langfristigkeit des Anlagehorizontes von Pensionskassen und die Bedeutung der Aktien als reale Aktiva, so führt ein solches Verhalten nicht nur zu einer konzeptionellen Trennung von Aktiv- und Passivseite, sondern zu einem zwangsweise falschen Verhalten des Portfolio Managers, dem ein zu kurzer Anlagehorizont vorgegeben wird, und dem so falsche Risikosignale gesetzt werden.

28) Vgl. ARBEL(1985).

3. Tägliche Anomalie: Day-of-the-Week Effekt oder Weekend Effekt

Empirische Studien zum Day-of-the-Week Effekt finden sich schon früh in den Arbeiten von FIELDS(1931/34), OSBORNE(1962) und CROSS(1973). In den achtziger Jahren wurde er im Lichte der Effizienzmarktdiskussion "wiederentdeckt" und durch die Untersuchungen von FRENCH(1980), GIBBONS/HESS(1981) und LAKONISHOK/LEVI(1982) neu dokumentiert. Die Gemeinsamkeiten oben zitierter Studien liegen darin, dass für die Tagesreturndurchschnitte, im Wochentagvergleich, für Montage signifikant negative Werte festgestellt werden konnten. Demgegenüber werden vor allem für die letzten Handelstage der Woche (Freitag oder Samstag) die höchsten Returnwerte gefunden. Die Einstufung der Returns an den Tagen Dienstag, Mittwoch und Donnerstag variiert je nach Autor, wobei der Mittwoch meist die höchsten Werte dieser drei Wochentage hervorbringt.

Die bezüglich des Datenmaterials weitgefassteste Studie von LAKONISHOK/SMIDT(1987) untersucht auf täglicher Basis die Erträge des Dow Jones Industrial Index für die Periode 1897 bis 1986. Für die Gesamtperiode wird für Montage ein Returnmittelwert von -.144 ausgewiesen, was auf der Basis von 52 Montagen im Jahr eine kumulative Negativperformance von -7.5 % pro Jahr ergibt. Die von den Autoren gewählten Subperioden (1897-1952 und 1952-1987) ergeben ähnliche Werte.

Nebst unzähligen weiteren Arbeiten, welche sich im grossen und ganzen auf den amerikanischen Aktienmarkt beziehen, liefern JAFFE/WESTERFIELD(1985) einen internationalen Vergleich. Sie beziehen nebst den USA, die Aktienmärkte UK, Japan, Canada und Australien in ihre Betrachtungen mit ein und finden für den Montag in allen Märkten negative Returnmittelwerte. Es zeigt sich jedoch, dass der japanische und australische Aktienmarkt am Dienstag mit den tiefsten Returnwerten aufwartet.

Eine Präzisierung zum Day-of-the-Week Effekt liefert ROGALSKI(1984), indem er Eröffnungs- und Schlusskurse verwendet. Aufgrund dieser Datenwahl zeigt es sich, dass sich die negativen Montagreturns aus der Kursdifferenz zwischen den Freitagsschluss- und Montagseröffnungskursen ergeben und dass ferner die Returndifferenz zwischen Montagseröffnung und Montagsschluss im Mittel der anderen Wochentage zu liegen kommt. Er folgert somit ein klarer Weekend Effekt mit schwachem Börsenstart am Montag.

HARRIS(1986) bezieht sich in seiner Studie auf die Interrelation zwischen Weekend und Small Firm Effekt. Mit Tick-by-Tick-Daten lassen sich für hochkapitalisierte Firmen die Ergebnisse von ROGALSKI bestätigen, während sich für tiefkapitalisierte Firmen die negativen Montagreturns klar aus Transaktionen am Montag ergeben und nicht aus der Differenz zwischen Freitagschluss- und Montageröffnungskursen.

Nebst Aktienmarktuntersuchungen zum Weekend Effekt finden sich vergleichbare empirische Ergebnisse zum US-Obligationenmarkt (US Government Bonds) und zum S&P Stock Index Futures Markt.[29] Bezüglich des Government Bond Marktes ist als interessanter Punkt zu erwähnen, dass Instrumente mit unterschiedlicher Duration auch unterschiedliche saisonale Muster induzieren.

3.1. Empirische Untersuchung für die Schweiz

3.1.1. Testmethodologie und Vorgehen

Analog zum Vorgehen, wie es bereits bei der Regressionsschätzung mit Monatsdummies vorgenommen wurde, soll getestet werden, ob die Tagesreturns des wert- bzw. gleichgewichteten Indexes einem allfälligen saisonalen (Wochentag) Einfluss unterliegen. Für die Erträge des wert- bzw. gleichgewichteten Indexes wurde folgende Gleichung geschätzt:[30]

(3.4)
$$R_t = \sum_{i=1}^{5} b_i + \zeta_t$$

wobei $b_1 \dots b_5$ als Dummy für die Wochentage Montag bis Freitag stehen.

29) Für den Bond Markt vgl. FLANNERY/PROTOPAPADAKIS(1988) und betreffend dem amerikanischen Futures Markt vgl. DYL/MABERLY(1986).

30) Vgl. hierzu die unter 2.1.1. zitierte Literatur.

In Tabelle 3.6sind die Resultate der Regressionsschätzung aus Gleichung (3.4) zusammengefasst. In der zweiten Kolonne sind die Parameterschätzwerte für die Tagesdummies und in Kolonne drei die entsprechenden t-Werte tabelliert.

Für t-Werte > 1.96 kann wiederum davon ausgegangen werden, dass ein entsprechend signifikanter, saisonaler Einfluss besteht. In Kolonne vier ist das Signifikanzniveau für die entsprechenden t-Werte aufgeführt. In der fünften Kolonne sind die Werte der F-Statistik, das Bestimmtheitsmass (R^2) sowie der Standardfehler der Regressionsschätzung (SE) und die Durbin-Watson Statistik (DW) angegeben.

Tab. 3.6 Day-of-the-Week: Regressions-Schätzwerte

Wertgewichteter Index					
b_i	Schätzwert für b_i	t	P>|t|	Schätzung mit Tageswerten für die Periode 1.1.1974 - 31.5.1991	
b_1	-0.001041	-3.91	0.000	Anz. Beob.	4544
b_2	-0.000328	-1.23	0.217	F-Wert	10.039
b_3	0.000820	3.08	0.002	P>|F|	0.0000
b_4	0.000593	2.23	0.026	R^2	0.0088
b_5	0.000899	3.38	0.000	R^2 adj.	0.0079
				SE	0.0080
				DW	1.8246
Gleichgewichteter Index					
b_i	Schätzwert für b_i	t	P>|t|	Schätzung mit Tageswerten für die Periode 1.1.1974 - 31.5.1991	
b_1	-0.000610	-3.01	0.003	Anz. Beob.	4544
b_2	-0.000277	-1.37	0.172	F-Wert	9.0777
b_3	0.000557	2.75	0.006	P>|F|	0.0000
b_4	0.000645	3.18	0.001	R^2	0.0079
b_5	0.000733	3.61	0.003	R^2 adj.	0.0071
				SE	0.0061
				DW	1.6633

Aufgrund der tabellierten Ergebnisse der Regressionsschätzung erweisen sich bis auf b_2 (Dienstag) alle Parameter als signifikant von Null verschieden. b_1 (Montag) zeigt sich negativ, während die Parameter b_3 bis b_5 (Mittwoch bis Freitag) positiv zu werten sind. Die Ergebnisse zeigen sowohl für den wert- wie für den gleichgewichteten Index qualitativ dasselbe Bild.

Abgesehen von der Signifikanz der t-Werte der einzelnen Wochentage ist auch der F-Wert hoch signifikant (Signifikanzniveau von 0.001 %). Es kann, aufgrund obiger Schätzergebnisse davon ausgegangen werden, dass die einzelnen Wochentage einen Einfluss auf das Preisbildungsverhalten des untersuchten Indexes haben.

Damit auch hier ein Eindruck gewonnen werden kann, ob sich die einzelnen Wochentage statistisch signifikant voneinander unterscheiden, wird die ursprüngliche Regressionsgleichung mit einer zusätzlichen Konstante geschätzt. Dabei soll für folgende Interpretation der Montag als Referenz dienen, d.h. die Dummy-Variable b_1 wird aus bekannten Gründen nicht mehr als Rechthandvariable verwendet. Es gilt somit folgende Regressionsgleichung:

(3.5)
$$R_t = b_0 + \sum_{i=2}^{5} b_i + \zeta_t$$

wobei b_0 die Konstante bildet und $b_2 \ldots b_5$ als Dummy für die Wochentage Dienstag bis Freitag stehen.

Die Interpretation der für die b_j resultierenden Schätz- bzw. t-Werte ist in diesem Sinne relativ zum Montag bzw. zu b_0 auszulegen. D.h. allfällig signifikante t-Werte für die Parameterschätzwerte b_j bedeuten, dass sich entsprechende Wochenreturns signifikant von jenen an Montagen unterscheiden.

Tabelle 3.7 gibt die Parameterschätzwerte sowie deren t-Statistik für die Konstante und die einzelnen Dummy-Variablen aus der obigen Regressionsgleichung wieder. Der Schätzwert für die Konstante b_0 entspricht wiederum, aufgrund der Auslegung der Gleichung, exakt dem Schätzwert, welcher zuvor anhand der Schätzung von Gleichung (3.4) für b_1 gewonnen wurde.

Tab. 3.7 Day-of-the-Week: Regressions-Schätzwerte

Wertgewichteter Index				Schätzung mit Tageswerten für die Periode 1.1.1974 - 31.5.1991	
b_i	Schätzwert für b_i	t	P>|t|		
b_0	-0.001041	-3.91	0.000	Anz. Beob.	4544
b_2	0.000713	1.89	0.058	F-Wert	10.039
b_3	0.001860	4.94	0.000	P>|F|	0.0000
b_4	0.001634	4.34	0.000	R^2	0.0088
b_5	0.001939	5.15	0.000	R^2 adj.	0.0079
				SE	0.0080
				DW	1.8246

Gleichgewichteter Index				Schätzung mit Tageswerten für die Periode 1.1.1974 - 31.5.1991	
b_i	Schätzwert für b_i	t	P>|t|		
b_0	-0.000610	-3.01	0.003	Anz. Beob.	4544
b_2	0.000334	1.16	0.245	F-Wert	9.0777
b_3	0.001168	4.07	0.000	P>|F|	0.0000
b_4	0.001255	4.38	0.000	R^2	0.0079
b_5	0.001343	4.68	0.000	R^2 adj.	0.0071
				SE	0.0061
				DW	1.6633

Betreffend der Schätzwerte von b_j ist zu bemerken, dass alle Parameterschätzwerte der Nicht-Montage ein negatives Vorzeichen haben, d.h. sich negativ vom Montag-Schätzwert unterscheiden. Bezüglich der Signifikanz der Unterschiede lässt sich sagen, dass diese für die Wochentage Mittwoch, Donnerstag und Freitag sowohl für den wertgewichteten als auch für den gleichgewichteten Index hoch signifikant ausfallen. Der Schätzwert für den Dienstag ist zwar für den wertgewichteten Index annähernd signifikant (Signifikanzniveau 5.8 %), fällt aber durch die deutlich tieferen t-Werte am wenigsten akzentuiert auf.

Die bisherigen Resultate zum Day-of-the-Week Effekt dokumentieren klar die Existenz täglicher Returnsaisonalitäten. Im folgenden soll analog zur Untersuchung der Month-of-the-Year Saisonalität eine deskriptive, statistische Auswertung der täglichen Ertragsdaten erfolgen.

Für die Jahre 1974 bis 1991 (Mai) werden deshalb auch hier für den gleich- bzw. wertgewichteten Index und andererseits für unterschiedliche Portefeuilles die durchschnittlichen Tagesreturns der einzelnen Wochentage berechnet. Tabelle 3.8 gibt Aufschluss über die entsprechenden Werte der Indexreturns.

Tab. 3.8 Day-of-the-Week: Statistische Eigenschaften der Indexreturns

Untersuchung der Tagesreturns für die Periode 31.12.1973 - 31.05.1991								
Kapitalisierungsgewichteter Index:								
Wochentag	N	Mean	t:	SD	Schiefe	Kurtosis	Highest	Lowest
Montag	786	-0.121	-3.07	0.039	-4.290	45.508	2.920	-13.103
Dienstag	843	-0.033	-1.14	0.029	-0.333	6.596	2.898	-5.107
Mittwoch	842	0.090	3.47	0.026	-0.117	4.024	2.124	-3.654
Donnerstag	836	0.064	2.41	0.027	-0.557	11.843	2.690	-6.570
Freitag	821	0.099	4.16	0.024	0.207	4.395	2.875	-3.005
Mo. bis Fr.	826	0.020	-	0.029	-1.100	14.473	2.701	-6.288
Di. bis Fr.	835	0.055	-	0.026	-0.303	6.714	2.647	-4.584
Gleichgewichteter Index:								
Wochentag	N	Mean	t	SD	Schiefe	Kurtosis	Highest	Lowest
Montag	786	-0.071	-2.23	0.032	-8.420	124.714	1.795	-15.145
Dienstag	843	-0.030	-1.37	0.022	-3.320	37.154	1.992	-7.271
Mittwoch	842	0.059	3.13	0.019	1.108	28.644	1.695	-4.191
Donnerstag	836	0.067	3.44	0.019	-0.557	23.300	1.526	-4.975
Freitag	821	0.077	4.42	0.017	1.152	16.009	1.772	-2.483
Mo. bis Fr.	826	0.020	-	0.022	-2.007	45.964	1.756	-6.813
Di. bis Fr.	835	0.043	-	0.019	-0.278	26.277	1.755	-4.730

3.1.2. Darstellung der Ergebnisse

Ein Blick auf die Tabelle 3.8 widerspiegelt die Resultate aus der Regressionsschätzung: Für beide Indizes, wert- wie gleichgewichtet, weisen die Wochentage Montag und Dienstag negative Tagesmittelwerte auf, während die restlichen Tage der Woche positive Werte aufweisen. Das Dienstagsmittel ist wiederum nicht signifikant von Null verschieden.

Die Standardabweichung der Tageswerte fällt am Montag höher aus als an den restlichen Tagen der Woche. Ein Faktum, welches beim gleichgewichteten Index weniger akzentuiert zum Tragen kommt, zumal dort gesamthaft gesehen die Standardabweichungen tiefer liegen als beim wertgewichteten Index. Dieser Umstand wurde bereits zuvor beim Month-of-the-Year Effekt festgestellt. In beiden Fällen weist der Montag ein extremes Tagestiefst (Lowest) auf, was auf den schwarzen Montag im Oktober des Jahres 1987 zurückzuführen ist.[31]

Das Mass der Verteilungsschiefe zeigt sich für beide Indizes am Montag deutlich negativ, während es für die weiteren Wochentage nahe bei Null liegt.

Die in Tabelle 3.8 aufgeführten Werte führen zur Hypothese, dass sich die Preisbildung an den Börsen, bezogen auf die Wochentage, nicht gleich verhält. Eine Hypothese, welche klar von der Effizienzmarkthypothese abweicht. Ein unterschiedliches Returnverhalten für die einzelnen Tage der Woche würde sich wiederum in einer unterschiedlichen Verteilungsdichte der Returnmittelwerte ausweisen. Ausgehend von den in Tabelle 3.8 ausgewiesenen Verteilungsmomenten (Mean, SD) wurde für jeden Tag der Woche eine entsprechende Normalverteilung geschätzt. Dies wurde einerseits auf der Basis der Returnmittelwerte des wertgewichteten und andererseits auf der Basis des gleichgewichteten Indexes durchgeführt.

Die Verteilungen sind in Abbildung 3.5 und 3.6 graphisch dargestellt. Auf der X-Achse sind wiederum die Tagesreturnmittelwerte von -0.2 bis 0.2 und auf der Y-Achse die Wahrscheinlichkeitsdichte abgetragen.

---

31) Bei über 800 Beobachtungen wirkt sich ein solcher "Ausreisser" nur geringfügig auf den Mittelwert und die weiteren Verteilungsmomente der Montagsreturns aus und kann in diesem Zusammenhang vernachlässigt werden.

Abb. 3.5 Day Of The Week Effekt: Wertgew. Index
Wahrscheinlichkeitsdichte der
Tagesreturn-Mittelwerte

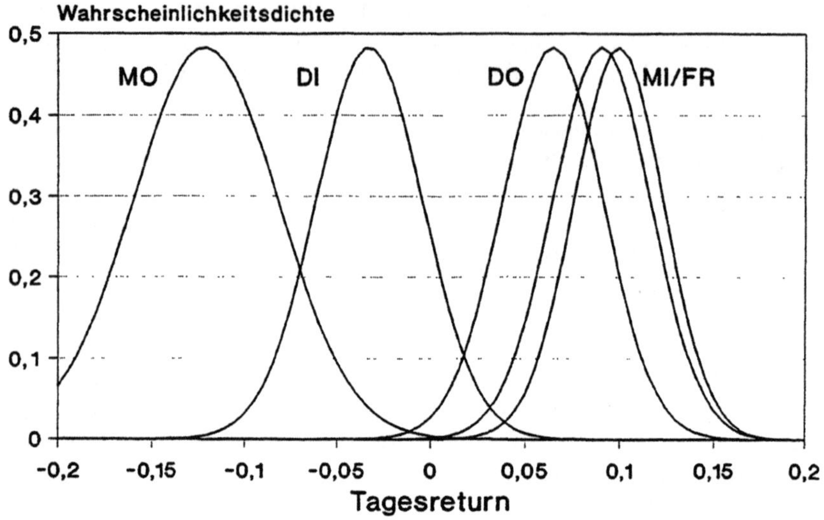

Abb. 3.6 Day Of The Week Effekt: Gleichgew. Index
Wahrscheinlichkeitsdichte der
Tagesreturn-Mittelwerte

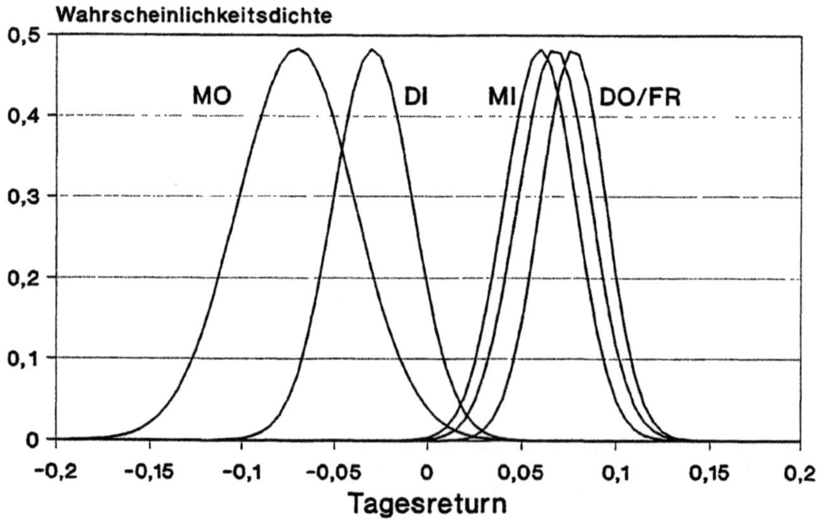

Die Normalverteilungen der Returns der Wochentage teilen sich bezüglich der X-Achse in drei Gruppen. Die Verteilung der Montagreturns ganz links, mit negativem Mittelwert, die Returnverteilungen der Wochentage Mittwoch bis Freitag rechts, mit positivem Mittelwert, und die Verteilung der Dienstagreturns zwischen beiden. Lässt man die Verteilung der Dienstagreturns einmal ausseracht, so stellt man fest, dass sich die Verteilungen rechts und die Verteilung der Montagreturns links nicht bzw. kaum überlappen, was auf ein eindeutig unterschiedliches Returnverhalten hindeutet. Die "in-between" Position der Dienstagreturns dürfte rückblickend auch der Grund sein, warum dieser Wochentag in keinen der zitierten Teststatistiken als signifikant gewertet werden konnte.

Die Verteilungen der Wochentagreturns für den gleichgewichteten Index unterscheiden sich bezüglich der Returnverteilungen des wertgewichteten Indexes in zwei Punkten. Einerseits, und dies wurde bereits angedeutet, sind die Verteilungskurven schlanker, ein Umstand, der auf die unterschiedlichen Standardabweichungen zurückzuführen ist. Andererseits liegen die Montag- und Dienstagverteilungen im zweiten Fall deutlich näher beieinander, was intuitiv auf das "Nonfrequent Trading Problem" tiefkapitalisierter Werte zurückgeführt werden könnte. Noch etwas verstärkt lassen sich diese beiden Punkte heraussehen, wenn die Betrachtung auf Portefeuille-Ebene erhoben wird.

Die statistischen Berechnungen werden im folgenden wiederum auf Portefeuille-Ebene durchgeführt. Es handelt sich dabei um jene Portefeuilles, welche bereits zuvor bezüglich des Month-of-the-Year Effektes zitiert wurden. In Tabelle 3.9 sind die entsprechenden Werte aufgeführt.

Tab. 3.9 Day-of-the-Week: Statistische Eigenschaften der Portefeuillereturns

Untersuchung der Tagesreturns für die Periode 31.12.1973 - 31.05.1991								
Highcap Portefeuille:								
Wochentag	N	Mean	t	SD	Schiefe	Kurtosis	Highest	Lowest
Montag	786	-0.112	-2.64	0.042	-4.285	41.020	3.094	-13.365
Dienstag	843	-0.029	-0.96	0.030	-0.412	8.240	3.339	-6.014
Mittwoch	842	0.064	2.41	0.027	-0.800	10.240	2.052	-6.762
Donnerstag	836	0.070	2.48	0.028	0.009	13.921	2.869	-6.220
Freitag	821	0.103	4.03	0.026	0.445	6.807	2.844	-3.662
Mo. bis Fr.	825	0.019	-	0.031	-1.009	16.046	2.840	-7.205
Di. bis Fr.	835	0.052	-	0.028	-0.189	9.802	2.776	-5.664
Lowcap Portefeuille:								
Wochentag	N	Mean	t:	SD	Schiefe	Kurtosis	Highest	Lowest
Montag	786	-0.023	-0.88	0.026	-4.460	60.542	2.468	-10.006
Dienstag	843	-0.032	-1.31	0.024	-3.666	45.341	2.658	-8.060
Mittwoch	842	0.058	2.68	0.022	0.616	32.117	2.605	-6.182
Donnerstag	836	0.065	3.06	0.021	0.994	24.662	1.694	-4.054
Freitag	821	0.054	2.64	0.020	0.657	9.609	2.718	-3.278
Mo. bis Fr.	825	0.024	-	0.023	-1.172	34.454	2.430	-6.316
Di. bis Fr.	835	0.036	-	0.022	-0.350	27.932	2.420	-5.394

Bei der Gegenüberstellung der beiden extremkapitalisierten Portefeuilles fallen, nebst dem bereits Erwähnten, folgende Punkte auf:

Das hochkapitalisierte Portefeuille weist bezüglich der Wochentage deutlich höhere Unterschiede in den Tagesreturnmittelwerten auf, als dies beim tiefkapitalisierten Portefeuille der Fall ist. Beim tiefkapitalisierten Portefeuille fällt im besonderen auf, dass der negative Montagswert nicht mehr statistisch signifikant gegen Null gesichert ist, und dass generell tiefere und vor allem einheitlichere Standardabweichungen zu beobachten sind. Betreffend der Verteilungsschiefe ist beim tiefkapitalisierten Portefeuille, nebst dem negativen Wert für die Montagreturns, auch eine solche für den Dienstag festzustellen. Das Bild der Wahrscheinlichkeitsdichte der Returnverteilungen für die beiden, der Kapitalisierung nach unterschiedlich zusammengestellten Portefeuilles, zeigt pointiert dieselbe Tendenz auf, wie sie bereits bei den Abbildungen zuvor (Abb. 3.5und 3.6) zu erkennen war.

Abb. 3.7 Day Of The Week Effekt: Highcap P'feuille
Wahrscheinlichkeitsdichte der
Tagesreturn-Mittelwerte

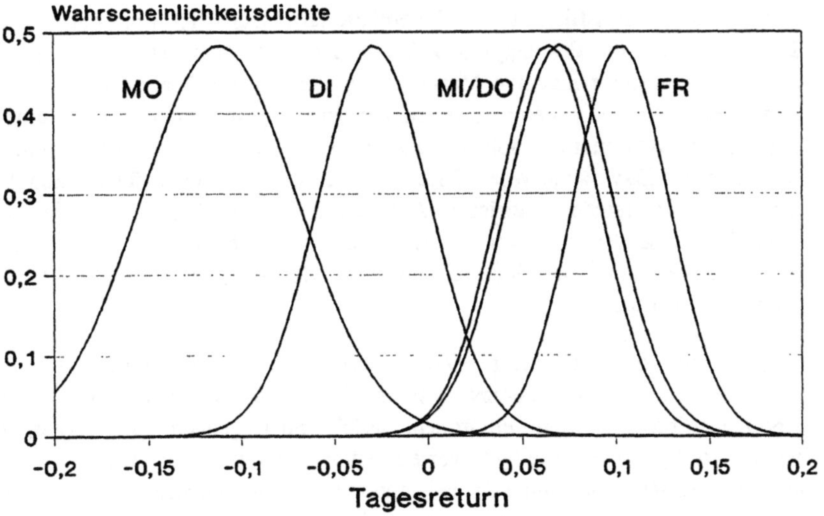

Abb. 3.8 Day Of The Week Effekt: Lowcap P'feuille
Wahrscheinlichkeitsdichte der
Tagesreturn-Mittelwerte

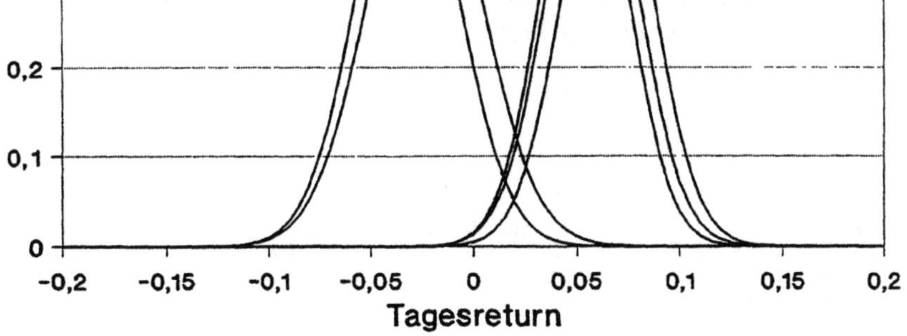

3.2. Erklärungsansätze zum Day-of-the-Week Effekt

Ausgehend von der Effizienzmarkt Hypothese fällt es schwer, eine systematische Saisonalität wie die des Day-of-the-Week Effektes theoretisch stringent zu erklären. In einem effizienten Markt würde nämlich ein allfälliges Muster im Returnverhalten von den Marktteilnehmern sofort erkannt und durch Spekulation (Arbitrage) behoben. Dass dieses Verhalten der Marktteilnehmer bezüglich des Day-of-the-Week Effektes nicht oder nur ungenügend zutrifft, wird durch zahlreiche empirische Arbeiten dargelegt. Auch das Risiko als ertragsbestimmender Faktor lässt sich nicht hinhalten, zumal die Standardabweichung der durchschnittlichen Montagreturns höher ist als an anderen Wochentagen.

Die Ansätze zur Erklärung eines solchen vom Effizienzmarkt-Konzept abweichenden Preisverhaltens lassen sich grundsätzlich in drei[32] Argumentationskategorien einordnen, welche im folgenden kurz dargestellt werden. Aufgrund der breitgefächerten empirischen Literatur werden für die einzelnen Ansätze nur einige der bekannteren Arbeiten herausgegriffen. Diese stehen dann exemplarisch für Argumentationen ähnlicher Prägung.

3.2.1. Der Informationsansatz

Eine mögliche Erklärung des Weekend Effektes bietet die Hypothese, dass Firmen negative Informationen vornehmlich erst am Freitag nach Börsenschluss veröffentlichen. PENMAN(1987) untersuchte in diesem Zusammenhang das Informationsverhalten von Firmen und stellt fest, dass positive Informationen tendenziell "in den laufenden Markt" hineingegeben und negative bis nach Börsenschluss am Wochenende "verzögert" werden. Durch ein solches Informationsverhalten lässt sich sodann ein negatives Preisverhalten am Wochenanfang - mit tieferen Eröffnungskursen - erklären.

32) Als vierte Argumentation sei hier der Vollständigkeit halber erwähnt, dass sich die Weekendsaisonalität auch als "Messfehler" und somit als inexistent erachten lässt. Eine Argumentation, welche vor allem im Zusammenhang mit der Data-Snooping-Debatte anzutreffen ist.

3.2.2. Ansätze aufgrund struktureller und institutioneller Gegebenheiten

MILLER(1987) folgert in seiner Studie, dass Käufe und Verkäufe von Titeln über die Wochentage nicht gleichverteilt sind und somit an einzelnen Tagen ein Kauf- bzw. Verkaufsüberhang existiert. Diese Mehrnachfrage nach Käufen bzw. Verkäufen sieht er begründet durch einseitige Brokerempfehlungen. Broker tendieren dazu, eher Käufe als Verkäufe zu empfehlen. Da die Empfehlungen der Broker, und auch der Kontakt zu diesen, im Verlauf der Woche geschehen, nutzen die Individuen vornehmlich die Wochenenden, um ihre Anlageentscheidungen neu zu disponieren und allfällige Verkäufe ins Auge zu fassen. Entsprechend werden zu Beginn der Woche Konsolidierungen vorgenommen und im weiteren Wochenverlauf neue Positionen aufgebaut.

Ein weiterer Ansatz dieser Kategorie weist darauf hin, dass der Börsenschlusskurs am Freitag ein "unechter" Kurs im Sinne eines Bid- oder Ask-Kurses ist, welcher die Marktsituation nicht korrekt repräsentiert. Eine Studie von KEIM/STAMBAUGH(1984), welche anhand von "over the counter"-Geschäften, Tagesreturns von Bid-zu Bid-Kurs berechneten, widerspricht dieser These klar und zeigt, dass auch ohne Bid-Ask-Verzerrung der Weekend Effekt bestehen bleibt.

Die Arbeit von GIBBONS/HESS(1981) führen den Weekend Effekt auf die Valutierungspraxis bei der Abrechnung von Börsentransaktionen zurück. Bei vier Valutatagen (in den USA bis 1968 der Fall) war der Montag der einzige Tag der Woche, dessen Transaktionen noch innert Wochenfrist verbucht werden konnten. Es konnten somit zwei Zinstage eingespart werden, wodurch ein tieferer Montagskurs gerechtfertigt wäre. Untersuchungen, welche Vergleiche der Perioden vor bzw. nach 1968 darlegen, scheinen diesen Zinseffekt ("calendar time hypothesis") ansatzweise zu bestätigen. Der Weekend Effekt bleibt jedoch auch nach 1968 existent.

Weitere Untersuchungen[33] zur Calendar Time Hypothese für eine Valutierung von fünf und mehr Tagen (in den USA nach 1968 der Fall) bringen mit Zinsverrechnungen eine marginale Abschwächung des Weekend Effektes

33) Diesbezüglich vgl. LAKONISHOK/LEVI(1982), KEIM/STAMBAUGH(1984) und DYL/MARTIN(1985).

hervor, vermögen diesen jedoch in keiner Weise zu eliminieren.[34] Ferner sei bemerkt, dass diese zwar subtil durchgeführten "Zinsspielereien" die hohen Mittwochreturns nicht zu erklären vermögen.

3.2.3. Psychologische Erklärungsansätze

Die Psychologie, insbesondere die Verhaltenspsychologie, liefert ein reichlich bestücktes Instrumentarium zur Erklärung des Börsenverhaltens per se. Die Wochen- und Tageseinteilung führt, so wird argumentiert, zu einem starken rhythmischen und somit auch zyklischen Verhaltensmuster, welches sich stärker als z.B. Monats-, Quartals- oder Jahreszyklen im Kauf- und Verkaufverhalten an den spekulativen Märkten widerspiegelt.[35]

> *"If the frequency of such daily activities as going to church, playing golf, working, riding the subway, and dating depends on the day of the week, it is plausible that the frequency of buying and selling stocks may also depend on the day of the week."*
>
> *[MILLER(1988), S.44]*

Ein in dieser Färbung durchgeführtes Experiment von COURSEY/ DYL(1986) zeigt, dass wenn man einen seit mehreren Tagen laufenden Handel künstlich unterbricht, sich experimentell eine Art von Weekend Effekt erzeugen lässt. Der Tag nach dem beigeführten längeren Unterbruch führt zu einem eher verhaltenen Start und auch zu signifikant tieferen Eröffnungskursen, ungeachtet ob der Tag der Wiedereröffnung auf einen Montag fällt oder nicht.[36]

---

34) LAKONISHOK/LEVI(1982) berechnen anhand eines Zinsumverteilungsprozederes eine Korrektur der Freitagreturns von ausgehend 0.09 % auf 0.06 % und eine Korrektur der Montagreturns von -0.208 % auf -0.172 %.

35) Ein Phänomen, welches sich auch in der industriellen Produktion zeigt. Spricht man doch im Volksmund bei besonders reparaturanfälligen Automobilen von einem "Montagsauto".

36) Dieses Verhalten ist konsistent mit Untersuchungen zum Preisverhalten vor und nach Feiertagen ("Holiday Effect").

4. Weitere saisonale Anomalien

Die dargestellten saisonalen Anomalien auf monatlicher bzw. täglicher Basis stellen mit dem schwergewichtig behandelten Januar bzw. Weekend Effekt nur einen bescheidenen, wenn gleich auch nicht unwesentlichen Auszug aus der Grundgesamtheit empirisch beobachtbarer Saisonalitäten im Returnverhalten spekulativer Preise dar. Die empirische Literatur kennt noch eine beinahe unüberschaubare Anzahl weitere saisonale Anomalien, von denen im folgenden noch eine Auswahl zur thematischen Abrundung zusammenfassend dargestellt wird.

4.1. Der Holiday Effekt

Bereits zuvor angesprochen wurde das Preisverhalten, welches sich aufgrund des Handelsunterbruchs über Feiertage ergibt ("holiday effect"). Schon in einer frühen Studie von FIELDS(1934) werden bezüglich des amerikanischen Aktienmarktes hohe, über dem Durchschnitt liegende Tagesreturns an Vorfeiertagen festgestellt. Resultate, welche in den Untersuchungen von ARIEL(1985) und LAKONISHOK/SMIDT(1987) Bestätigung finden. Z.B. finden LAKONISHOK/SMIDT(1987), über den Zeitraum von neunzig Jahren betrachtet, für den Dow Jones Industrial Index, dass Indexreturns an Vorfeiertagen um das Dreiundzwanzigfache höher liegen als an einem durchschnittlichen Handelstag. Weiter finden die Autoren, dass über den angesprochenen Zeitraum mehr als fünfzig Prozent des Indexgesamtreturns auf die rund zehn Tage vor den jeweiligen Feiertagsunterbrüchen fallen. Die bereits im Zusammenhang mit dem Januar Effekt erwähnten Ergebnisse von ROLL(1983), u.a. für die Vorweihnachtstage sowie für die letzten Dezembertage vor Sylvester, sprechen ebenso für ein solches anormales Preisverhalten.

4.2. Der Beweekly Effekt

Für die Periode 1963-1982 teilte ARIEL(1985) die Kalendermonate in zwei Hälften und verglich die kumulierten Returns der ersten beiden Wochen mit jenen der dritten resp. vierten Woche. Die Returns der ersten Monatshälfte waren positiv, während die Returns der zweiten Monatshälfte negativ waren. LAKONISHOK/SMIDT(1987) untermauerten und präzisierten die These ARIEL's und stellten fest, dass der Indexreturn (Dow Jones Industrial), insbesondere über den Monatswechsel und in den ersten Tagen des Monats, den grössten Anstieg verzeichnete. Während der folgenden Periode bis Monatsende, so die Ergebnisse der Autoren, konnte durchschnittlich ein Indexrückgang nachgewiesen werden.

4.3. Der Friday the Thirteenth Effekt

Ein Kuriosum in der quantitativen Analysearbeit stellt für den amerikanischen Aktienmarkt die Untersuchung von KOLB/RODRIQUEZ(1987) dar. Sie stellen für die Periode 1962-1985 fest, dass die Tagesreturns am Freitag dem Dreizehnten deutlich negativ von "normalen" Freitagreturns abweichen. Eine weitere Untersuchung zu diesem Thema von DYL/MABERLY(1988) bestätigt die Ergebnisse lediglich für die siebziger Jahre. Für Perioden davor bzw. danach konnte keine positive empirische Evidenz für eine solche Anomalie gefunden werden.

5. Zusammenfassende Darstellung der Ergebnisse

Das vorliegende Kapitel behandelt die fragliche Existenz saisonaler Einflüsse im Verhalten von Aktienreturns (saisonale Aktienmarktanomalien). Ausgehend von der Hypothese eines effizienten Marktes, in welchem sich tägliche bzw. monatliche Schwankungen über die Zeit ausgleichen und somit nicht mehr saisonal bestimmt werden, wurden schweizerische Aktien auf ihre Saisonalitätseigenschaft getestet.

Die vorliegenden Untersuchungen beschränken sich auf zwei Effekte, welche in der empirischen Diskussion der letzten Jahre eine wesentliche Rolle spielen. Es sind dies einerseits der Month-of-the-Year oder Januar Effekt und andererseits der Day-of-the-Week oder Weekend Effekt.

Die Untersuchung mit Schweizer Daten im vorliegenden Kapitel bezieht sich auf die Periode 31.12.1973 bis 31.05.1991 und erfasst einen kapitalisierungs- und einen gleichgewichteten Marktindex sowie einzelne Portefeuilles, zusammengestellt aus rund hundert Einzelwerten.

5.1. Der Month-of-the-Year Effekt

Diese saisonale Anomalie wurde schon früh durch WACHTEL(1942), basierend auf amerikanische Aktien, in die empirische Diskussion eingebracht. Dabei geht es darum, dass im Monat Januar durchschnittlich höhere Aktienerträge zu beobachten sind als in den restlichen Monaten des Jahres, was in klarem Widerspruch zur Effizienzmarkt Hypothese FAMA's steht. Verschiedene Folgestudien haben die Ergebnisse WACHTEL's für unterschiedliche Länder und Perioden empirisch untermauert.

Die verschiedenen Testergebnisse in bezug auf die Saisonalitätseigenschaft monatlicher Aktienindexreturns lassen sich in folgenden Punkten zusammenfassen:

1. Die Ueberprüfung der Tagesreturns, ausgelegt auf die zwölf Kalendermonate, anhand einer Regression mit Saisondummies, brachte Ergebnisse hervor, welche zeigen, dass sich Returnwerte im Monat Januar signifikant positiv vom Durchschnitt der restlichen Monate abheben. Dieser Effekt akzentuiert sich für den gleichgewichteten Index stärker als für den wertgewichteten.

2. Eine detaillierte Untersuchung bezüglich der statistischen Eigenschaften der täglichen Returnwerte für die zwölf Kalendermonate gibt weiter Aufschluss über die quantitative Bedeutung der saisonalen Effekte. Im Schnitt sind die Tagesreturns der Monate Januar und Juni bis zu zehnmal höher als die durchschnittlichen Tagesreturns der restlichen Monate, während die Septemberwerte entsprechend unter dem Durchschnitt liegen.

In Anlehnung an die Resultate von KEIM(1983) stellte sich auch hier die Frage, ob ein allfälliger Zusammenhang zwischen Marktkapitalisierung und Januar Effekt besteht. Zu diesem Zweck wurde die Untersuchung der täglichen Returnmittelwerte alternativ für einen gleichgewichteten Aktienmarktindex sowie für unterschiedlich kapitalisierte Portefeuilles durchgeführt. Bezüglich diesem Gesichtspunkt können folgende Schlussfolgerungen gezogen werden:

3. Bei tiefkapitalisierten Werten zeichnen sich einige Veränderungen in den monatlichen Saisonalitäten ab. Im wesentlichen lässt sich erkennen, dass bei tiefkapitalisierten Werten der Januar Effekt verstärkt und bei hochkapitalisierten Werten (Blue Chips) abgeschwächt in Erscheinung tritt. Zudem manifestieren sich bei stärkerer Gewichtung tiefkapitalisierter Aktienwerte (sog. Small Caps) signifikant höhere Returnmittelwerte im April und Dezember.

Ein weiterer Punkt der Betrachtung monatlicher Returnanomalien im vorliegenden Kapitel bezieht sich auf die Verteilungseigenschaften der Aktienreturns. Als allgemein akzeptierte Eigenschaft bezüglich der Verteilung von Preisveränderungen gilt, dass diese systematisch von einer Normalverteilung abweichen. In der Regel liegen leptokurtisch-linksschiefe Verteilungen vor. Bezüglich der Verteilungseigenschaften der Tagesreturns der einzelnen Monate lassen sich folgende Punkte zusammenfassen:

4. Die Verteilung der Tagesreturns im Monat Januar zeichnet sich im Vergleich zum Durchschnitt der restlichen Monate durch eine höhere Varianz bzw. Standardabweichung und durch eine positive Schiefe aus. Die Rechtsschiefe dieser Verteilung liefert ein für Finanzwerte sehr atypisches

Bild. Das höhere Risiko (Standardabweichung) kann als erklärende Variable für die durchschnittlich höheren Returnwerte im Januar gedeutet werden.

5.2. Der-Day-of-the-Week Effekt

Der Day-of-the-Week-Effekt, welcher als bedeutender Effekt der empirischen Literatur erstmals durch die Arbeiten von FIELDS(1931,1934) Erwähnung findet, ist Gegenstand der zweiten empirischen Untersuchung im vorliegenden Kapitel. Ausgehend von der Hypothese eines effizienten Aktienmarktes würde man erwarten, dass sich die Returnschwankungen der unterschiedlichen Wochentage über die Zeit ausgleichen, sodass - über eine längere Periode betrachtet - jeder Wochentag langfristig etwa denselben Returndurchschnitt aufweist. Für den durchschnittlichen Return an Montagen liesse sich allenfalls erwarten, dass sich aufgrund der längeren Halteperiode über das Wochenende ein höherer Returndurchschnitt abzeichnet.

Die Testergebnisse bezüglich der Saisonalitätseigenschaft der Wochentagreturns sprechen in diesem Sinne gegen die Effizienzmarkt Hypothese und lassen sich wie folgt zusammenfassen:

5. Eine Regressionsanalyse mit täglichen Returndaten bringt einen signifikanten saisonalen Einfluss beinahe aller Wochentage (der Dienstag bildet eine Ausnahme) hervor, wobei sich die Returns an Montagen signifikant negativ von jenen der Tage Mittwoch bis Freitag unterscheiden. Es kann somit davon ausgegangen werden, dass die einzelnen Wochentage einen Einfluss auf das Preisverhalten der untersuchten Aktien- bzw. Indexkurse haben.

6. Betrachtet man die statistischen Werte der deskriptiven Analyse, so zeigen sich die Regressionsergebnisse bestätigt. Bezüglich der Durchschnitte der Tagesreturns fällt auf, dass die Montagreturns signifikant negativ und um das Vielfache unter dem Wochenschnitt sind, während die Returndurchschnitte der Wochentage Mittwoch bis Freitag positiv ausfallen und deutlich über dem Wochenmittel liegen.

Betrachtet man den Einfluss des Small Firm Effektes auf die Wochentagsaisonalität, so fällt folgender Punkt auf:

7. Hochkapitalisierte Werte weisen bezüglich der Wochentage deutlich höhere Unterschiede in den Tagesreturnmittelwerten auf, als dies bei tiefkapitalisierten Werten der Fall ist. Zwar ist bei sog. "small caps" immer noch ein negativer Montagseinfluss zu beobachten; dieser fällt aber nicht mehr so extrem aus wie bei hochkapitalisierten "blue chips" bzw. bei einem Marktindex.

Ein interessanter Punkt liefert auch hier ein Blick auf die Risiko- bzw. Verteilungseigenschaft der Wochentagreturns:

8. Die Standardabweichung der Montagsreturns ist höher als an den restlichen Tagen der Woche, und die Verteilungsschiefe zeigt sich am Montag deutlich negativ (linksschiefe Verteilung), während sie für die restlichen Tage der Woche nahe bei Null liegt. Bezüglich der Standardabweichung fällt auf, dass diese im Schnitt bei tiefkapitalisierten Aktienwerten deutlich niedriger ausfallen als bei den "blue chip"-Werten. Ein Umstand, welcher bereits bei den Resultaten zum Month-of-the-Year Effekt zum Tragen kam.

Die empirischen Ergebnisse des vorliegenden Kapitels stehen gewissermassen im Widerspruch zur Effizienzmarkt Hypothese. Beachtet man die Verteilungsbilder Abb. 3.1 bis 3.4 so zeigt sich in eindrücklicher Weise, wie unterschiedlich sich Aktienreturns sowohl auf monatlicher (Januar Effekt) als auch auf täglicher Basis (Day-of-the-Week Effekt) verhalten. Die Tatsache, dass saisonale Schwankungen sich langfristig nicht ausgleichen, sondern sich systematisch und strukturell verhärten, bringt eine klar positive empirische Evidenz hervor für eine saisonale Marktineffizienz auf dem Schweizer Aktienmarkt.

Die Gegenthese einer bezüglich saisonaler Schwankungen ineffizienter Preisbildung scheint sich somit auch für schweizerische Verhältnisse zu bestätigen. Somit reihen sich die Untersuchungsergebnisse dieses Kapitels bezüglich ihrer Kernaussage problemlos ein in die Ergebnisse zahlreicher Autoren, welche über die letzten Jahre für unterschiedliche Märkte immer wieder auf gleichgelagerte Erkenntnis stiessen.

Bezüglich einer stringenten Erklärung solcher saisonaler Returnanomalien tut man sich schwer. Eine Auswahl verschiedener Erklärungsansätze wird im vorliegenden Kapitel angeführt. So kann einerseits, zumindest partiell, bezüglich des Januar Effektes das höhere Risiko der Januarreturns als erklärender Faktor dienen. Andererseits können systematische Muster in der Art und Weise wie Informationen auf den Markt kommen ("Information Hypothesis") oder Steuerargumente ("Tax-Loss Selling Hypothesis") als Erklärung beigezogen werden. Weitere institionsbedingte Gründe (Bilanzstichtag, Reportingperiode etc.) dürften ebenso auch ihren Anteil an der Erklärung saisonaler Schwankungen beitragen. Ein grosser Teil an Erklärungsgehalt dürfte jedoch - und dies scheint zumindest intuitiv evident zu sein - in psychologischen Verhaltensmustern zu suchen sein. In der Art wie Händler handeln und wie Investoren denken. In der Weise wie Erwartungen gebildet werden und in der Frage welchen festgefahrenen, traditionellen Verhaltensmustern bei der Mehrzahl aller Marktteilnehmer nachgelebt wird.

Kapitel 4:
Relative Aktienmarktineffizienzen: Theorie und empirische Evidenz

"Are mean and variance proper and sufficient criteria for portfolio choice?"

Harry M. Markowitz

1. Einleitung

Die moderne Portfoliotheorie bringt zwei wesentliche Erkenntnisse hervor, welche im Zusammenhang mit der Effizienzmarkthypothese für folgende Ausführungen entscheidend sind und deshalb kurz aufgegriffen werden sollen.

1. Durch Diversifikation innerhalb eines Aktienmarktes lässt sich das Risiko eines Portefeuilles auf ein Minimum reduzieren. Dieses minimale Risiko entspricht dem Risiko des betreffenden Marktes (sog. Markt- oder systematisches Risiko).[1]

2. Es besteht eine Gleichgewichtsbeziehung (CAPM) zwischen dem systematischen Risiko eines Portefeuilles und dessen erwartetem Ertrag. Gemäss dieser Beziehung ist es nicht möglich, auf einem Markt langfristig, systematisch höhere Erträge zu erzielen als jene des betreffenden Marktes, ohne dabei ein höheres Risiko als das Marktrisiko einzugehen.

Allgemein werden Portefeuilles, deren erwarteter Ertrag bei gegebenem Risiko nicht erhöht bzw. deren Risiko bei gegebenem Ertrag nicht gesenkt werden kann, als sog. **effiziente Portefeuilles** bezeichnet.

Ausgehend von diesen Erkenntnissen ist das Risiko, welches ein Investor bereit ist einzugehen, die einzige Entscheidungsprämisse. Mit anderen Worten, das Risiko einer Anlage bestimmt den in Zukunft zu erwartenden Ertrag.

Mit diesen Ueberlegungen findet, nebst der Informationseffizienz (vgl. die Ausführungen in Kapitel 1), ein weiterer Effizienzbegriff ("Risiko-Effizienz") Eingang in die Betrachtungen.

Das CAPM sieht das Risiko als den einzigen ertragsbestimmenden Parameter einer Anlage vor. Mit anderen Worten, ein Portefeuille von Assets, welches mehr oder minder willkürlich aus einer Grundgesamtheit[2] von Assets zusammengestellt wird, wird im Mittel, über eine längere Anlagedauer hinweg, keinen höheren Ertrag abwerfen, als die Grundgesamtheit des entsprechenden Marktes. Es sei denn, das entsprechende Portefeuille zeichnet sich durch ein entsprechend höheres Risiko aus. Ist dies nicht der Fall, d.h. ist das Risiko des mehrrentierenden Portefeuilles gleich hoch oder geringer als dasjenige des Marktes, so liegt im allgemeinen eine Anomalie vor. Wird dieser gemäss CAPM

1) Die Anzahl unterschiedliche Titel, welche für eine gute Diversifikation ausreichen, variiert je nach Land bzw. Markt. Für den Schweizer Aktienmarkt bietet schon eine Auswahl von mehr als 15 Titeln befriedigende Ergebnisse.

2) Als Grundgesamtheit wird in der Regel der entsprechende Markt bzw. Marktindex verstanden.

definierte "Excess Return" ohne "Trading" bzw. ohne "Markttiming" durch eine reine "buy-and-hold" Strategie erzielt, so liegt eine relative Anomalie vor. Andere Faktoren, als das vom CAPM postulierte Risiko, stehen somit für den "Excess Return" des ausgewählten Portefeuilles. Solche anomalen Effekte können durchaus zufällig sein und nichts anderes als temporäre Ungleichgewichtszustände in einem grundsätzlich robusten Gleichgewichtsmodell darstellen. Lässt sich jedoch aufgrund wohl definierter Auswahlkriterien ein Portefeuille zusammenstellen, welches risikoadjustiert systematisch höhere Erträge aufweist als der Gesamtmarkt, so ist das Abweichen vom Gleichgewicht nicht mehr stochastisch, sondern deterministisch. Es besteht dann ein Zusammenhang zwischen dem Auswahlkriterium und dem "Excess Return".

Eine der ersten Abhängigkeiten dieser Art wurde zwischen dem "Excess Return" und der Price/Earnings-Ratio einer Aktie festgestellt.[3] Weitere Untersuchungen zeigten eine signifikante Abhängigkeit zwischen Dividendenrendite und Aktienertrag[4] sowie zwischen der Grösse einer Unternehmung, gemessen an der Marktkapitalisierung, und den jeweiligen Erträgen.[5] Vor allem betreffend des letzteren, sog. Size Effektes, zeigen weitere Untersuchungen mit amerikanischen Daten, dass sich dieser Zusammenhang als ebenso stark herausstellt, wie der vom CAPM postulierte Zusammenhang zwischen systematischem Risiko und durchschnittlichem Ertrag.[6]

3) BASU(1977).

4) Vgl. LITZENBERGER/RAMASWAMY(1979).

5) Vgl. BANZ(1981).

6) Hierzu vgl. SCHWERT(1983) oder LAKONISHOK/SHAPIRO(1984).

2. Der Small Firm Effekt (Size Effekt)

Anfang der achtziger Jahre wurde, v.a. durch die Arbeiten von FAMA/MacBETH (1973), BANZ(1981), REINGANUM(1981) und LUSTIG/LEINBACH(1983), ein reges Interesse an der empirischen Ueberprüfbarkeit des Small Firm od. Size Effektes entfacht. Die Analysen beziehen sich auf Aktien, welche an der NYSE bzw. AMEX gehandelt werden. Die Methodologie, welche dabei meist zur empirischen Ueberprüfung des Size Effektes angewandt wird, vollzieht sich im wesentlichen in drei Schritten. In einem ersten Schritt wird, bezogen auf ein Basisjahr, eine Grundgesamtheit von Aktien (Firmen) nach ihrer Börsenkapitalisierung sortiert. Gemäss dieser Rangfolge werden die Aktien in mehreren Portfolios zusammengefasst.[7] In einem zweiten Schritt werden über eine gewisse Zeitspanne Ertrag und Risiko (Standardabweichung) der jeweiligen Portefeuilles berechnet (Performance-Analyse). Dabei werden periodisch Portfeuille-Umschichtungen vorgenommen, d.h. Aktien mit stark gestiegener (gefallener) Marktkapitalisierung werden in das nächst höhere (tiefere) Portefeuille umgeteilt.[8] In einem weiteren, dritten Schritt werden Return und Risiko der betreffenden Portefeuilles miteinander verglichen. Falls signifikante Unterschiede in den Portefeuilles nicht durch ein entsprechend unterschiedliches (systematisches) Risiko erklärt werden können, liegt positive Evidenz für einen Small Firm Effekt vor. Aus den Studien dieser Art mit schwergewichtig amerikanischer Provenienz geht hervor, dass sich die Erträge der Portefeuilles mit niedrig kapitalisierten Gesellschaften, auf risikoadjustierter Basis, signifikant positiv von den Erträgen hochkapitalisierter Firmen abheben. Obwohl dieser Effekt im Zeitablauf eine gewisse Saisonalität hervorbringt und sich somit nicht als völlig stabil erweist, sprechen die Ergebnisse gesamthaft für eine Size-Anomalie.

In Analogie zu den Ergebnissen, basierend auf amerikanischen Daten, kommen Untersuchungen betreffend den Märkten UK, Belgien und Finnland zu ähnlichen Resultaten. Folgende Tabelle fasst die wichtigsten Ergebnisse zusammen und zeigt sie in einem Quervergleich.

---

7) Die Anzahl der Portfolios hängt grundsätzlich von der Anzahl der Aktien in der Grundgesamtheit ab. Sinnvoll ist es, wenn die Portfolios im Minimum je dreissig Aktien enthalten. Es kann dann nämlich davon ausgegangen werden, dass so das titelspezifische Risiko wegdiversifiziert wird und die Portfolios lediglich noch eine systematische Risikokomponente enthalten.

8) Typische Gründe für starke Veränderungen in der Marktkapitalisierung eines Titels sind Uebernahmen und Fusionen sowie starke Veränderungen im jeweiligen Aktienkurs.

Tab. 4.1 Der Size Effekt: Empirische Evidenz im Ländervergleich[9]

Land[10]	USA	UK	Belgien	Finnland
Testperiode (Monatsreturns)	1926-1979	1958-1982	1971-1983	1970-1981
Marktwert des Portfolios mit der grössten Marktkapitalisierung dividiert durch den Marktwert des Portfolios mit der kleinsten Marktkapitalisierung	124 (1975)	182 (Durchschnitt)	188 (Durchschnitt)	113 (1970)
Durchschnittlicher Total Return des Portfolios mit den kleinsten Firmen, % annualisiert[11]	21.24	15.90	14.04	19.78
Durchschnittlicher Total Return des Portfolios mit den groessten Firmen, % annualisiert	11.16	11.15	7.80	10.64
Small Firm Prämie (klein-gross), % annualisiert	10.08	4.75	6.24	9.14
Beta des Portefeuilles mit den kleinsten Firmen:[12]				
- OLS	1.45	0.31	1.01	0.36
- DIMSON	1.60	0.64	NA	0.50
Beta des Portefeuilles mit den groessten Firmen:				
- OLS	0.96	1.01	0.98	1.00
- DIMSON	0.93	1.02	NA	0.95

Tabelle 4.1 zeigt einen Vergleich der empirischen Ergebnisse zur Beurteilung des Small Firm Effektes. Nebst den hochkapitalisierten Märkten USA und UK bieten die Nebenmärkte Belgien und Finnland einen interessanten Gegensatz.

9) Quelle: BANZ/HAWAWINI(1987)

10) Die Studie für die USA stammt von BANZ(1981), diejenige für UK von LEVIS(1985), diejenige für Belgien von HAWAWINI(1986) und diejenige für Finnland von BERGLUND/ WAHLROOS(1983).

11) Für die USA wurden 501 bis 1530 Aktien der NYSE nach ihrer Marktkapitalisierung sortiert und auf 5 Portfolios verteilt; für UK wurden aus 1500 bis 2400 Aktien 10 solche Portfolios konstruiert; für Belgien wurden aus 170 Aktien 5 Portfolios und für Finnland wurden aus 50 Aktien 10 Portfolios gebildet.

12) Zur Schätzung der Beta wurde nebst der OLS-Methode (ordinary least square estimation) zusätzlich das von DIMSON(1979) vorgeschlagene Schätzungsverfahren verwendet. Diese Mehtode drängt sich auf, da Aktien kleinerer Firmen in der Regel nicht täglich gehandelt werden. Dieses sog. "infrequent trading" kann nach der OLS-Methode zu einem "verzerrten" Beta-Schätzwert führen.

Die Testperioden umfassen Monatsreturns und erstrecken sich v.a. bzgl. den USA (54 Jahre) und UK (25 Jahre) über eine angemessene Zeitspanne.[13] Die nächste Zeile gibt Aufschluss über die Differenz in der Kapitalisierung des grössten bzw. kleinsten Portfolios. Das Portfolio mit den grössten amerikanischen Werten ist rund 124 mal grösser als das Portfolio mit den kleinstkapitalisierten Aktien. Für das Vereinigte Königreich ist das grösste Portfolio 182 Mal grösser als das kleinste und für Belgien und Finnland beträgt dieser Wert 188 bzw. 113.

Die annualisierte Small Firm Prämie, berechnet als Differenz zwischen dem Portefeuille-Ertrag des kleinsten Portfolios minus den Portefeuille-Ertrag des grössten Portfolios ist für die USA, mit 10.08 % deutlich am grössten, während sie für britische Aktien am niedrigsten ausfällt. Aus allen vier Untersuchungen resultiert jedoch eine klar positive Small Firm Prämie. Allerdings lassen sich diese, aufgrund der unterschiedlichen Perioden (und auch Periodenlängen), nicht direkt vergleichen.

Mit einem Blick auf das Risiko (Beta) der betreffenden Portfolios stellt sich die Frage, ob das (systematische) Risiko die Returndifferenzen und somit den Small Firm Effekt zu erklären vermag. Bezüglich UK und Finnland fällt der Beta-Wert der Small Firm Portfolios geringer aus, als derjenige der hochkapitalisierten Portfolios. Dies führt, auf risikoadjustierter Basis, sogar zu einer Verstärkung des Small Firm Effeketes. In Belgien sind beide Werte etwa gleich gross. Einzig in den USA weist das Portefeuille mit den niedrig kapitalisierten Firmen einen höheren Risikowert aus als das Portefeuille mit den grössten Firmen. Die Differenz in den Betas vermag die Small Firm Prämie (risikoadjustiert) zwar zu schmälern; diese bleibt jedoch klar positiv.[14]

Mit Blick auf die grossteils positive empirische Evidenz, welche hinsichtlich relativer Anomalien vorliegt, kann nicht zwingendermassen gefolgert werden, dass der Markt "ineffizient" ist. Da das angewandte Testverfahren sich auf das zugrungdeliegende Preisbildungsmodell sowie auf die EMH bezieht ("joint hypothesis"), können sich solche Anomalien einerseits aufgrund eines falsch spezifizierten Preisbildungsmodelles (CAPM bzw. Marktmodell) oder/und aufgrund einer Verletzung der EMH ergeben. Eine Falsifizierung der EMH per se ist somit nicht gegeben.[15]

---

13) Dies liegt daran, dass v.a. betreffend der USA mit den CRSP-Daten (Center for Research in Security Prices) eine der besten und ausführlichsten Datenbasen existiert. Für Randmärkte (so auch die Schweiz) muss diesbezüglich in mühsamer "Handarbeit" erst eine adäquate Datenbasis erarbeitet werden.

14) Ebenfalls positive Evidenz für die Existenz eines Small Firm Effektes finden sich bei BROWN/KLEIDON/MARSCH(1983) für den australischen Aktienmakrt, bei BERGES, McCONNEL/SCHLARBAUM(1984) für Kanada, und bei NAKAMURA/TARADA(1984) für Japan.

15) Bzgl. der Berücksichtigung dieses Aspektes vgl. u.a. BALL(1978).

Nebst der erwähnten Problemstellung, welche sich mit dem Test einer gemischten Hypothese (joint hypothesis) ergibt, lassen sich zwei wesentliche Kritikpunkte aufführen. Diese beziehen sich einerseits auf die fehlende Brücksichtigung der Transaktionskosten und andererseits auf das Problem einer korrekten Schätzung des Risikos (Beta).

2.1. Die Bedeutung der Transaktionskosten

Die Arbeiten von BANZ(1981) und REINGANUM(1981) vernachlässigen allfällige Transaktionskosten bei der Berechnung der Portefeuille-Returns. Zu diesem Punkt wird in einigen kritischen Essays zum Small Firm Effekt[16] darauf hingewiesen, dass gerade kleinere Firmen, aufgrund ihrer geringeren Liquidität und aufgrund eines zum Teil höheren titelspezifischen Risikos höhere Bid/Ask-Spreads aufweisen. Hinzu kommt, dass v.a.in Amerika, kleine Firmen sich durch ein tieferes Aktienkursniveau (Penny Stocks) auszeichnen, was den Bid/Ask-Spread, in Prozent vom jeweiligen Aktienkurs, noch höher ausfallen lässt.[17]

Diese erhöhten Transaktionskosten führen dann, insbesondere bei kurzem Investitionshorizont oder/und bei häufigen Umschichtungen, zu einem Verschwinden der Small Firm Prämie.[18] Es bietet sich hiermit einerseits die Konklusion an, dass beim Ein-Perioden CAPM mit den Transaktionskosten ein nicht unwesentlicher Parameter fehlt. Wobei dieser Kostenparameter, je länger die effektive Halteperiode gewählt wird, wiederum an Bedeutung verliert. Da effektive Transaktionskosten situativ stark varieren können und nur schlecht approximativ in ein Modell miteinbezogen werden können, scheint eine über Jahre anhaltende "buy-and-hold" Strategie mit einem Minimum an Umschichtungen die adäquateste Basis zu sein, um empirisch den Small Firm Effekt zu testen. Ansonsten ist man nicht gefeit, sog. "Scheinperformance" (spurious return) in quantitative Returnberechnungen miteinzubeziehen.

16) So u.a. bei JENSEN(1978), PHILLIPS/SMITH(1980), STOLL/WHALEY(1983) und SCHULTZ(1983).

17) Hierzu vgl. FOUSE(1989).

18) STOLL/WHILEY(1983) weisen darauf hin, dass bei einem Investitionshorizont von 1-3 Monaten die Small Firm Prämie signifikant negativ ist und bei einem Horizont von 3-12 Monaten nicht signifikant von Null abweicht.

2.2. Probleme bei der Schätzung des Risikos ("thin trading")

Der zweite wesentliche Kritikpunkt an der Existenz eines Small Firm Effektes[19] bezieht sich auf die Adäquatheit der quantitativen Analyse. ROLL(1981) zeigt, dass aufgrund der Tatsache, dass Titel kleiner Firmen seltener gehandelt werden als z.B. "Blue Chips", die Returnreihen solcher Aktien positiv autokorreliert sind. Diese positive Autokorrelation, welche insbesondere bei Tages- und Wochendaten beachtlich sein kann, führt zu einer systematischen Unterschätzung des Risikos, ungeachtet des Preisbildungsmodelles, welches dabei verwendet wird.

> *"Trading infrequency seems to be a powerful cause of bias in risk assessments with short-interval data. Rather horrendous bias is induced in daily data and the bias is still large and significant with returns measured over intervals as long as one month."*
>
> *[ROLL(1981) S.887.]*

Eine Korrektur des Risikofaktors in Richtung des effektiven Betawertes führt somit zu einer Verringerung der Small Firm Prämie auf risikoadjustierter Basis. Um das Problem des "infrequent trading" bei der Schätzung der Portefeuille-Betas zu berücksichtigen, wird oft die Methode von DIMSON(1979) angewandt. Dieses sog. AC-Schätzverfahren (aggregated coefficient) berücksichtigt die Autokorrelation bei der Schätzung von Beta.[20]

---

19) Dieser Kritikpunkt bezieht sich auch auf andere relative Anomalien wie die des P/E- und Dividend Yield Effektes. Vgl. hierzu insbesondere ROLL(1981), S.886f.

20) Gemäss der traditionellen OLS-Methode wird zur Schätzung des Betas folgende Regressionsgleichung zugrundegelegt:

$$R_{i,t} = \alpha_i + \beta_i R_{M,t} + \epsilon_{i,t}$$

R_i = Return des Titels od. Portfolios i
R_M = Return des Marktes (Marktportfolio bzw. Index)
β_i = Beta des Titels od. Portfolios i

Bei der AC-Methode von Dimson werden verzögerte und vorauseilende (lags und leads) der Marktreturns auf den jeweiligen Return des Titels od. Portfolios regressiert:

$$R_{i,t} = \alpha_i + \sum_{k=-n}^{n} \beta_{i,k} R_{M,t+k} + \epsilon_{i,t}$$

Das korrigierte Beta ergibt sich somit als $\beta = \sum_{k=-n}^{n} \beta_k$

"However, when infrequent trading is a serious problem, as might be the case for very small firms, the aggregated coefficient method seems to be the superior technique."

[REINGANUM(1982), S.28.]

Schätzungsvergleiche zeigen, dass für sehr niedrig kapitalisierte Titel die AC-Methode von DIMSON - im Vergleich zu Betaschätzungen nach dem OLS-Verfahren - bis zu doppelt so hohen Beta-Schätzwerten führen kann. Diese Korrekturen vermögen einige Resultate zu relativieren, reichen aber nicht vollends aus, um die v.a. für den amerikanischen Markt festgestellten, hohen Returnunterschiede zu erklären.

"Nonethless, even the highest point estimate for the beta of the small firm portfolio did not seem to account for its superior performance."

[REINGANUM(1982), S.35][21]

2.3. Empirische Untersuchung für die Schweiz

2.3.1. Testmethodologie und Vorgehen

In Anlehnung an die Test-Methodologie von BANZ(1981), HAWAWINI et al.(1982) u.a. wird die ausgewählte Grundgesamtheit von 111 in der Schweiz gehandelten Titel zuerst nach dem Kriterium der Marktkapitalisierung sortiert. Als Sortierungsschlüssel gilt die jeweilige Marktkapitalisierung im Dezember 1972. Danach werden nach absteigender Marktkapitalisierung 3 Portefeuilles gebildet. Das Portfolio 1 enthält die 37 Titel mit der höchsten Marktkapitalisierung und Portfolio 3 umfasst die 37 Titel mit der jeweils niedrigsten. In Portfolio 2 sind 37 Titel mit mittlerer Kapitalisierung zusammengefasst. Die Selektionierung bzw. das Sortierungsprozedere wird so gehandhabt, dass sich unterschiedliche Titelkategorien (PS, N, I) derselben Gesellschaft im gleichen Portfolio befinden. Es zählt somit die Gesamtkapitalisierung der Gesellschaft und nicht diejenige des einzelnen Titels.

21) Zu gleichem Schluss kommen auch BOOTH/SMITH(1985).

Ausgehend von dieser Anfangsselektion werden für das Jahr 1973 die monatlichen Portefeuille-Returns berechnet, wobei jeder Titel mit demselben Gewicht in die Returnberechnung eingeht (gleichgewichtete Portefeuilles).[22] Basierend auf dem Schlusskurs per Ende Jahr wird eine neue Rangordnung nach Marktkapitalisierung erstellt und es werden allfällige Portefeuille-Umschichtungen vorgenommen, welche dann für die Returnberechnungen des Folgejahres massgebend sind.[23] Dieses Prozedere wird über die Zeitperiode Dez.'72 bis Mai '91 durchgeführt.

Folgende Tabellen zeigen die Zusammensetzung der Portefeuilles am Anfang und am Ende der Untersuchungsperiode.

22) Eine alternative Methode z.B. wäre, dass man die einzelnen Titel im Portefeuille nach ihrer Marktkapitalisierung gewichten würde.

23) Es zeigte sich, dass im Durchschnitt jährlich nur etwa 2-5 Gesellschaften in das entsprechend höher bzw. tiefer kapitalisierte Portefeuille umgeschichtet werden mussten. Auch wurde über die Jahre 1973-1990 keine Gesellschaft von Portfeuille 1 in Portefeuille 3 oder umgekehrt umklassiert. Dies deutet auf stabile relative Kapitalisierungsstruktur des Schweizer Aktienmarktes hin.

Tab. 4.2 Zusammensetzung der Portefeuilles nach Marktkapitalisierung, Basis: Dezember 1973

Portfolio 1		Portfolio 2		Portfolio 3	
Marktkap. 44'017 Mio.		Marktkap. 4'165 Mio		Marktkap. 930 Mio.	
Rang	Name	Rang	Name	Rang	Name
1	ROCHE I	38	JELMOLI I	75	SPRECHER N
2	ROCHE GS	39	SCHINDLER N	76	SÜDELEKTRA I
3	NESTLE N	40	SCHINDLER I	77	SAEG I
3	NESTLE I	41	SCHINDLER PS	78	HERMES N
5	CIBA-GEIGY N	42	MOTOR-COLUMBUS I	79	HERMES I
6	CIBA-GEIGY I	43	AARE-TESSIN I	80	SIG N
7	CIBA GEIGY PS	44	GLOBUS N	81	SIG I
8	SBG I	45	GLOBUS I	82	HOLZSTOFF N
9	SBV I	46	GLOBUS PS	83	HOLZSTOFF I
10	CSH I	47	GEORG FISCHER N	84	LINDT+SPRÜNGLI N
11	SANDOZ N	48	GEORG FISCHER I	85	LINDT+SPRÜNGLI I
12	SANDOZ I	49	RIETER N	86	HALDENGUT N
13	SANDOZ PS	50	ZÜRCHER Z. I	87	HALDENGUT PS
14	ALUSUISSE N	51	ZÜRCHER Z. PS	88	LOSINGER I
15	ALUSUISSE I	52	PIRELLI I	89	EICHHOF N
16	RÜCK N	53	HERO I	90	EICHHOF I
17	RÜCK I	54	FELDSCHL. N	91	KONSUMVEREIN N
18	ELEKTROWATT I	55	FELDSCHL. PS	92	INTERSHOP I
19	ZÜRICH N	56	VON ROLL N	93	INTERDISCOUNT I
20	ZÜRICH I	57	MAAG N	94	INNOVATION I
21	VOLKSBANK N	58	MAAG PS	95	CHARMILLES I
22	SWISSAIR N	59	KW LAUFENBURG I	96	MOEVENPICK N
23	SWISSAIR I	60	EG LAUFENBURG I	97	MOEVENPICK I
24	WINTERTHUR N	61	CKW I	98	ATTISHOLZ I
25	WINTERTHUR I	62	BERNER N	99	SIKA I
26	HOLDERBANK N	63	SIBRA N	100	SOPRACENERINA I
27	HOLDERBANK I	64	SIBRA I	101	SCHLATTER I
28	SULZER N	65	BALOISE N	102	KUONI I
29	SULZER PS	66	HÜRLIMANN N	103	CREDIT FONCIER I
30	BBC N	67	GRAND PASSAGE I	104	ACCU-OERLIKON N
31	BBC I	68	HYPO WINTERTHUR I	105	ACCU-OERLIKON I
32	BBC PS	69	ASCOM N500	106	MERKUR N
33	BÜHRLE I	70	USEGO N	107	MERKUR I
34	LANDIS N	71	USEGO I	108	VILLARS I
35	LANDIS PS	72	NEUENBURGER N	109	MONTEFORNO I
36	GOTTHARD I	73	ITALO-SUISSE I	110	SWISS PETROL PS
37	BSI I	74	NATIONAL N	111	SIMPLON I

Obige Tabelle zeigt, welche Titel sich, sortiert nach der jeweiligen Marktkapitalisierung (Basis: Dez.'73), in den drei Portefeuilles befanden. Aufgrund der Börsenkapitalisierung der einzelnen Titel bzw. Gesellschaften ergibt sich für Portefeuille 1 eine Marktkapitalisierung von insgesamt 44 Mia. Schweizer Franken. Rund 10 mal kleiner ist Portefeuille 2 mit einer Marktkapitalisierung von 4,165 Mia. Das Portefeuille 3, welches die kleinstkapitalisierten Gesellschaften enthält, umfasst eine Marktkapitalisierung von 930 Mio.

Tab. 4.3 Zusammensetzung der Portefeuilles nach Marktkapitalisierung, Basis: Dezember 1990

Portfolio 1		Portfolio 2		Portfolio 3	
Marktkap. 43'199 Mio.		Marktkap. 4'577 Mio		Marktkap. 1'394 Mio.	
Rang 1973	Name	Rang 1973	Name	Rang 1973	Name
3	NESTLE N	52	PIRELLI I	**61**	**CKW I**
4	NESTLE I	**37**	**BSI I**	**63**	**SIBRA N**
8	SBG I	39	SCHINDLER N	**64**	**SIBRA I**
5	CIBA-GEIGY N	40	SCHINDLER I	80	SIG N
6	CIBA-GEIGY I	41	SCHINDLER PS	81	SIG I
7	CIBA GEIGY PS	38	JELMOLI I	91	KONSUMVEREIN N
1	ROCHE I	**36**	**GOTTHARD I**	**72**	**NEUENBURGER N**
2	ROCHE GS	43	AARE-TESSIN I	**66**	**HÜRLIMANN N**
11	SANDOZ N	44	GLOBUS N	**70**	**USEGO N**
12	SANDOZ I	45	GLOBUS I	**71**	**USEGO I**
13	SANDOZ PS	46	GLOBUS PS	75	SPRECHER N
9	SBV I	53	HERO I	**67**	**GRAND PASSAGE I**
10	CSH I	49	RIETER N	86	HALDENGUT N
19	ZÜRICH N	62	BERNER N	87	HALDENGUT PS
20	ZÜRICH I	**93**	**INTERDISCOUNT I**	76	SÜDELEKTRA I
24	WINTERTHUR N	47	GEORG FISCHER N	**73**	**ITALO-SUISSE I**
25	WINTERTHUR I	48	GEORG FISCHER I	**57**	**MAAG N**
6	RÜCK N	**106**	**MERKUR N**	**58**	**MAAG PS**
7	RÜCK I	**107**	**MERKUR I**	94	INNOVATION I
30	BBC N	**84**	**LINDT+SPRÜNGLI N**	89	EICHHOF N
31	BBC I	**85**	**LINDT+SPRÜNGLI I**	90	EICHHOF I
32	BBC PS	54	FELDSCHL. N	95	CHARMILLES I
21	VOLKSBANK N	55	FELDSCHL. PS	98	ATTISHOLZ I
18	ELEKTROWATT I	43	MOTOR-COLUMBUS I	**68**	**HYPO WINTERTHUR I**
26	HOLDERBANK N	56	VON ROLL N	77	SAEG N
27	HOLDERBANK I	**96**	**MÖVENPICK N**	88	LOSINGER I
22	SWISSAIR N	**97**	**MÖVENPICK I**	78	HERMES N
23	SWISSAIR I	**99**	**SIKA I**	79	HERMES I
14	ALUSUISSE N	**92**	**INTERSHOP I**	104	ACCU-OERLIKON N
15	ALUSUISSE I	74	NATIONAL N	105	ACCU-OERLIKON I
65	**BALOISE N**	59	KW LAUFENBURG I	101	SCHLATTER I
33	BÜHRLE I	**102**	**KUONI I**	100	SOPRACENERINA I
34	LANDIS N	**82**	**HOLZSTOFF N**	103	CREDIT FONCIER I
35	LANDIS PS	**83**	**HOLZSTOFF I**	108	VILLARS I
69	**ASCOM N500**	60	EG LAUFENBURG I	109	MONTEFORNO N
28	SULZER N	50	ZÜRCHER Z. I	110	SWISS PETROL PS
29	SULZER PS	51	ZÜRCHER Z. PS	111	SIMPLON I
ALT:	35	ALT:	23	ALT:	25
NEU AUS P2:	2	NEU AUS P1:	2	NEU AUS P2:	12
NEU AUS P3:	0	NEU AUS P3:	12	NEU AUS P1:	0

Obige Tabelle zeigt die Zusammensetzung der Portefeuilles am Ende der Untersuchungsperiode, wobei die Auflistung nach absteigender Marktkapitalisierung geordnet ist. Die Numerierung (Rang 1973) entspricht der Rangierung am Anfang der Untersuchungsperiode. Um sich betreffend der Stabilität der Kapitalisierungsstruktur ein Bild zu machen (Häufigkeit der Umschichtungen) sind Titel, welche sich am Ende der Untersuchungsperiode in einem höher oder tiefer kapitalisierten Portefeuille befanden, mit Fettdruck hervorgehoben.

Portefeuille 1 zeigt sich dabei recht stabil. 35 von 37 Titeln befanden sich nach 17 Jahren noch in demselben Portefeuille. Das mittel- und tiefkapitalisierte Portefeuille (Portefeuille 2 und 3) wiesen grössere Aenderungen auf. Nur 23 bzw. 25 Titel verblieben bezüglich ihrer relativen Marktkapitalisierung im jeweiligen Ursprungs-Portefeuille. Bemerkenswert ist ebenfalls, dass sich bei der Rangierung der kleinsten Firmen (ähnlich wie in Portefeuille 1) kaum etwas geändert hat. Folgende Tabelle verdeutlicht die Dynamik der Umschichtung. Es sind jene Firmen aufgeführt, welche sich bezüglich ihrer relativen Marktkapitalisierung am stärksten verändert haben.

Tab. 4.4 Veränderungen in der relativen Marktkapitalisierung, Dez. '73 bis Dez. '90

Aufsteiger					Absteiger				
Rang 1973	Rang 1990	Rang Diff.	Name	Portf Nr.	Rang 1973	Rang 1990	Rang Diff.	Name	Portf Nr.
106	55	51	MERKUR N	3	58	93	35	MAAG PS	2
107	56	51	MERKUR I	3	57	92	35	MAAG N	2
92	52	40	INTERDISCOUNT I	3	69	98	29	HYPO WINTERTH. I	2
65	31	34	BALOISE N	2	51	75	24	ZÜRCHER Z. I	2
99	65	34	SIKA I	3	50	74	24	ZÜRCHER Z. PS	2
68	35	33	ASCOM N500	2	76	99	23	SAEG I	3
96	63	33	MÖVENPICK N	3	79	102	23	HERMES N	3
97	64	33	MÖVENPICK I	3	78	101	23	HERMES I	3
100	68	32	KUONI I	3	42	61	19	MOTOR-COLUMB. I	2
86	57	29	LINDT+SPRÜNGLI N	3	67	86	19	GRAND PASSAGE I	2
87	58	29	LINDT+SPRÜNGLI I	3	72	90	18	ITALO-SUISSE I	2
93	66	27	INTERSHOP I	3	66	82	16	HÜRLIMANN N	2
52	38	14	PIRELLI I	2	15	30	15	ALUSUISSE N	1
82	70	12	HOLZSTOFF N	3	14	29	15	ALUSUISSE I	1
83	71	12	HOLZSTOFF I	3	71	84	13	USEGO N	2
62	51	11	BERNER N	2	70	83	13	USEGO I	2
91	80	11	KONSUMVEREIN N	3	64	77	13	SIBRA N	2
30	20	10	BBC N	1	63	76	13	SIBRA I	2
31	21	10	BBC I	1	59	72	13	EG LAUFENBURG I	2
32	22	10	BBC PS	1	77	89	12	SÜDELEKTRA I	3

2.3.2. Statistische Eigenschaften der Portefeuillereturns

Ausgehend von den Returnreihen der drei Portefeuilles sind für die Untersuchungsperiode (1973.01 - 1991.05) die statistischen Eigenschaften in Tabelle 4.5zusammengefasst. Als Vergleich finden sich auch die Ergebnisse für einen gleichgewichteten (Index GG) und einen marktkapitalisierungsgewichteten Index (Index MG). Nebst den ersten beiden Momenten der Verteilung (Mittelwert und Varianz bzw. Standardabweichung) sind auch noch die höheren Momente (Schiefe und Kurtosis) und einige ausgewählte Quantils-Werte der Returnverteilungen tabelliert.

Tab. 4.5 Statistische Eigenschaften der Portefeuille-returns: Gegliedert nach Marktkapitalisierung

	Portfolio 1	Portfolio 2	Portfolio 3	Index (GG)	Index (MG)
Durchschnittliche Kapitalisierung in Mio.	43'610	4'370	1'160	49'140	148'200
Anz. Beob. (N)	209	209	209	209	209
Mittelwert (10^2)	0.433	0.405	0.522	0.456	0.411
Standardabw. (10^2)	4.831	4.191	4.342	4.099	4.744
Varianz (10^2)	0.233	0.176	0.189	0.168	0.225
Schiefe	-1.060	-2.157	-1.265	-1.981	-1.021
Kurtosis	6.190	14.950	7.167	11.838	5.924
Quantile: (10^2)					
Max. (100%)	17.256	9.913	11.995	11.974	16.890
Q3 (75%)	3.188	2.596	3.003	2.536	2.822
Median (50%)	0.549	0.744	0.780	0.806	0.704
Q1 (25%)	-2.045	-1.566	-1.657	-1.090	-1.849
Minimum (0%)	-27.318	-31.121	-26.623	-28.409	-26.30

Risiko und Ertragseigenschaften

Die Ergebnisse bringen hervor, dass das dritte Portefeuille mit einem Mittelwert von $0.522*10^2$ den höchsten monatlichen Durchschnittsertrag abwirft, während das Portefeuille 2 mit den mittleren Gesellschaften mit $0.405*10^2$ im Schnitt den geringsten Monatsertrag aufweist. Auf annualisierter Basis entsprechen diese Zahlen einer Jahresperformance von 6.3 % bzw. 4.9 %.[24] Was das Portefeuille-Risiko und somit die Standardabweichung betrifft, so weist das Portefeuille 1 mit $4.831*10^2$ einen klar höheren Wert aus als die beiden anderen Portefeuilles. Der Wert von $4.099*10^2$ des gleichgewichteten Indexes (alle Titel der drei Portefeuilles finden sich hier mit derselben Gewichtung) liegt unter den individuellen Portefeuille-Werten. Dies zeigt, dass sich das Risiko auf aggregierter Basis noch senken lässt (Diversifikations Effekt).

Der Risiko-Wert des marktgewichteten Indexes, welcher deutlich höher liegt als derjenige des gleichgewichteten Indexes, gibt einen Hinweis darauf, dass die hochkapitalisierten Gesellschaften (hohe Gewichtung im Index) untereinander stärker korrelieren als z.B. ein hochkapitalisierter Titel mit einem tiefkapitalisierten. Aus diesem Grund dürfte der Diversifikationseffekt beim marktkapitalisierten Index nicht voll ausgeschöpft werden.

---

24) Der annualisierte Jahresreturn errechnet sich als $(1+r_m)^{12} = (1+r_{ann.})$.

Verteilungseigenschaften (höhere Momente):

Bezüglich der höheren Momente wie Schiefe und Kurtosis zeigen die geschätzten Parameter folgende Eigenschaften: Alle Portefeuilles und Indizes weisen ein negatives Schiefemass aus. Mit anderen Worten, die Returnverteilungen sind leicht rechtsschief (d.h. es wurden mehr "stark negative" Returns realisiert als "stark positive") und sind somit nicht symmetrisch, wie dies die Hypothese log-normalverteilter Aktienreturns vorsieht. Auch die Kurtosis (Steilheit der Verteilungskurve) weist im Vergleich zur Normalverteilung (Kurtosis = 3) höhere Werte auf. Gesamthaft zeigt sich somit das Bild leptokurtisch, rechtsschiefer Returnverteilungen. Ein Bild, welches sich auch in den Ergebnissen in ZIMMERMANN(1986) manifestiert.[25] Die extremsten, von der Normalverteilung abweichenden Kennzahlen zeigt das Portefeuille mit den mittleren Firmen.

Um für obige Portefeuilles auf risikoadjustierter Basis einen allfällig signifikanten Returnunterschied zu quantifizieren, muss in einem letzten Schritt das systematische Risiko in Form des Beta-Koeffizienten für die drei Portefeuilles bestimmt werden. Die OLS-Variante der zu schätzenden Regressionsgleichung ist gegeben durch:

(4.1) $$R_{p,t} = \alpha_p + \beta_p R_{M,t} + \epsilon_{p,t}$$

R_p = Return des Portfolios p
R_M = Return des Marktes (marktgewichteter Index)
β_p = Beta des Portfolios p
ϵ_p = unabhängig und identisch verteilte Störvariable

Nebst der üblichen OLS-Methode wird für das häufig bei kleinkapitalisierten Titeln beobachtete "thin trading" alternativ die von DIMSON vorgeschlagene AC-Methode (aggregated coefficient) geschätzt. Die dabei verwendete Schätzgleichung ist gegeben durch:

(4.2) $$R_{p,t} = \alpha_p + \sum_{k=-n}^{n} \beta_{p,k} R_{M,t+k} + \epsilon_{p,t}$$

25) Vgl. ZIMMERMANN(1986), S.148ff.

Das DIMSON-Beta ergibt sich dann als $\beta_p = \sum_{k=-n}^{n} \beta_k$,

wobei die Gleichung im vorliegenden Fall mit zwei "leading" und vier "lagging" Variablen geschätzt wird (k = -4, -3, ..., 2).

Analog zu Tabelle 4.1 ergeben sich bezüglich des Size Effektes für die Schweiz folgende Ergebnisse:

Tab. 4.6 Der Size Effekt: Empirische Evidenz für die Schweiz

Size Effekt	**Schweiz**
Testperiode (Monatsreturns)	1973.12 - 1991.05
Marktwert des Portfolios mit der grössten Marktkapitalisierung dividiert durch das Portfolio mit der kleinsten Marktkapitalisierung Durchschnitt ueber die Testperiode	43.2
Portefeuille mit kleinster Marktkapitalisierung:	
Durchschnittlicher Total Return, % annualisiert	6.44
Standardabweichung, annualisiert	15.04
Beta:	
- OLS	0.639
- DIMSON	1.039
Portefeuille mit grösster Marktkapitalisierung:	
Durchschnittlicher Total Return, % annualisiert	5.32
Standardabweichung, annualisiert	16.73
Beta:	
- OLS	0.981
- DIMSON	0.916
Small Firm Prämie (klein-gross), % annualisiert:	
- absolut	1.12
- risikoadjustiert (OLS-Beta)	4.65
- risikoadjustiert (DIMSON-Beta)	0.39
Gesamtmarkt (marktgewichteter Index):	
Durchschnittlicher Total Return, % annualisiert	5.04
Standardabweichung, annualisiert	16.43

Die in Tabelle 4.6 zusammengefassten Ergebnisse zeigen - über die gesamte Untersuchungsperiode betrachtet - hinsichtlich eines Small Firm Effektes für die Schweiz gemischte empirische Evidenz. Die absolute Small Firm Prämie, berechnet als Differenz zwischen den Returns der Portefeuilles mit geringer bzw. hoher Marktkapitalisierung, fällt auf annualisierter Basis mit 1.12 % mager aus. Allein die geringere Liquidität, und somit der in der Regel etwas höhere Bid-Ask Spread kleinerer Titel dürfte ausreichen um diese Returndifferenz zu erklären.

Auf risikoadjustierter Basis zeigt sich ein ambivalentes Bild. Eine Adjustierung mit dem Standard-Beta (OLS) führt zu einer Erhöhung der Small Firm Prämie auf 4.65 %, während eine Berücksichtigung des DIMSON-Betas bei der Risikoadjustierung die Small Firm Prämie auf nunmehr gerade 0.39 % sinken lässt.[26] Ein Blick auf die beiden Beta-Varianten zeigt, dass das Dimson-Beta v.a. beim Portefeuille mit tiefer Kapitalisierung wesentlich von der OLS-Variante abweicht. Demgegenüber ist der Unterschied der beiden Betas beim hochkapitalisierten Portefeuille eher gering. In Kenntnis, dass Nebenwerte und insbesondere ganz kleine Titel in der Schweiz nur sehr unregelmässig gehandelt werden und in der Regel sehr kleine Handelsvolumina aufweisen, kann davon ausgegangen werden, dass das OLS-Beta "unterschätzt" wird und nicht dem "wahren" Beta kleiner Firmen entspricht. Unter diesem Aspekt kann für die gesamte Untersuchungsperiode - im Gegensatz zu den in Tab. 4.1 dargestellten Ergebnisse internationaler Provenienz - für die Schweiz keine siginifikante Small Firm Prämie nachgewiesen werden.[27] Diese Interpretation der Ergebnisse bezieht sich auf die Gesamtperiode der letzten 17 Jahre.

2.3.3. Der Size Effekt - ein zyklisches Phänomen

Obwohl kleine Firmen im Durchschnitt über die Jahre 1974-1990 im wesentlichen nicht besser performten als grosse, können Subperioden existieren, in welchen positive und negative Small Firm Prämien aufgetreten sind. Die Frage ist insofern die, ob das vorliegende Nichtvorhandensein des Small Firm Effektes stationär ist oder nicht. Eine Frage, welche sich in der empirischen Literatur - allerdings in positiver Formulierung - wiederfindet.

26) Dieser Umstand deutet auf die Problematik der Messfehler hin, welcher in der empirischen Literatur als ein möglicher Erklärungsansatz für preisanomale Effekte aufgeführt wird. Vgl. DIMSON(1979) und COHEN et al. (1983).

27) Betreffend der Untersuchung des Small Firm Effektes für Belgien (HAWAWINI(1986)) ist fraglich, ob die festgestellte Prämie von 6.24 % bei Berücksichtigung des DIMSON-Beta nicht deutlich kleiner ausfällt. Für die Untersuchung betreffend des finnischen Aktienmarktes (BERGLUND/WAHLROOS(1983)) ist die Aufteilung von 50 Aktien in 10 Portfolios fraglich. Ferner scheinen mir die Untersuchungsperioden etwas kurz gewählt.

"One obvious question at this point is whether the size effect is a stationary phenomenon."

[BANZ/HAWAWINI(1987), S.11]

Tatsächlich variiert die Small Firm Prämie schweizerischer Aktien bei näherer Betrachtung zwischen -23.9% im Jahr 1975 bis zu 27.1% im Jahr 1986. Folgende Tabelle zeigt die Portefeuille-Returns und die daraus berechnete Small Firm Prämie im Jahresvergleich. Als zusätzliche Reihen finden sich ebenfalls die Index-Returns des gleich- bzw. marktgewichteten Indexes.

Tab. 4.7 Portfolioreturns und Small Firm Prämie im Jahresvergleich[28]

Jahr	Portfolio 1 % p.a.	Portfolio 2 % p.a.	Portfolio 3 % p.a.	Index (GG) % p.a.	Index (MG) % p.a.	Small Firm Prämie % p.a.
1974	-37.71	-45.15	-51.52	-44.64	-44.51	-13.80
1975	34.38	9.94	10.49	19.53	24.32	-23.88
1976	3.29	3.97	5.54	4.14	14.02	2.25
1977	5.50	13.90	20.37	12.51	11.73	14.87
1978	-1.93	7.61	10.84	5.12	2.24	12.76
1979	7.34	16.23	13.44	12.20	7.20	6.10
1980	5.69	8.06	2.07	5.28	4.60	-3.62
1981	-13.70	-7.21	-24.51	-14.78	-19.65	-10.81
1982	9.80	8.73	-2.46	5.95	7.77	-12.27
1983	21.82	20.62	16.28	19.90	22.34	-5.55
1984	0.87	2.95	13.62	5.11	1.23	12.75
1985	43.22	43.19	45.76	43.93	45.53	2.54
1986	8.66	22.97	35.74	22.26	10.06	27.08
1987	-26.45	-22.38	-5.91	-17.78	-29.29	20.54
1988	12.74	17.83	27.79	20.32	23.06	15.05
1989	21.11	-2.48	5.33	7.17	16.65	-15.77
1990	-23.60	-18.47	-16.81	-19.30	-28.87	6.79
Mean	4.18	4.72	6.24	5.11	4.03	2.06
STD	20.30	19.52	22.23	19.64	22.14	13.87

Die festgestellten starken Schwankungen der Small Firm Prämie über die einzelnen Jahre steht in Einklang mit Ergebnissen, welche für den amerikanischen, englischen, belgischen und finnischen Aktienmarkt vorliegen.

28) Die Portefeuille- bzw. Index-Returns wurden anhand der Jahresschlusskurse der entsprechenden Portefeuilles bzw. Indizes berechnet. Die Small Firm Prämie berechnet sich als Differenz zwischen den Jahresreturns der Portefeuilles 1 und 3.

The evidence suggests that there is little stationarity. There are periods of time over which large firms, on average, outperform small firms. Also the magnitude of the size premium is not constant.

[BANZ/HAWAWINI(1987), S.11]

Nebst der eigentlichen Volatilität der Small Firm Prämie lässt eine genauere Betrachtung der Zeitreihe auf eine Periodizität in der absoluten Ausprägung der Prämien schliessen.[29] Mit wenigen Ausnahmen werden positive Prämien von positiven und negative Prämien von negativen gefolgt. Jeweils nach einer Periode von 4 Jahren stellt sich ein Vorzeichenwechsel ein. Diese Regelmässigkeit zeigt sich unabhängig von der jeweiligen Bewegung des Aktienmarktes, d.h. es finden sich sowohl negative wie positive Small Firm Prämien, ungeachtet dessen, ob der Aktienmarkt positive oder negative Jahresreturns hervorbringt. Folgende Abbildung veranschaulicht diese Zyklen der Small Firm Prämie graphisch.

Abb. 4.1 Die Small Firm Prämie im Periodenvergleich

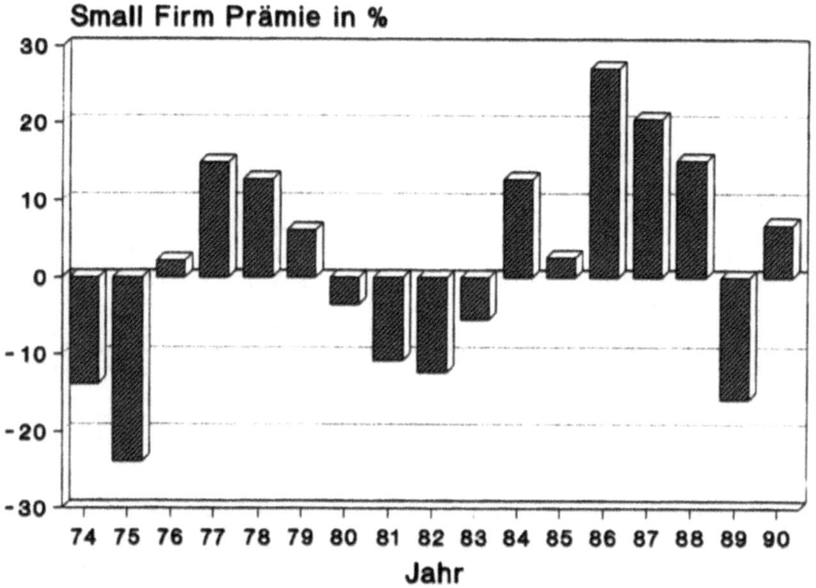

29) Eine Betrachtungsweise, welche lange Zeit in der empirischen Literatur nur wenig Beachtung fand. Ansätze sind zu finden bei LUSTIG/LEINBACH(1983) und REINGANUM(1983a). Wobei erst REINGANUM(1992) für den amerikanischen Aktienmarkt auf eine klare Zyklizität des Size Effektes hinweist.

Ein ähnliches Muster im langfristigen Verhalten der Small Firm Prämie zeigt sich auch für den amerikanischen Aktienmarkt.

> *"The evidence suggests that relative performance of small- versus large-cap stocks can be predicted at longer-run investment horizons, such as five years. The size effect exhibits a tendency to reverse itself. That is, periods when the size effect is negative tend to be followed by periods when the size effect is positive."*
>
> *[REINGANUM(1992), S.60]*

REINGANUM(1992) unterteilt die Periode 1926-1981 in überlappende 5-Jahresperioden ein und stellt fest, dass, bis auf wenige Ausnahmen, auf eine 5-Jahresperiode mit negativer Size-Prämie eine 5-Jahresperiode mit positiver Size-Prämie folgt. Ein ähnliches Bild, allerdings mit überlappenden 4-Jahresperioden, zeigen die Schweizer Prämien für die Jahre 1973-1990.

Tab. 4.8 Die Small Firm Prämie im Periodenvergleich

Positive Small Firm Prämie			Negative Small Firm Prämie		
Periode	Return % kumuliert	Return % annualisiert	Nächste Periode	Return % kumuliert	Return % annualisiert
			1974-1977	-22.94	-6.31
1975-1978	0.82	0.02	1979-1982	-19.99	-5.42
1976-1979	40.52	8.88	1980-1983	-28.77	-8.13
1977-1980	32.46	7.29	1981-1984	-16.66	-4.45
1978-1981	2.84	0.70	1982-1985	-4.20	-1.07
1983-1986	38.78	8.54	1988-1991	-	
1984-1987	77.10	15.36			
1985-1988	80.71	15.94			
1986-1989	48.44	10.38			
1987-1990	24.74	5.68			

Im Vergleich zu den Ergebnissen für Amerika fallen in Perioden mit positiver Small Firm Prämie die Schweizer Prämien eher bescheiden aus. Auch sind in Amerika die positiven Prämien mehr als 10 mal höher als die negativen.[30] So ist es auch nicht erstaunlich, dass saldenmechanisch in Amerika, über einen längeren Zeitraum betrachtet, ein gesamthaft gesehen positiver Size Effekt überwiegt. Anders in der Schweiz, wo sich die Amplituden negativer wie positiver Prämien die Waagschale halten, und sich so über die Zeit aufheben.

Was den Small Firm Zyklus betrifft, so zeigen sich klare Überlappungen zwischen dem schweizerischen und dem amerikanischen.[31]

Die Periodizität, mit welcher sich die Small Firm Prämie über die Jahre - mal negativ, mal positiv - zeigt, macht die Wahl der Länge der Untersuchungsperiode - v.a. betreffend schweizerischer Daten - zum entscheidenden Faktor, ob eine Small Firm Prämie nachgewiesen werden kann oder nicht. Würde man z.B. für die Schweiz nur Daten zurück bis 1984 berücksichtigen, so würde sich ein deutlicher Small Firm Effekt manifestieren.[32]

Auch der in dieser Arbeit gewählte Zeithorizont lässt einige Fragen offen. So z.B. die Jahre 72/73, welche aufgrund des rein deskriptiv hergeleiteten Periodizitäten-Musters negative Small Firm Prämien hervorbringen müssten. Oder die Frage, ob sich über einen längeren Zeitraum betrachtet die negativen bzw. positiven Prämien auf Null saldieren oder ob ein positiver bzw. negativer Netto-Effekt langfristig erhalten bleibt.

---

30) In Perioden mit positivem Size Effekt liegen die annualisierten, amerikanischen Small Firm Prämien in der Grössenordnung von 100 %, währenddem in Perioden negativer Ausprägung die Prämien im Schnitt annualisiert bei 6 % liegen.

31) Z.B. über die zweite Hälfte der 80-iger Jahre konnte für den amerikanischen Aktienmarkt - im Gegensatz zum Schweizer Markt - kein Small Size Effekt festgestellt werden.

"..from November 1985 through October 1990, the S&P 500 increased in value by 77.46%, while the DFA Small Company Fund rose by only 1.15%. [REINGANUM(1992), S.55]

32) Ein gutes Beispiel dafür liefert TANNER(1992). Hier wird für die Periode 1985-1991 mit Wochendaten ein um den Faktor der Marktkapitalisierung erweitertes CAPM geschätzt. V.a. für geschätzte Subperioden, welche die Jahre 89,90 und 91 enthalten, kann der Small Firm Effekt nicht mehr eindeutig nachgewiesen werden.

3. Der Price/Earnings Effekt (P/E-Effekt)

Ähnlich wie bei der Problemstellung des Size Effektes geht es beim P/E-Effekt darum, ob Firmen mit einer tiefen P/E-Ratio sich im Vergleich zum Gesamtmarkt oder im Vergleich zu einem Portefeuille mit hoher P/E-Ratio durch systematisch höhere, risikoadjustierte Returns auszeichnen. Wäre dies der Fall, so ist nicht alleine das Risiko, wie es das CAPM vorsieht, der bestimmende Faktor für den Preisbildungsmechanismus, sondern die P/E-Ratio. Wiederum würde eine wesentliche Variable im CAPM fehlen.

Nebst der generellen Fragestellung hinsichtlich der Existenz eines P/E-Effektes geht es ferner um die Beurteilung, ob ein allfälliger Zusammenhang zwischen P/E-Effekt und Size Effekt vorliegt und um die Frage, welcher der beiden Effekte den anderen dominiert.

Die Pionierarbeit auf diesem Gebiet stammt von BASU(1975,1977 und 1983), wobei BASU den P/E-Effekt in reziproker Form (E/P) testet. Die Untersuchung wurde für den amerikanischen Aktienmarkt für die Perioden 1958-1971 bzw. 1963-1980 gemacht. BASU teilt in seinem ersten Papier die an der NYSE gahandelten Aktien - sortiert nach der Höhe der E/P-Ratios - in 5 unterschiedliche Portfolios ein, wobei Aktien mit negativen Earnings separat abgelegt werden. Die empirischen Ergebnisse zeigen im wesentlichen, dass sich Portfolios mit relativ hohen E/P-Ratios risikoadjustiert durch abnorme Erträge auszeichnen. Die festgestellte Overperformance stellte sich im Laufe der 14 Monate nach Bekanntgabe der Earnings ein, wobei sich die grössten Erträge nicht unmittelbar nach der Earningsankündigung, sondern erst im Verlauf der Zeit ergaben. Demgegenüber wiesen die Portfolios mit relativ tiefer E/P-Ratios negative Überschussrenditen aus.

Weitere Untersuchungen für die USA und UK bringen gemischte empirische Evidenz ans Licht. Unterschiedliche Resultate treten v.a. bezüglich der Interrelation zwischen Small Firm und P/E-Effekt auf.[33]

33) Beispiele für eine gemischte Untersuchung von P/E- und Size Effekt liefern REINGANUM(1981), BASU(1983), COOK/ROZEFF(1984), BANZ/BREEN(1986) und KEIM(1988). Für eine Studie betreffend den englischen Aktienmarkt vgl. LEVIS(1988). Einzig BANZ/BREEN finden, losgelöst vom Size Effekt, keinen signifikanten P/E-Effekt. Bezüglich Interrelation mehrerer Effekte wird in einem späteren Abschnitt dieses Kapitels darauf eingegangen.

3.1. Empirische Untersuchung für die Schweiz

3.1.1. Testmethodologie und Vorgehen

Die empirische Testbarkeit des P/E-Effektes birgt ein Problem, was die historischen Datenreihen betrifft. Während der Aktienkurs einer Firma per Ende Jahr feststeht, werden die Earnings in der Regel erst Monate später der Oeffentlichkeit zugänglich gemacht. Somit basiert die im März/April (Earningsbekanntgabe) berechnete P/E-Ratio auf den Aktienpreisen per Ende Jahr. Die so berechnete ex post P/E-Ratio kann zu Verzerrungen führen, insbesondere wenn die Earnings bis zur Zeit der Bekanntgabe falsch eingeschätzt werden.[34] Da solche Verzerrungen für Returnberechnungen breit diversifizierter Portefeuilles kaum praxisrelevant sind, wird auf eine Korrektur nach BANZ/ BREEN(1986) verzichtet.[35] Somit wird die P/E-Ratio für folgende Untersuchung berechnet: Als Preis der Aktie per Ende Jahr, dividiert durch den Unternehmensertrag je ausstehende Aktie.[36] Die auf diese Weise, ex post berechnete, effektive P/E-Ratio, dient somit als Proxy für die Ende Jahr geschätzte P/E-Ratio.

Für die Tests gilt wiederum der gleiche Datensatz, welcher bei der Untersuchung des Size Effektes verwendet wurde. Drei Portfolios a je 37 Titel werden nach absteigender P/E-Ratio gebildet. Portefeuille 1 enthält die Titel mit den vergleichsweise höchsten P/E-Ratios, Portefeuille 3 jene mit den kleinsten P/E-Ratios. Titel, für welche anfangs der Untersuchungsperiode noch keine "earnings per share" verfügbar waren, wurden erst ab dem Zeitpunkt in die Portefeuilles eingegliedert, ab welchem die entsprechenden Daten zur Verfügung standen. Jedem Titel kommt in den Portefeuilles dieselbe Gewichtung zu. Für die Berechnung der Portefeuille-Returns werden Ende Jahr, nach Rangfolge der P/E-Ratios der einzelnen Titel, die drei Portefeuilles neu gebildet. Dieses Prozedere wird für den Zeitraum Dezember '73 bis Mai

34) BANZ/BREEN(1986) weisen auf diesen sog. "look-ahead bias" hin und empfehlen, die Kurse per Ende März und die Earnings per Ende Dezember bei der Berechnung der P/E-Ratios zu berücksichtigen.

35) BALL(1978) hat schon früh darauf hingewiesen, dass die ex post unverzögerte P/E-Berechnung empirisch nur marginale Verzerrungen hervorbringt, welche nicht ausreichen, um eine P/E-Prämie von mehreren Prozenten p.a. zu erklären.

36) Eine Berechnung, welche in inverser Form (E/P) von REINGANUM(1981), BASU(1983) und COOK/ROZEFF(1984) verwendet wird.

'91 durchgeführt. In den nächsten beiden Tabellen findet sich die Portefeuillezusammensetzung am Anfang und am Ende der Untersuchungsperiode.

Tab. 4.9 Zusammensetzung der Portefeuilles nach P/E-Ratios, Basis: Dezember 1973

Portfolio 1		Portfolio 2		Portfolio 3	
Durchschn. P/E: 49		Durchschn. P/E: 16		Durchschn. P/E: 8	
Rang	Name	Rang	Name	Rang	Name
1	HALDENGUT N	35	SIG N	68	HOLDERBANK N
2	HALDENGUT PS	36	KONSUMVEREIN N	69	CIBA PS
3	FELDSCHL. N	37	BERNER N	70	INTERSHOP I
3	MERKUR N	38	ACCU-OERLIKON I	71	JELMOLI I
5	SIBRA I	39	AARE TESSIN	72	MAAG PS
6	HÜRLIMANN N	40	ACCU-OERLIKON N	73	LANDIS PS
7	HERMES I	41	MOEVENPICK I	74	CREDIT FONCIER I
8	HERMES N	42	HYPO WINTH. I	75	LOSINGER I
9	SIBRA N	43	VOLKSBANK N	76	RIETER N
10	EICHHOF I	44	PIRELLI I	77	NESTLE I
11	FELDSCHL. PS	45	SOPRACENERINA I	78	LANDIS N
12	ZÜRCHER Z. I	46	LINDT+SPRÜNGLI I	79	WINTERTHUR I
13	MERKUR I	47	HERO I	80	SPRECHER N
14	EICHHOF N	48	GLOBUS I	81	SCHINDLER N
15	VILLARS I	49	CIBA I	82	SCHINDLER I
16	EG LAUFENBURG I	50	GLOBUS N	83	CIBA N
17	ASCOM N500	51	ITALO-SUISSE I	84	SANDOZ N
18	ATTISHOLZ I	52	SBG I	85	SÜDELEKTRA I
19	KUONI I	53	SANDOZ I	86	NEUENBURGER N
20	BSI I	54	RÜCK N	87	CHARMILLES I
21	GRAND PASSAGE I	55	GLOBUS PS	88	ZÜRICH I
22	ZÜRCHER Z. PS	56	ROCHE I	89	SCHLATTER I
23	MOTOR-COLUMBUS I	57	LINDT+SPRÜNGLI N	90	SIKA I
24	KW LAUFENBURG I	58	ROCHE GS	91	WINTERTHUR N
25	MOEVENPICK N	59	NATIONAL N	92	NESTLE N
26	GOTTHARD BANK I	60	ELEKTROWATT I	93	ZÜRICH N
27	RÜCK I	61	INTERDISCOUNT I	94	SULZER PS
28	CKW I	62	MAAG N	95	BBC I
29	CS HOLDING I	63	SWISSAIR I	96	BÜHRLE I
30	SAEG I	64	HOLDERBANK I	97	SULZER N
31	ALUSUISSE I	65	SWISSAIR N	98	SCHINDLER PS
32	ALUSUISSE N	66	SBV I	99	BALOISE N
33	SIG I	67	SANDOZ PS	100	BBC N
34	INNOVATION I			101	BBC PS

Obige Tabelle zeigt, welche Titel sich, sortiert nach der jeweiligen P/E-Ratio (Basis: Dez.'73), in den drei Portefeuilles befanden. Aufgrund der P/E-Ratios der einzelnen Titel bzw. Gesellschaften ergibt sich für Portefeuille 1 ein durchschnittliches P/E von 49, für Portefeuille 2 eines von 16 und für das Portefeuille 3 ein P/E von rund 8.

Tab. 4.10 Zusammensetzung der Portefeuilles nach P/E-Ratios, Basis: Dezember 1990

Portfolio 1		Portfolio 2		Portfolio 3	
Durchschn. P/E: 30		Durchschn. P/E: 13		Durchschn. P/E: 8	
Rang 1973	Name	Rang 1973	Name	Rang 1973	Name
75	**LOSINGER I**	**72**	**MAAG PS**	77	NESTLE I
78	**LANDIS N**	**33**	**SIG I**	**49**	**CIBA I**
73	**LANDIS PS**	**71**	**JELMOLI I**	**53**	**SANDOZ I**
96	**BÜHRLE I**	60	ELEKTROWATT I	**27**	**RÜCK I**
1	HALDENGUT N	**97**	**SULZER N**	92	NESTLE N
15	VILLARS I	**34**	**INNOVATION I**	**22**	**ZÜRCHER Z.**
16	EG LAUFENBURG I	46	LIND+SPRÜNGLI I	84	SANDOZ N
28	CKW I	47	HERO I	**67**	**SANDOZ PS**
5	SIBRA I	58	ROCHE GS	**37**	**BERNER N**
-	SIMPLON I	**100**	**BBC N**	76	RIETER N
30	SAEG I	**95**	**BBC I**	**55**	**GLOBUS PS**
56	**ROCHE I**	63	SWISSAIR I	91	WINTERTHUR N
36	**KONSUMVEREIN N**	-	FISCHER I	83	CIBA N
9	SIBRA N	**18**	**ATTISHOLZ I**	-	USEGO N
25	MOEVENPICK N	**86**	**NEUENBURGER N**	69	CIBA PS
24	KW LAUFENBURG I	57	LINDT+SPRÜNGLI N	99	BALOISE N
87	**CHARMILLES I**	**10**	**EICHHOF I**	**17**	**ASCOM N500**
2	HALDENGUT PS	**101**	**BBC PS**	**21**	**GRAND PASSAGE I**
-	HOLZSTOFF I	-	FISCHER N	88	ZÜRICH I
-	HOLZSTOFF N	**82**	**SCHINDLER I**	**43**	**VOLKSBANK N**
40	**ACCU-OERLIKON N**	**89**	**SCHLATTER I**	**52**	**SBG I**
51	**ITALO-SUISSE I**	**80**	**SPRECHER+SCHUH N**	**26**	**GOTTHARD BANK I**
85	**SÜDELEKTRA I**	**12**	**ZÜRCHER Z. I**	**20**	**BSI I**
45	**SOPRACENERINA I**	**3**	**FELDSCHL. N**	**64**	**HOLDERBANK I**
23	MOTOR-COLUMBUS	39	AARE TESSIN	74	CREDIT FONCIER I
41	**MOEVENPICK I**	**14**	**EICHHOF N**	**54**	**RÜCK N**
13	MERKUR I	**79**	**WINTERTHUR I**	**31**	**ALUSUISSE I**
44	**PIRELLI I**	59	NATIONAL N	**11**	**FELDSCHL. PS**
4	MERKUR N	65	SWISSAIR N	**32**	**ALUSUISSE N**
42	**HYPO WINTERTHUR I**	48	GLOBUS I	**66**	**SBV I**
6	HÜRLIMANN N	**81**	**SCHINDLER N**	93	ZÜRICH N
62	**MAAG N**	50	GLOBUS N	-	USEGO I
90	**SIKA I**	**98**	**SCHINDLER PS**	-	VON ROLL N
61	**INTERDISCOUNT I**	**19**	**KUONI I**	**29**	**CSHOLDING I**
94	**SULZER PS**	**70**	**INTERSHOP I**	68	HOLDERBANK N
38	**ACCU-OERLIKON I**			**8**	**HERMES N**
35	**SIG N**			**7**	**HERMES I**
ALT:	14	ALT:	11	ALT:	12
NEU AUS P2:	12	NEU AUS P1:	8	NEU AUS P2:	11
NEU AUS P3:	8	NEU AUS P3:	14	NEU AUS P1:	11

Obige Tabelle zeigt die Zusammensetzung der Portefeuilles am Ende der Untersuchungsperiode, wobei die Auflistung nach absteigenden P/E-Ratios geordnet ist. Die Numerierung (Rang 1973) entspricht der Rangierung am Anfang der Unter- suchungsperiode. Titel, welche betreffend dem Rang 1973 ein (-) aufweisen, wurden erst später in die Portefeuilles aufgenommen. Um sich betreffend der Stabilität der relativen P/E-Ratios ein Bild zu machen (Häufigkeit der Umschichtungen) sind Titel, welche sich am Ende der Untersuchungsperiode in einem Portefeuille mit höherer oder tieferer P/E-Ratio befanden, mit Fettdruck hervorgehoben. Im Vergleich zur

Marktkapitalisierung zeigt sich die relative P/E-Ratio-Struktur der einzelnen Gesellschaften als wenig stabil. Vergleicht man die Anfangszusammensetzung der Portefeuilles mit der Zusammensetzung am Ende der Untersuchungsperiode, so zeigt sich eine rege Umschichtung. Nur je 14,11 und 12 Titel befanden sich Ende 1990 in demselben Portefeuille wie Anfang 1973. Dies ist nur ein grobes Indiz für die relativ volatile Entwicklung bei den individuellen P/E-Ratios. Gesamthaft gesehen hat sich die durchschnittliche P/E-Ratio der beiden hoch-P/E-Portefeuilles von 49 bzw. 16 im Jahre 1973 auf 30 bzw. 13 gesenkt. Das durchschnittliche P/E von Portefeuille 3 ist mit rund 8 im Jahr 1990 gleichgeblieben.

Eine etwas mehr quantitativ orientierte Information bringt die nächste Tabelle. Sie zeigt Mittelwert und Standardabweichung der P/E-Ratios der einzelnen Titel.

Tab. 4.11 P/E-Struktur schweizerischer Aktien, Dez. '73 bis Dez. '90, Durchschnittswerte

Hohe P/E-Ratio (Durchschnitt 73-90)			Mittlere P/E-Ratio (Durchschnitt 73-90)			Tiefe P/E-Ratio (Durchschnitt 73-90)		
Durchschn. P/E: 24.2			Durchschn. P/E: 12.8			Durchschn. P/E: 8.8		
MW	STD	Name	MW	STD	Name	MW	STD	Name
96	46	HALDENGUT N	20	17	HERMES I	13	7	SIKA I
93	130	USEGO I	20	4	HERO I	13	3	SANDOZ PS
70	82	USEGO N	19	6	LINDT+SPR. I	12	3	WINTERTHUR I
56	44	LOSINGER I	18	4	HYPO-WINTERTH.I	12	4	INNOVATION I
48	23	HALDENGUT PS	18	8	ROCHE I	12	4	GLOBUS N
46	15	HÜRLIMANN N	18	16	HERMES N	12	5	HOLDERBANK N
45	14	EG LAUFENB. I	18	5	SIG I	12	4	BERNER N
35	9	KW LAUFENB. I	17	12	PIRELLI I	12	5	CIBA PS
35	30	BÜHRLE I	17	6	GOTTH.BANK I	12	5	SCHINDLER I
34	11	EICHHOF I	17	4	SANDOZ I	12	3	SBV I
32	5	SIMPLON I	17	7	INTERDISC. I	12	2	NESTLE I
32	13	SIBRA I	17	4	ELEKTROW. I	12	5	GLOBUS PS
32	9	VILLARS I	16	2	LINDT+SPR. N	12	7	BBC PS
28	22	FELDSCHL. N	16	16	LANDIS PS	12	6	BBC N
28	7	CKW I	16	2	ITALO-SUISSE I	11	7	ASCOM N500
28	15	MERKUR I	16	6	CIBA I	11	2	SBG I
27	7	EICHHOF N	16	11	SULZER PS	11	3	RIETER N
27	9	AARE TESSIN	16	4	FISCHER I	11	6	ALUSUISSE N
26	7	ATTISHOLZ I	16	5	SIG N	11	2	CREDIT FONC. I
25	21	LANDIS N	16	5	KUONI I	11	4	SCHLATTER I
25	18	MAAG PS	16	7	ZÜRCHER Z. PS	11	6	HOLZSTOFF N
25	6	ACCU-OERLIK. I	16	6	BSI I	10	4	JELMOLI I
25	18	SAEG I	15	6	SWISSAIR I	10	4	SCHINDLER N
24	12	SIBRA N	15	4	RÜCK I	10	4	SULZER N
24	8	MOTOR-COLUMB. I	14	3	VOLKSBANK N	10	3	INTERSHOP I
24	6	SPRECHER N	14	3	ROCHE GS	10	4	SCHINDLER PS
24	18	MERKUR N	14	5	CS HOLDING I	9	3	ZÜRICH I
23	16	MAAG N	14	8	BBC I	9	5	GRAND PASS. I
23	7	MOEVENPICK N	14	5	HOLDERBANK I	8	4	NEUENBURGER N
23	7	MOEVENPICK I	14	4	SÜDELEKTRA I	8	3	CIBA N
23	23	CHARMILLES I	14	7	ALUSUISSE I	8	2	SANDOZ N
22	14	ZÜRCHER Z. I	13	5	GLOBUS I	8	2	WINTERTHUR N
20	12	VON ROLL N	13	3	FISCHER N	8	2	RÜCK N
20	12	KONSUMVEREIN N	13	5	SWISSAIR N	7	2	NATIONAL N
20	12	FELDSCHL. PS	13	6	HOLZSTOFF I	7	2	NESTLE N
20	4	ACCU-OERLIK. N				6	1	ZÜRICH N
20	4	SOPRACENERI I				6	2	BALOISE N

3.1.2. Statistische Eigenschaften der Portefeuillereturns

Nachdem die Analyse vorerst der Portefeuillestruktur bzw. der Ausprägung der einzelnen Titel galt, soll im folgenden, analog zur Untersuchung bzgl. des Size Effektes, ein Augenmerk auf die statistischen Eigenschaften der Portfolioreturns der drei Portefeuilles gelegt werden. Die in Tabelle 4.12 zusammengefassten Eigenschaften beziehen sich auf die Untersuchungsperiode (1973.01 - 1991.05). Als Vergleich finden sich auch die Ergebnisse für einen gleichgewichteten (Index GG) und einen marktkapitalisierungsgewichteten Index (Index MG). Nebst den ersten beiden Momenten der Verteilung

(Mittelwert und Varianz bzw. Standardabweichung) finden sich wiederum die höheren Momente (Schiefe und Kurtosis) und einige ausgewählte Quantils-Werte der Returnverteilungen.

Tab. 4.12 Statistische Eigenschaften der Portefeuille-returns: Gegliedert nach P/E-Ratios

	Portfolio 1	Portfolio 2	Portfolio 3	Index (GG)	Index (MG)
Durchschn. P/E-Ratio	24.2	12.8	8.8		
Anz. Beob. (N)	209	209	209	209	209
Mittelwert (10^2)	0.210	0.338	0.762	0.456	0.411
Standardabw. (10^2)	4.072	4.307	4.756	4.099	4.744
Varianz (10^2)	0.166	0.186	0.2263	0.168	0.225
Schiefe	-1.652	-1.534	-1.606	-1.981	-1.021
Kurtosis	11.185	9.168	11.048	11.838	5.924
Quantile: (10^2)					
Max. (100%)	14.096	15.439	16.509	11.975	16.890
Q3 (75%)	2.263	2.645	3.005	2.536	2.822
Median (50%)	0.677	0.558	1.243	0.806	0.704
Q1 (25%)	-1.414	-1.411	-1.316	-1.090	-1.849
Minimum (0%)	-27.888	-27.838	-31.679	-28.409	-26.30

Risiko und Ertragseigenschaften

Die tabellierten Werte zeigen, dass das dritte Portefeuille mit einem Mittelwert von $0.762*10^2$ den höchsten monatlichen Durchschnittsertrag, und das Portefeuille 1, mit einem Mittelwert von $0.210*10^2$, den geringsten Monatsertrag aufweist. Auf annualisierter Basis entsprechen diese Zahlen einer Jahresperformance von 9.5% bzw. 2.5%. Portfolio 3 hat mit $4.756*10^2$ das höchste und Portfolio 2, mit $4.307*10^2$ das zweithöchste Risiko (Standardabweichung).

Verteilungseigenschaften (höhere Momente):

Bezüglich der höheren Momente wie Schiefe und Kurtosis, zeigen die geschätzten Parameter leptokurtische Verteilungseigenschaften, wie sie bereits bei der Untersuchung zum Size Effekt zu beobachten waren. Allerdings unterscheiden sich die drei Portefeuilles punkto Schiefe und Kurtosis nur wenig voneinander.

Hinsichtlich der Quantilswerte zeigt Portefeuille 3 die extremsten Returnwerte auf und besitzt mit $1.243*10^2$ den deutlich höchsten Medianwert.[37]

Zur Quantifizierung der Portefeuillereturns auf risikoadjustierter Basis bzw. um zu beurteilen, ob ein allfälliger P/E-Effekt zu beobachten ist, werden wiederum die entsprechenden Beta-Koeffizienten für die drei Portefeuilles bestimmt und die entsprechende P/E-Prämie berechnet. Die Ergebnisse sind in Tabelle 4.13 zusammengefasst.

---

37) Der Median bezeichnet die "Verteilungsmitte". Er teilt die Fläche unter der Häufigkeitskurve in zwei gleichgrosse Flächen. Bei symmetrischen Verteilungen entspricht der Median dem Verteilungsmittelwert.

Tab. 4.13 Der P/E-Effekt: Empirische Evidenz für die Schweiz

Price/Earnings Effekt	**Schweiz**
Testperiode (Monatsreturns)	1973.12 - 1991.05
P/E-Ratio des Portfolios 1 (hohe P/E-Ratios) dividiert durch die P/E-Ratio des Portfolios 3 (tiefe P/E-Ratios). Durchschnitt über die Testperiode.	4.94
Portefeuille mit niedrigster P/E-Ratio:	
Durchschnittlicher Total Return, % annualisiert	9.53
Standardabweichung, annualisiert	16.48
Beta:	
- OLS	0.916
- DIMSON	0.913
Portefeuille mit grösster P/E-Ratio:	
Durchschnittlicher Total Return, % annualisiert	2.55
Standardabweichung, annualisiert	14.11
Beta:	
- OLS	0.699
- DIMSON	0.804
P/E-Prämie (klein-gross), % annualisiert:	
- absolut	6.98
- risikoadjustiert (OLS-Beta)	5.31
- risikoadjustiert (DIMSON-Beta)	6.15
Gesamtmarkt (marktgewichteter Index):	
Durchschnittlicher Total Return, % annualisiert	5.04
Standardabweichung, annualisiert	16.43

Die in Tabelle 4.13 zusammengefassten Ergebnisse zeigen, über die gesamte Untersuchungsperiode betrachtet, eine positive P/E-Prämie von risikoadjustiert 5.31 % bzw. 6.15 %.

Die P/E-Prämie, berechnet als Differenz zwischen dem Return des Portefeuilles mit der niedrigsten P/E-Ratio und dem Portefeuille mit der vergleichsweise höchsten P/E-Ratio, fällt je nach Risikoadjustierungsfaktor (OLS-Beta oder DIMSON-Beta) etwas tiefer bzw. höher aus. Die P/E-Prämie ist aber mit über 5 % pro Jahr beachtlich. Ein Blick auf die beiden Beta- Varianten zeigt, dass das Dimson-Beta v.a. beim Portefeuille mit hoher P/E-Ratio wesentlich von der OLS-Variante abweicht. Demgegenüber ist der Unterschied der beiden Betas beim Portefeuille mit durchschnittlich tiefer P/E-Ratio eher gering. Wirft man einen Blick auf die Zusammensetzung der Portefeuilles nach durchschnittlicher P/E-Ratio (Tab. 4.10), so fällt auf, dass Portefeuille 1 (hohe P/E-Ratio) stark von kleinen und mittleren Unternehmen dominiert wird. Dies dürfte, aufgrund des zuvor schon erwähnten "infrequent trading" die Differenz der Beta-Werte bei Portefeuille 1 erklären.

Um wiederum die Dynamik - und somit das Problem der Stationarität der P/E-Prämie schweizerischer Aktien zu untersuchen - empfiehlt sich ein Blick auf die Entwicklung der Portefeuille-Returns sowie der P/E-Prämien über die einzelnen Jahre der Untersuchungsperiode.

Tatsächlich variiert auch die P/E-Prämie schweizerischer Aktien bei näherer Betrachtung zwischen - 14.7 % im Jahr 1990 bis zu 17.4 % im Jahr 1974. Allerdings vermögen - anders als beim Small Firm Effekt - die positiven P/E-Prämien die negativen überzukompensieren. Folgende Tabelle zeigt die Portefeuille-Returns und die daraus berechnete Small Firm Prämie im Jahresvergleich.

Tab. 4.14 Portfolioreturns und P/E-Prämie im Jahresvergleich[38]

Jahr	Portfolio 1 % p.a.	Portfolio 2 % p.a.	Portfolio 3 % p.a.	Index (GG) % p.a.	Index (MG) % p.a.	P/E-Prämie % p.a.
1974	-52.57	-44.59	-35.18	-44.64	-44.51	17.39
1975	12.05	26.55	25.55	19.53	24.32	13.50
1976	-1.26	3.31	10.06	4.14	14.02	11.32
1977	10.93	12.31	13.19	12.51	11.73	2.26
1978	8.74	3.44	1.75	5.12	2.24	-6.99
1979	18.22	8.78	9.43	12.20	7.20	-8.79
1980	9.28	0.89	8.56	5.28	4.60	-0.72
1981	-19.31	-11.97	-10.64	-14.78	-19.65	8.67
1982	-0.80	7.12	13.55	5.95	7.77	14.35
1983	10.36	21.73	25.82	19.90	22.34	15.46
1984	2.32	4.91	5.61	5.11	1.23	3.29
1985	35.53	46.55	49.86	43.93	45.53	14.33
1986	22.95	11.69	29.53	22.26	10.06	6.58
1987	-20.75	-22.52	-20.43	-17.78	-29.29	0.32
1988	12.73	10.10	28.73	20.32	23.06	16.00
1989	4.46	2.75	15.19	7.17	16.65	10.73
1990	-11.42	-21.74	-26.10	-19.30	-28.87	-14.68
Mean	2.44	3.49	8.50	5.11	4.03	6.06
STD	19.47	20.03	21.16	19.64	22.14	9.35

Die Ergebnisse zeigen, dass lediglich in vier von siebzehn Jahren die P/E-Prämie negativ ausfällt. Der Mittelwert der P/E-Prämie ist mit 6.06 % p.a. deutlich grösser als Null und die Standardabweichung der Prämie ist mit 9.35kleiner als jene, welche für die Small Firm Prämie in Tab. 4.7errechnet wurde.

Folgende Abbildung zeigt graphisch die Entwicklung der P/E-Prämie über den Zeitraum der Untersuchungsperiode.

38) Die Portefeuille- bzw. Index-Returns wurden anhand der Jahresschlusskurse der entsprechenden Portefeuilles bzw. Indizes berechnet. Die P/E-Prämie berechnet sich als Differenz zwischen den Jahresreturns der Portefeuilles 1 und 3.

Abb. 4.2 Die P/E-Prämie im Periodenvergleich

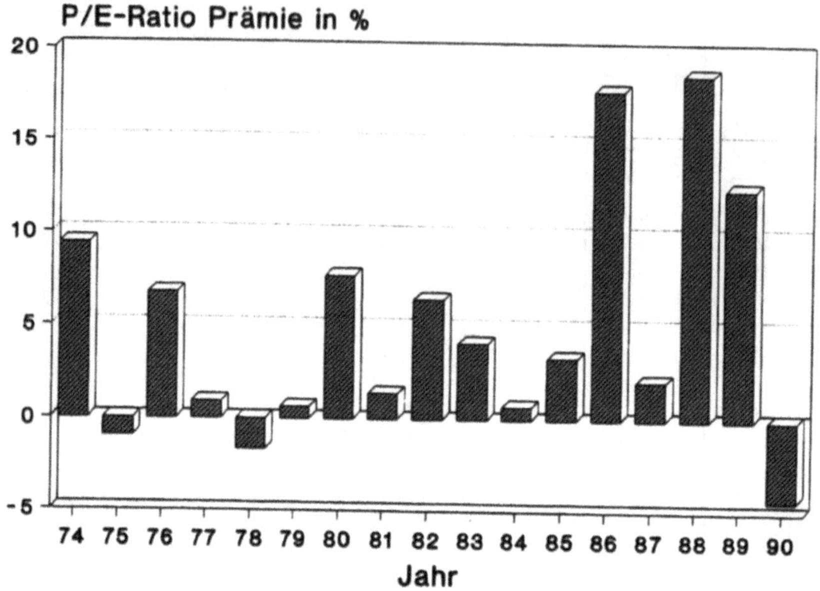

Abgesehen von den späten siebziger Jahren, in welchen die P/E-Prämie negativ ausfiel, weist das langfristige Verhalten systematisch positive Prämien ohne erkennbare zyklische Einflüsse auf.

4. Der Dividend Yield Effekt (DY-Effekt)

Als dritte und letzte der ausgewählten relativen Anomalien soll der Dividend Yield Effekt behandelt werden. Die wohl wichtigste Arbeit zu dieser Preisanomalie stammt von KEIM(1985). Dieser teilt für die Untersuchungsperiode 1931-1978 die Aktien der NYSE in sechs Gruppen ein und stellt eine nichtlineare Beziehung zwischen der Höhe der Dividendenausschüttungen und den durchschnittlichen Aktienreturns fest. Diese nichtlineare Beziehung ergibt sich dadurch, dass Aktien ohne Dividendenzahlungen die höchsten Erträge aufweisen und Aktien mit positiver Dividende eine umso höhere Jahresperformance aufweisen, je höher die Dividendenausschüttung ist.

Zu einer ähnlichen Konklusion kommen ferner LITZENBERGER/ RAMASWAMY(1980) und BLUME(1980). Für den europäischen Raum weist LEVIS(1988) für Aktien der London Stock Exchange über die Periode 1961-1985 stark positive empirische Evidenz nach (Dividend Yield Prämie von rund 10 % p.a.).

4.1. Empirische Untersuchung für die Schweiz

4.1.1. Testmethodologie und Vorgehen

Analog zu den vorhergehenden Untersuchungen werden, bei Verwendung desselben Datensatzes, wiederum drei Portfolios à je 37 Titel gebildet. Portefeuille 1 enthält die Titel mit den vergleichsweise höchsten Dividendenrenditen und Portefeuille 3 jene mit den kleinsten Dividendenrenditen sowie jene Papiere, welche gar keine Dividende ausschütten. Titel, für welche anfangs der Untersuchungsperiode noch keine Zahlen verfügbar waren, wurden erst ab dem Zeitpunkt in die Portefeuilles eingegliedert, ab welchem die entsprechenden Daten zur Verfügung standen. Jedem Titel kommt in den Portefeuilles dieselbe Gewichtung zu. Für die Berechnung der Portefeuille-Returns werden Ende Jahr, nach Rangfolge der Dividendenrendite der einzelnen Titel, die drei Portefeuilles neu gebildet.

Dieses Prozedere wird für den Zeitraum Dezember '73bis Mai '91durchgeführt. In den nächsten beiden Tabellen findet sich die Portefeuille-Zusammensetzung am Anfang sowie am Ende der Untersuchungsperiode.

Tab. 4.15 Zusammensetzung der Portefeuilles nach Dividend Yield, Basis: Dezember 1973

Portfolio 1		Portfolio 2		Portfolio 3	
Durchschn. DY: 5.01		Durchschn. DY: 2.63		Durchschn. DY: 0.77	
Rang	Name	Rang	Name	Rang	Name
1	SÜDELEKTRA I	38	HYPO WINTERTHUR I	75	GLOBUS PS
2	CHARMILLES I	39	MOTOR-COLUMBUS I	76	WINTERTHUR I
3	FISCHER I	40	SIKA I	77	GLOBUS N
3	FISCHER N	41	KW LAUFENBURG I	78	GLOBUS I
5	BBC N	42	SULZER PS	79	CIBA PS
6	BBC PS	43	BERNER N	80	LINDT+SPRÜNGLI N
7	PIRELLI I	44	NEUENBURGER N	81	SANDOZ PS
8	ITALO-SUISSE I	45	SCHINDLER N	82	VILLARS I
9	LOSINGER I	46	SCHINDLER I	83	MERKUR N
10	BBC I	47	NESTLE N	84	LINDT+SPRÜNGLI I
11	SWISSAIR N	48	ALUSUISSE N	85	SIBRA N
12	SOPRACENERINA I	49	NATIONAL N	86	EICHHOF I
13	SIG N	50	ALUSUISSE I	87	GOTTHARD BANK I
14	SWISSAIR I	51	HOLDERBANK N	88	CIBA I
15	SIMPLON I	52	INNOVATION I	89	SANDOZ I
16	AARE-TESSIN I	53	ASCOM N	90	SIBRA I
17	SCHLATTER I	54	ZÜRICH N	91	JELMOLI I
18	RIETER N	55	SBG I	92	HÜRLIMANN N
19	SULZER N	56	WINTERTHUR N	93	FELDSCHL. PS
20	BALOISE N	57	EG LAUFENBURG I	94	ZÜRCHER Z. I
21	ZÜRCHER Z. PS	58	HOLDERBANK I	95	ROCHE PS
22	SPRECHER N	59	ELEKTROWATT I	96	ROCHE I
23	MAAG PS	60	INTERDISCOUNT I	97	FELDSCHL. N
24	SIG I	61	CS HOLDING I	98	HALDENGUT PS
25	BÜHRLE I	62	SBV I	99	HALDENGUT N
26	VON ROLL N	63	GRAND PASSAGE I	100	USEGO N
27	RÜCK N	64	RÜCK I	101	USEGO I
28	HOLZSTOFF N	65	CIBA N	102	SAEG I
29	HOLZSTOFF I	66	SANDOZ N	103	SWISS PETROL PS
30	VOLKSBANK N	67	ZÜRICH I	104	SCHINDLER PS
31	MONTEFORNO I	68	HERO I	105	MOEVENPICK N
32	CKW I	69	NESTLE I	106	MOEVENPICK I
33	ACCU-OERLIKON N	70	BSI I	107	MERKUR I
34	INTERSHOP I	71	EICHHOF N	108	KONSUMVEREIN N
35	ACCU-OERLIKON I	72	KUONI I	109	HERMES N
36	CREDIT FONCIER I	73	LANDIS N	110	HERMES I
37	MAAG N	74	LANDIS PS	111	ATTISHOLZ I

Obige Tabelle zeigt, welche Titel sich, sortiert nach der jeweiligen Dividend Yield (Basis: Dez.'73), in den drei Portefeuilles befanden. Aufgrund der Dividend Yield der einzelnen Titel bzw. Gesellschaften ergibt sich für Portefeuille 1 ein Durchschnitt von 5.01 %, für Portefeuille 2 einer von 2.63 % und für das Portefeuille 3 ein durchschnittlicher Dividend Yield von 0.77 %.

Tab. 4.16 Zusammensetzung der Portefeuilles nach Dividend Yield, Basis: Dezember 1990

Portfolio 1		Portfolio 2		Portfolio 3	
Durchschn. P/E: 3.43		Durchschn. P/E: 1.88		Durchschn. P/E: 0.91	
Rang 1973	Name	Rang 1973	Name	Rang 1973	Name
11	SWISSAIR N	77	GLOBUS N	83	MERKUR N
36	CREDIT FONCIER I	65	CIBA N	64	RÜCK I
8	ITALO-SUISSE I	4	FISCHER N	74	LANDIS PS
61	CS HOLDING I	69	NESTLE I	46	SCHINDLER I
30	VOLKSBANK N	57	EG LAUFENBURG I	66	SANDOZ N
1	SÜDELEKTRA I	78	GLOBUS I	81	SANDOZ PS
62	SBV I	60	INTERDISCOUNT I	107	MERKUR I
14	SWISSAIR I	3	FISCHER I	105	MOEVENPICK N
12	SOPRACENERINA I	27	RÜCK N	24	SIG I
41	KW LAUFENBURG I	88	CIBA I	89	SANDOZ I
55	SBG I	48	ALUSUISSE N	44	NEUENBURGER N
70	BSI I	50	ALUSUISSE I	73	LANDIS N
38	HYPO WINTERTHUR I	100	USEGO N	13	SIG N
17	SCHLATTER I	33	ACCU-OERLIKON N	67	ZÜRICH I
63	GRAND PASSAGE I	39	MOTOR-COLUMBUS I	92	HÜRLIMANN N
16	AARE-TESSIN I	56	WINTERTHUR N	97	FELDSCHL. N
34	INTERSHOP I	19	SULZER N	6	BBC PS
94	ZÜRCHER Z. I	68	HERO I	53	ASCOM N
18	RIETER N	93	FELDSCHL. PS	21	BALOISE N
52	INNOVATION I	106	MOEVENPICK I	20	ZÜRCHER Z. PS
102	SAEG I	82	VILLARS I	10	BBC I
15	SIMPLON I	42	SULZER PS	108	KONSUMVEREIN N
87	GOTTHARD BANK I	71	EICHHOF N	5	BBC N
111	ATTISHOLZ I	49	NATIONAL N	80	LINDT+SPRÜNGLI N
22	SPRECHER N	58	HOLDERBANK I	95	ROCHE GS
85	SIBRA N	59	ELEKTROWATT I	84	LINDT+SPRÜNGLI I
35	ACCU-OERLIKON I	2	CHARMILLES I	72	KUONI I
101	USEGO I	28	HOLZSTOFF N	99	HALDENGUT N
75	GLOBUS PS	86	EICHHOF I	96	ROCHE I
32	CKW I	40	SIKA I	103	SWISS PETROL PS
90	SIBRA I	54	ZÜRICH N	31	MONTEFORNO I
7	PIRELLI I	76	WINTERTHUR I	37	MAAG N
43	BERNER N	104	SCHINDLER PS	23	MAAG PS
26	VON ROLL N	29	HOLZSTOFF I	9	LOSINGER I
47	NESTLE N	45	SCHINDLER N	109	HERMES N
79	CIBA PS	91	JELMOLI I	110	HERMES I
51	HOLDERBANK N	98	HALDENGUT PS	25	BÜHRLE I
ALT:	17	ALT:	17	ALT:	16
NEU AUS P2:	11	NEU AUS P1:	8	NEU AUS P2:	9
NEU AUS P3:	9	NEU AUS P3:	12	NEU AUS P1:	12

Obige Tabelle zeigt die Zusammensetzung der Portefeuilles am Ende der Untersuchungsperiode, wobei die Auflistung nach absteigenden Dividend Yields geordnet ist. Die Numerierung (Rang 1973) entspricht der Rangierung am Anfang der Untersuchungsperiode.

Um sich betreffend der Stabilität der relativen Dividend Yields ein Bild zu machen (Häufigkeit der Umschichtungen), sind Titel, welche sich am Ende der Untersuchungsperiode in einem Portefeuille mit höherer oder tieferer Dividend

Yield befanden, mit Fettdruck hervorgehoben. Im Vergleich zur Marktkapitalisierung zeigt sich die relative Dividend Yield Struktur, ähnlich wie zuvor schon die P/E-Ratio-Struktur, als wenig stabil.

Vergleicht man die Anfangszusammensetzung der Portefeuilles mit der Zusammensetzung am Ende der Untersuchungsperiode, so zeigt sich eine rege Umschichtung. Nur je 17, 17 und 16 Titel befanden sich Ende 1990 in demselben Portefeuille wie Anfang 1973. Dies ist zwar nur ein grobes Indiz für die relativ volatile Entwicklung bei der individuellen Dividend Yield Struktur, gibt aber dennoch einen Eindruck über die Dynamik in den vorgenommenen Portefeuille-Umschichtungen. Gesamthaft gesehen hat sich die durchschnittliche Dividend Yield der beiden Portfolio 1 und 2 von 5.01 % bzw. 2.63 % im Jahre 1973 auf 3.43 % bzw. 1.88 % gesenkt. Die durchschnittliche Dividendenrendite von Portefeuille 3 ist hingegen von 0.77 % auf 0.91 angestiegen.

Eine etwas mehr quantitativ orientierte Information bringt die nächste Tabelle. Sie zeigt Mittelwert und Standardabweichung der Dividendenrenditen der einzelnen Titel.

Tab. 4.17 Dividend Yield-Struktur schweizerischer Aktien, Dez. '73 bis Dez. '90, Durchschnittswerte

Hohe Dividend Yield (Durchschnitt 73-90)			Mittlere Dividend Yield (Durchschnitt 73-90)			Tiefe Dividend Yield (Durchschnitt 73-90)		
Durchschn. DY: 3.86			Durchschn. DY: 2.59			Durchschn. DY: 1.43		
MW	STD	Name	MW	STD	Name	MW	STD	Name
6.36	1.80	SÜDELEKTRA I	2.97	1.29	HOLZSTOFF I	2.15	0.84	MOEVENPICK N
5.59	1.85	PIRELLI I	2.94	0.90	SANDOZ N	2.11	1.95	FISCHER N
5.42	5.60	INTERSHOP I	2.94	0.54	SBV I	2.04	0.60	GOTTH. BANK I
5.13	1.48	ITALO-SUISSE I	2.92	1.61	INTERDISCOUNT I	1.98	0.88	KUONI I
4.62	1.27	SWISSAIR N	2.90	2.16	ACCU-OERLIK. N	1.97	0.38	CIBA PS
4.60	2.86	RIETER N	2.89	1.13	NEUENBURGER N	1.95	2.73	VON ROLL N
4.47	1.00	SOPRACENERINA I	2.86	0.93	KW LAUFENB. I	1.85	0.85	SIBRA I
4.44	0.68	CREDIT FONCIER I	2.85	0.91	GLOBUS PS	1.85	0.58	FELDSCHL. PS
4.24	2.03	SIG N	2.82	1.57	SIKA I	1.84	1.77	ATTISHOLZ I
4.23	2.17	SAEG I	2.81	0.49	HOLDERBANK N	1.79	0.62	ZÜRCHER Z. I
4.14	1.27	SWISSAIR I	2.78	0.64	EICHHOF N	1.78	0.60	SANDOZ PS
4.14	1.01	SCHLATTER I	2.72	1.19	ZÜRCHER Z. PS	1.75	0.72	LANDIS PS
3.94	0.50	VOLKSBANK N	2.70	1.25	SULZER PS	1.73	0.72	LANDIS N
3.89	1.13	INNOVATION I	2.69	0.78	WINTERTHUR N	1.66	0.45	WINTERTHUR I
3.87	0.79	NESTLE N	2.67	0.79	GLOBUS N	1.62	0.60	RÜCK I
3.85	0.66	HYPO WINTERTH. I	2.64	1.25	BALOISE N	1.54	0.34	HÜRLIMANN N
3.80	1.00	GRAND PASSAGE I	2.63	0.51	ELEKTROWATT I	1.53	0.51	ZÜRICH I
3.75	1.86	SULZER N	2.62	1.61	KONSUMVEREIN N	1.53	0.33	JELMOLI I
3.69	1.37	SIMPLON I	2.61	1.07	ASCOM N	1.51	0.34	CIBA I
3.66	0.69	CS HOLDING I	2.61	1.55	BBC I	1.45	0.50	LINDT+SPR. N
3.61	1.34	HOLZSTOFF N	2.60	0.62	HERO I	1.44	0.57	HALDENGUT PS
3.55	1.14	AARE-TESSIN I	2.54	0.47	BSI I	1.40	2.39	LOSINGER I
3.54	1.92	SIG I	2.52	0.61	NATIONAL N	1.38	0.76	MERKUR I
3.52	1.53	SCHINDLER N	2.51	0.54	HOLDERBANK I	1.34	0.57	LINDT+SPR. I
3.43	2.07	SCHINDLER PS	2.50	0.83	GLOBUS I	1.33	0.36	FELDSCHL. N
3.37	0.90	CKW I	2.46	1.88	ALUSUISSE I	1.32	1.28	BÜHRLE I
3.23	2.92	CHARMILLES I	2.42	1.10	SIBRA N	1.28	0.28	SANDOZ I
3.19	1.61	SCHINDLER I	2.36	2.20	FISCHER I	1.25	0.30	ROCHE GS
3.17	2.87	MAAG N	2.36	0.53	ZÜRICH N	1.12	2.13	HERMES N
3.16	2.63	ALUSUISSE N	2.34	1.61	ACCU-OERLIKON I	1.08	1.02	VILLARS I
3.13	0.42	SBG I	2.31	0.38	NESTLE I	1.05	0.36	ROCHE I
3.11	0.98	RÜCK N	2.26	0.90	MERKUR N	0.95	1.80	HERMES I
3.11	1.86	BBC N	2.25	1.82	MOTOR-COL. I	0.75	1.69	MONTEFORNO I
3.07	1.84	BBC PS	2.22	2.10	SPRECHER N	0.73	0.28	HALDENGUT N
3.03	0.91	BERNER N	2.20	0.49	EICHHOF I	0.54	0.83	USEGO I
2.97	2.78	MAAG PS	2.18	0.59	EG LAUFENBURG I	0.52	0.77	USEGO N
2.97	0.72	CIBA N	2.17	0.86	MOEVENPICK I	0.00	0.00	SWISS PETROL PS

4.1.2. Statistische Eigenschaften der Portefeuillereturns

Galt die Analyse vorerst der Portefeuillestruktur bzw. der Ausprägung der einzelnen Titel, so sollen im folgenden wiederum, analog zu den vorgängigen Untersuchungen, die statistischen Eigenschaften der Portfolioreturns der drei Portefeuilles aufgezeigt werden. Diese sind für die Untersuchungsperiode (1973.01 - 1991.05) in Tabelle 4.18 zusammengefasst. Zum Vergleich finden sich auch die Ergebnisse für einen gleichgewichteten (Index GG) und einen marktkapitalisierungsgewichteten Index (Index MG). Nebst den ersten beiden

Momenten der Verteilung (Mittelwert und Varianz bzw. Standardabweichung) werden wiederum die höheren Momente (Schiefe und Kurtosis) und einige Quantils-Werte der Returnverteilungen aufgeführt.

Tab. 4.18 Statistische Eigenschaften der Portefeuillereturns: Gegliedert nach Dividend Yield

	Portfolio 1	Portfolio 2	Portfolio 3	Index (GG)	Index (MG)
Durchschn. Dividend Yield (%)	3.86	2.59	1.43		
Anz. Beob. (N)	209	209	209	209	209
Mittelwert (10^2)	0.468	0.544	0.361	0.456	0.411
Standardabw. (10^2)	3.811	4.155	4.574	4.099	4.744
Varianz (10^2)	0.145	0.173	0.209	0.168	0.225
Schiefe	-1.616	-1.899	-1.611	-1.981	-1.021
Kurtosis	10.571	10.726	10.741	11.838	5.924
Quantile: (10^2)					
Max. (100%)	8.752	12.044	13.897	11.975	16.890
Q3 (75%)	2.473	2.552	2.790	2.536	2.822
Median (50%)	0.751	1..104	0.812	0.806	0.704
Q1 (25%)	-1.503	-1.203	-1.304	-1.090	-1.849
Minimum (0%)	-26.105	-27.728	-30.969	-28.409	-26.30

Risiko und Ertragseigenschaften

Aus obiger Tabelle geht hervor, dass Portefeuille 2 mit einem Mittelwert von $0.544*10^2$ den höchsten monatlichen Durchschnittsertrag und das Portefeuille 3 mit einem Mittelwert von $0.361*10^2$ den geringsten Monatsertrag aufweist. Die entsprechend annualisierten Returns für die beiden Portefeuilles ergeben eine Jahresperformance von 6.7 % bzw. 4.4 %. Punkto Risiko, das wiederum durch die Standardabweichung quantifiziert wurde, liefert Portfolio 3 mit $4.574*10^2$ das höchste und Portfolio 2 mit $4.155*10^2$ das zweithöchste Risiko.

Verteilungseigenschaften (höhere Momente):

Die höheren Momente wie Schiefe und Kurtosis deuten wiederum auf die leptokurtischen Verteilungseigenschaften der Aktienreturns hin. Allerdings auch hier, ähnlich wie bei den nach P/E-Ratio gegliederten Portefeuilles, unterscheiden sich die drei Portefeuilles punkto Schiefe und Kurtosis kaum voneinander. Die Quantilswerte zeigen, dass Portefeuille 3 die extremsten Randwerte aufweist und Portefeuille 2 mit $1.104*10^2$ den höchsten Medianwert besitzt.[39]

Zur Berechnung der Dividend Yield Prämie werden in der Folge wiederum die Beta-Koeffizienten für die drei Portefeuilles geschätzt, um dann die Portefeuillereturns auf risikoadjustierter Basis miteinander vergleichen zu können. Die Ergebnisse sind in Tabelle 4.19 zusammengefasst.

39) Der Median bezeichnet die "Verteilungsmitte". Er teilt die Fläche unter der Häufigkeitskurve in zwei gleich grosse Flächen. Bei symmetrischen Verteilungen entspricht der Median dem Verteilungsmittelwert.

Tab. 4.19 Der Dividend Yield Effekt: Empirische Evidenz für die Schweiz

Dividend Yield Effekt	**Schweiz**
Testperiode (Monatsreturns)	1973.12 - 1991.05
Dividend Yield des Portfolios 1 (hohe DY) dividiert durch die Dividend Yield des Portfolios 3 (tiefe DY). Durchschnitt über die Testperiode.	2.7
Portefeuille mit niedrigster DY:	
Durchschnittlicher Total Return, % annualisiert	4.42
Standardabweichung, annualisiert	15.84
Beta:	
- OLS	0.845
- DIMSON	0.904
Portefeuille mit groesster DY:	
Durchschnittlicher Total Return, % annualisiert	5.77
Standardabweichung, annualisiert	13.20
Beta:	
- OLS	0.724
- DIMSON	0.817
DY-Prämie (gross-klein), % annualisiert:	
- absolut	1.35
- risikoadjustiert (OLS-Beta)	2.74
- risikoadjustiert (DIMSON-Beta)	2.17
Gesamtmarkt (marktgewichteter Index):	
Durchschnittlicher Total Return, % annualisiert	5.04
Standardabweichung, annualisiert	16.43

Die in Tabelle 4.19 zusammengefassten Ergebnisse zeigen - über die gesamte Untersuchungsperiode hinweg betrachtet - eine positive Dividend Yield-Prämie von risikoadjustiert 2.74 % bzw. 2.17 %. Es ist aber auch ersichtlich, dass die Performance des Portefeuilles mit der grössten Dividendenrendite (5.77 %) nur unmerklich höher ist, als die Performance des Marktes (5.04 %).

Die Dividend Yield-Prämie, berechnet als Differenz zwischen dem Return des Portefeuilles mit der höchsten Dividendenrendite und dem Portefeuille mit der vergleichsweise niedrigsten, fällt je nach Risikoadjustierungsfaktor (OLS-Beta oder DIMSON-Beta) etwas tiefer bzw. höher aus. Bei beiden Portefeuilles wirkt sich die Beta-Korrektur etwa in derselben Grössenordnung aus, was darauf hindeutet, dass es sich bei den Portefeuilles um gemischte Portefeuilles (tief- und hochkapitalisierte Gesellschaften sind gleichsam darin vertreten) handelt.

Um einen Blick auf die Dynamik und somit auf das Verhalten der Dividend Yield Prämie über die Zeit zu werfen, dient folgende Tabelle.

Tab. 4.20 Portfolioreturns und Dividend Yield Prämie im Jahresvergleich[40]

Jahr	Portfolio 1 % p.a.	Portfolio 2 % p.a.	Portfolio 3 % p.a.	Index (GG) % p.a.	Index (MG) % p.a.	DY- Prämie % p.a.
1974	-25.16	-41.21	-50.46	-44.64	-44.51	25.30
1975	10.41	25.31	20.86	19.53	24.32	-10.45
1976	18.52	9.94	-4.66	4.14	14.02	23.18
1977	12.93	3.35	12.71	12.51	11.73	0.23
1978	2.31	5.33	5.90	5.12	2.24	-3.59
1979	11.91	11.38	12.37	12.20	7.20	-0.46
1980	2.43	10.53	4.02	5.28	4.60	-1.59
1981	-27.10	-12.42	-8.91	-14.78	-19.65	-18.19
1982	5.81	6.45	8.34	5.95	7.77	-2.54
1983	24.94	17.36	21.34	19.90	22.34	3.59
1984	4.81	9.38	1.12	5.11	1.23	3.70
1985	41.63	48.00	42.97	43.93	45.53	-1.34
1986	8.71	13.73	28.64	22.26	10.06	-19.94
1987	-7.35	-21.55	-25.26	-17.78	-29.29	17.91
1988	18.94	21.37	12.65	20.32	23.06	6.29
1989	11.10	6.08	4.89	7.17	16.65	6.22
1990	-23.66	-17.48	-20.70	-19.30	-28.87	-2.96
Mean	5.36	5.62	3.87	5.11	4.03	1.49
STD	17.55	19.59	21.19	19.64	22.14	11.97

Die Ergebnisse zeigen, dass in sieben von siebzehn Jahren die Dividend Yield Prämie positiv und in zehn von siebzehn Fällen negativ ausfällt. Auch verdeutlichen die Werte die grosse Schwankungsbreite der Prämie. So liegt sie im Jahr 1974 über 25 % und im Jahr 1986 unter - 19 %. Ein Umstand, welcher

40) Die Portefeuille- bzw. Index-Returns wurden anhand der Jahresschlusskurse der entsprechenden Portefeuilles bzw. Indizes berechnet. Die Dividend Yield Prämie berechnet sich als Differenz zwischen den Jahresreturns der Portefeuilles 1 und 3.

durch die hohe Standardabweichung der Prämie (STD = 11.97) verdeutlicht wird. Der Mittelwert der Prämie ist mit 1.49 % p.a. kaum grösser als Null und bei näherer Analyse fällt auf, dass die gesamthaft positive Prämie nicht konstant ist über die Jahre, sondern eher zufällig auf Ausprägungen einzelner, spezieller Jahre zurückzuführen ist. Folgende Abbildung zeigt graphisch die Entwicklung der Dividend Yield Prämie über den Zeitraum der Untersuchungsperiode.

Abb. 4.3 Die Dividend Yield Prämie im Periodenvergleich

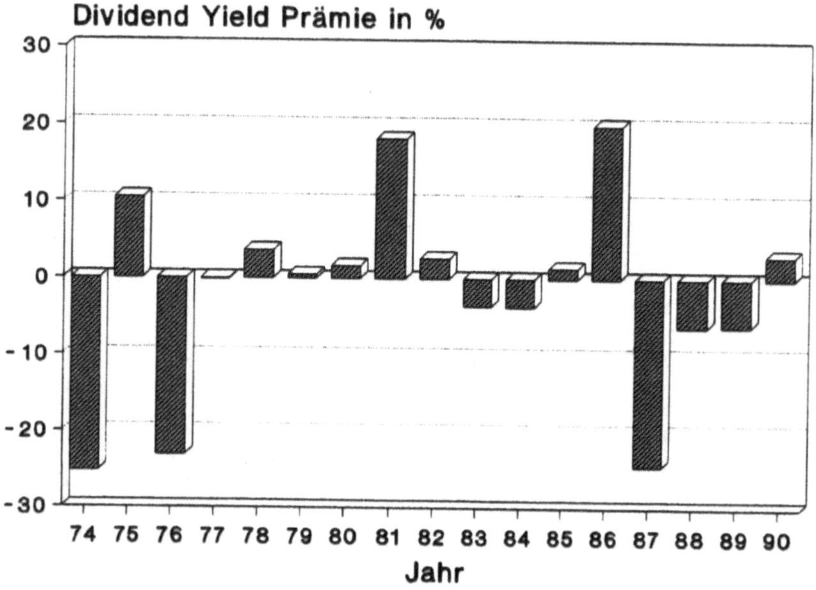

Das geringe Ausmass der Dividend Yield Prämie, wie auch die Tatsache, dass sich die entsprechende Portefeuilleperformance kaum von der Marktperformance unterscheidet, lässt die Schlussfolgerung zu, dass bezüglich der ausgewählten Grundgesamtheit schweizerischer Aktien dem Dividend Yield Effekt kaum eine Bedeutung beigemessen werden kann. Die stochastische Entwicklung der Dividend Yield Prämie über die Zeit, welche anhand der Abbildung 4.3diskutiert wurde, kann als weiteres Indiz für die Unbedeutsamkeit dieses Effektes betrachtet werden.

5. Relative Interdependenzen

Die empirischen Untersuchungen bezüglich der relativen Preisanomalien in diesem Kapitel bezogen sich isoliert auf jeweils einen der drei ausgewählten Effekte. Trotz der gesamthaft gesehen gemischten empirischen Evidenz bezüglich der Relevanz der drei Effekte für den Schweizer Aktienmarkt, soll im letzten Abschnitt dieses Kapitels auf die Interrelation der Effekte untereinander eingegangen werden.

Die Frage nach der Interdependenz ist deshalb von Bedeutung, weil sich im Falle einer Unabhängigkeit einzelner Effekte durch geeignete Portfolio Auswahl ein kumulativer Effekt erzeugen liesse. Eine Portfoliozusammensetzung z.B. aus Titeln mit niedriger Marktkapitalisierung und tiefer P/E-Ratio würde dann eine zusätzliche Ueberschussperformance implizieren. Im anderen Fall, d.h. korrelieren die Effekte stark miteinander, so ist eine additive Verknüpfung zur Amplifizierung einer allfälligen Ueberschussperformance weniger möglich. Hier müsste davon ausgegangen werden, dass einer der Effekte mehr oder weniger als Proxy für den anderen gilt.

Zur Untersuchung der interdependenten Beziehung der drei ausgewählten Anomalien untereinander empfiehlt sich folgende einfache Vorgehensweise: Die Gesamtheit aller Aktien wird, wie bereits bei vorangegangenen Prozederes, bezüglich eines Kriteriums (Marktkapitalisierung, P/E-Ratio od. Dividend Yield) in drei Portfolios aufgeteilt. Portfolio 1 enthält wiederum jene Titel mit der höchsten und Portfolio 3 jene Titel mit der tiefsten Kriteriumsausprägung. Ist das entsprechende Selektionskriterium (z.B. die Marktkapitalisierung) unabhängig von anderen Kriterien (Dividend Yield bzw. P/E-Ratio), so müsste die Portefeuillezusammensetzung der drei Portefeuilles bezüglich der anderen Kriterien gleichverteilt sein. Mit anderen Worten, unter den hochkapitalisierten Titeln von Portefeuille 1 müsste je ein Drittel der Titel eine hohe, mittlere bzw. tiefe P/E-Ratio aufweisen. Oder umgekehrt: In einem Portefeuille, selektiert aus Titeln mit hoher P/E-Ratio, müssten etwa gleichviel Titel mit hoher, tiefer und mittlerer Marktkapitalisierung vertreten sein. Diese Gleichverteilung muss sich nicht zu jedem Zeitpunkt exakt so ergeben - d.h. es können durchaus Perioden existieren, in denen Abweichungen von dieser Gleichverteilung vorkommen; aber über die Gesamtperiode von 18 Jahren hinweg müsste sich eine solche Gleichverteilung ergeben, wenn die Kriteriumsausprägungen - und somit auch die Anomalien - nichts miteinander zu tun haben.

Basierend auf diesen Überlegungen wurden die jeweils für die einzelnen Anomalien berechneten Portfolios auf eine solche Gleichverteilung der bei der Selektion nicht berücksichtigten Anomalien untersucht.

Abb. 4.4 zeigt die Verteilung des P/E-Ratio Kriteriums bei den nach der Marktkapitalisierung selektionierten Portefeuilles. Die Darstellung zeigt ein Drei-Balkendiagramm. Der erste Balken zeigt das Portefeuille (P1), zusammengesetzt aus Titeln mit hoher Marktkapitalisierung. Es enthält über die Jahre 1974-1991 im Durchschnitt 5.5 % Titel mit hoher P/E-Ratio, 44.4 % Titel mit mittlerer P/E-Ratio und 50 % Titel mit tiefer P/E-Ratio.

Das Portefeuille mit Titel mittlerer Marktkapitalisierung (mittlerer Balken) enthält im Durchschnitt 38.9 % Titel mit hoher P/E-Ratio, 27.8 % Titel mit mittlerer und 33.3 % Titel mit tiefer P/E-Ratio.

Das Portefeuille mit tiefkapitalisierten Titeln hat eine Verteilung von 54.1 % Titel mit hoher P/E-Ratio, 29.7 % Titel mit mittlerer und 16.2 % Titel mit tiefer P/E-Ratio. Das Bild zeigt, dass lediglich das mittlere Portefeuille (mittlere Marktkapitalisierung) bezüglich der P/E-Ratios der selektierten Titel gleichverteilt ist.

Das Portefeuille mit hochkapitalisierten Titeln enthält kaum Titel mit hoher P/E-Ratio, und dasjenige Portefeuille mit tiefkapitalisierten Titeln enthält vorwiegend solche. Die Graphik zeigt somit, dass das Kriterium der Marktkapitalisierung nicht unabhängig von jenem der P/E-Ratio betrachtet werden darf. Titel mit tiefer Marktkapitalisierung (Small Firm Effekt) korrespondieren mit Titeln mit hoher P/E-Ratio (P/E-Effekt). Der P/E-Effekt kann in diesem Licht als Proxy für den Small Firm Effekt, oder umgekehrt, der Small Firm Effekt kann als Proxy für den P/E-Effekt betrachtet werden.

Abb. 4.4 P/E vs. Marktkapitalisierung

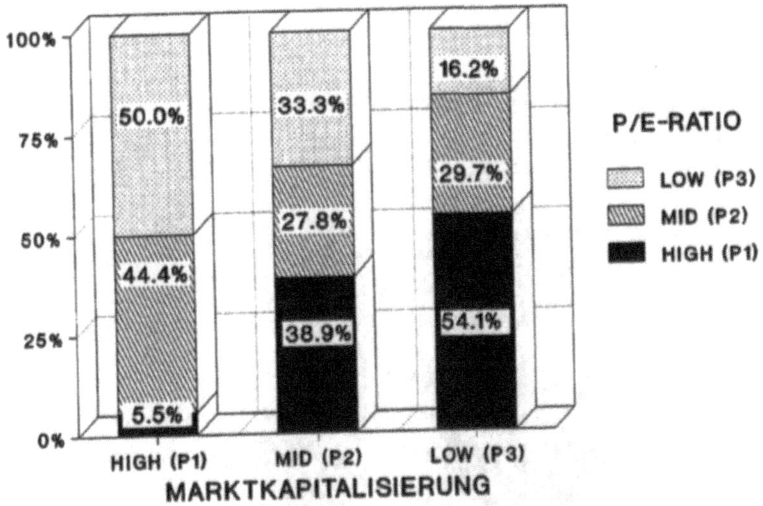

Abb. 4.5 zeigt die Verteilung des P/E-Ratio Kriteriums bei den nach der Dividend Yield selektionierten Portefeuilles. Der erste Balken zeigt das Portefeuille (P1), zusammengesetzt aus Titeln mit hoher Dividend Yield. Es enthält im Durchschnitt 16.7 % Titel mit hoher P/E-Ratio, 30.5 % Titel mit mittlerer P/E-Ratio und 52.8 % Titel mit tiefer P/E-Ratio.

Das Portefeuille mit Titel mittlerer Dividend Yield enthält im Durchschnitt 32.4 % Titel mit hoher P/E-Ratio, 35.2 % Titel mit mittlerer und 32.4 % Titel mit tiefer P/E-Ratio.

Das Portefeuille mit tiefer Dividend Yield hat eine Verteilung von 50 % Titel mit hoher P/E-Ratio, 36.1 % Titel mit mittlerer und 13.9 % Titel mit tiefer P/E-Ratio.

Das Bild zeigt auch hier, dass lediglich das mittlere Portefeuille (mittlere Dividend Yield) bezüglich der P/E-Ratios der selektierten Titel gleichverteilt ist. Titel mit tiefer Dividend Yield (Dividend Yield Effekt) korrespondieren mit Titeln mit hoher P/E-Ratio (P/E-Effekt) und vice versa. Der P/E-Effekt kann wiederum als Proxy für einen allfälligen Dividend Yield Effekt in Betracht gezogen werden. Umgekehrt, d.h. dass der Dividend Yield Effekt als Proxy für den P/E-Effekt beigezogen werden kann scheint im Lichte schweizerischer Daten wenig sinnvoll, da kaum empirische Evidenz für diesen zu verzeichnen ist.

Abb. 4.5 P/E vs. Dividend Yield

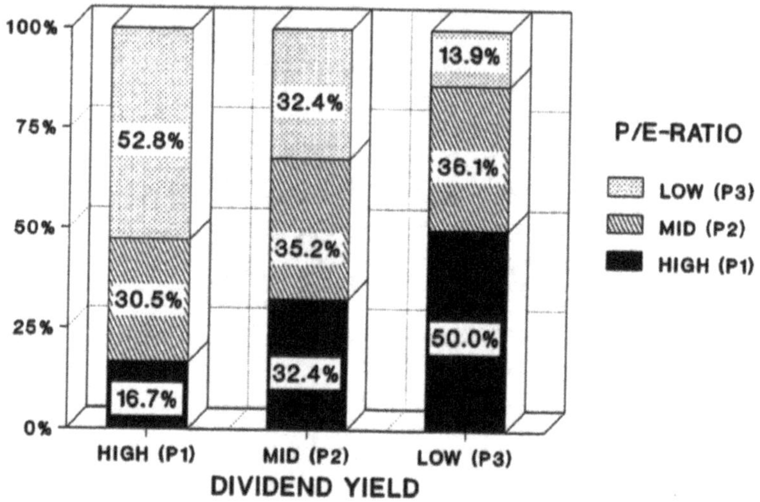

Abb. 4.6 zeigt die Verteilung des Dividend Yield Kriteriums bei den nach der Marktkapitalisierung selektionierten Portefeuilles. Der erste Balken zeigt das Portefeuille (P1), zusammengesetzt aus Titeln mit hoher Marktkapitalisierung. Dies ist bezüglich der Dividend Yield der Titel mit je 33.3 % exakt gleichverteilt.

Das Portefeuille mit Titel mittlerer Marktkapitalisierung enthält im Durchschnitt 22.2 % Titel mit hoher Dividend Yield, 41.7 % Titel mit mittlerer und 36.1 % Titel mit tiefer Dividend Yield.

Abb. 4.6 Dividend Yield vs. Marktkapitalisierung

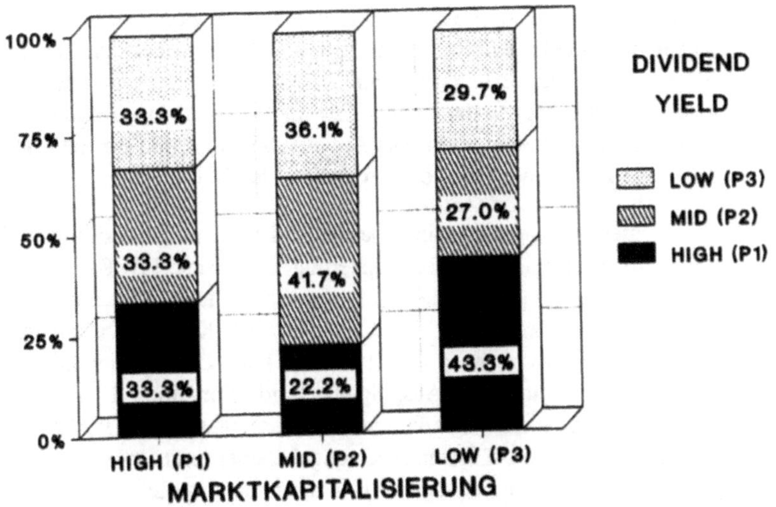

Das Portefeuille mit tiefer Marktkapitalisierung hat eine Verteilung von 43.3 % Titel mit hoher, 27 % Titel mit mittlerer und 29.7 % Titel mit tiefer Dividend Yield.

Verglichen mit den beiden vorangegangenen Abbildungen kann hier - bei grosszügiger Betrachtung - am ehesten von einer Gleichverteilung ausgegangen werden. Zumindest ist keine lineare Interdependenz zwischen den beiden Effekten zu beobachten, was eine klare Aussage über die Beziehung der beiden Effekte zueinander schwierig macht.

6. Zusammenfassung und bisherige Ergebnisse

Kapitel 4 befasste sich mit den aus der empirischen Literatur bekanntesten Aktienmarkt-Ineffizienzen: Small Firm -, Price/Earnings- und Dividend Yield Effekt. Alle drei Effekte wurden systematisch für schweizerische Aktien getestet. Dabei wurde darauf geachtet, dass sowohl die Grundgesamtheit der Marktdaten (111 schweizerische Aktien), wie auch die für die Untersuchung relevante Zeitperiode in allen drei Fällen identisch waren.

Die Untersuchungsmethodik bestand darin, ausgehend vom jeweiligen Anomaliekriterium (Marktkapitalisierung der Firma, P/E-Ratio der Aktie und Dividendenertrag der Aktie), drei unterschiedliche Portefeuilles zu bilden. Portfolio 1 umfasste die Titel mit "hoher" Kriteriumsausprägung (hohe Marktkapitalisierung, hohe P/E-Ratio und hohe Dividendenrendite), Portfolio 2 jene mit "mittlerer" Ausprägung und Portfolio 3 jene mit "tiefer" Kriteriumsausprägung. Bei diesem Prozedere wurden die Portefeuilles jeweils ein Jahr in derselben Zusammensetzung belassen und Ende Jahr bezüglich der jeweiligen Kriteriumsausprägung neu zusammengestellt, d.h. Titel, welche sich über das Jahr bzgl. Marktkapitalisierung, P/E-Ratio etc. stark verändert hatten, wurden in ein "höheres" bzw. "tieferes" Portefeuille eingeteilt. So enthält Portefeuille 1 stets jene Titel, welche sich bzgl. des einen Kriteriums im obersten Drittel der Gesamtheit befinden und Portefeuille 3 jene, welche sich kriteriumsspezifisch im untersten Drittel befinden. Portefeuille 2 enthält folglich jene Titel, welche über eine mittlere Kriteriumsausprägung verfügen.

Ueber die Periode 1.1.74-31.5.91 wurde dann die Performance der Portefeuilles sowie das Risiko und die Verteilungseigenschaften der Portefeuille-Erträge gemessen und einander gegenübergestellt. Zur Gegenüberstellung bzw. zur Beurteilung der Risiko-, Ertrags- und Verteilungseigenschaften der einzelnen Portefeuilles wurden parallel dazu ein kapitalisierungsgewichteter und ein gleichgewichteter Marktindex in den Vergleich miteinbezogen.

6.1. Der Small Firm Effekt

Ueber den gesamten Untersuchungszeitraum (1974-1991) weist von den drei Portefeuilles (hohe, mittlere und tiefe Marktkapitalisierung) jenes mit der tiefen Marktkapitalisierung die beste und jenes mit der mittleren Marktkapitalisierung die schlechteste Performance auf. Der Performance-Unterschied ist jedoch gering und liegt im Jahr durchschnittlich unter 2 %. Risikoadjustiert verkleinert sich der Performance-Unterschied, wenn man für die Beta-Berechnung die Methode von DIMSON[41] verwendet.

- Das grösste absolute Portefeuille-Risiko (Standardabweichung) weist jenes Portefeuille auf, welches die hochkapitalisierten Gesellschaften enthält. Das vergleichsweise niedrigste Risiko liefert das Portefeuille mit den mittelgrossen Firmen.

- Die Verteilung aller drei Portefeuilles ist leptokurtisch und asymmetrisch (negative Schiefe), wobei das mittlere Portefeuille die extremsten Verteilungswerte aufweist.

- Der Small Firm Effekt tritt in der Schweiz, wie vergleichsweise auch in den USA, zyklisch in Erscheinung. Die Zyklizität in der Schweiz umfasst überlappende 4-Jahresperioden, in denen tiefkapitalisierte Firmen an den Börsen besser bzw. schlechter performen als sog. "Big Caps". Die letzte 4-Jahresperiode (1988-91) zeigt ein eindeutig schlechteres Abschneiden der kleinen Firmen im Vergleich zu den hochkapitalisierten "Blue Chips".

  Im Vergleich zu den USA, wo sich über einen langen Zeitraum gesehen gesamthaft ein positiver Small Firm Effekt manifestiert, heben sich in der Schweiz die positiven bzw. negativen Effekte langfristig auf.

- Die relative Marktkapitalisierung der Unternehmungen änderte sich über die gesamte Untersuchungsperiode hinweg nur wenig.

41) Aktien kleiner Firmen werden im Vergleich zu Aktien grosser Gesellschaften nur unregelmässig gehandelt. Dies führt bei der Schätzung des Betafaktors nach traditionellem Verfahren (OLS) zu einer Verzerrung. Mit der Dimson-Methode wird dieser Verzerrung entgegengehalten.

6.2. Der Price/Earnings Effekt

- Von den drei Portefeuilles (hohe P/E-Ratio, mittlere P/E-Ratio, tiefe P/E-Ratio) lieferte jenes mit den tiefen P/E-Ratios die eindeutig beste Performance. Die schlechteste Performance wies das Portefeuille mit den Aktien mit hohen P/E-Ratios aus. Die Performance des ersteren lag im Schnitt um das vierfache höher als die Performance des letzteren, was einer jährlichen Differenz von rund 7 % entspricht.

  Risikoadjustiert verminderte sich die Differenz auf rund 6 %, wobei die Verwendung des Dimson-Verfahrens keine wesentlich anderen Resultate hervorbrachte als das konventionelle OLS-Schätzverfahren.

- Die Risikowerte der Portefeuilles (Standardabweichungen) verhalten sich entsprechend den jeweiligen Performancewerten. Das Portefeuille mit der höchsten Performance weist auch das höchste Risiko auf und vice versa.

- Die Verteilungen der Portefeuille-Erträge sind ebenfalls leptokurtisch und rechtsschief. Sie unterscheiden sich voneinander aber kaum.

- Bis auf die späten siebziger Jahre ist im Jahresvergleich stets ein positiver P/E-Effekt zu beobachten. Zyklische Merkmale im Verhalten des Effektes über die Zeit hinweg sind keine zu erkennen.

- Die P/E-Ratios der einzelnen Aktien schwanken relativ stark, so dass Ende Jahr stets grössere Umschichtungen vorgenommen werden mussten.

6.3. Der Dividend Yield Effekt

- Die drei nach der Dividendenrendite gegliederten Portefeuilles (hohe, mittlere und tiefe Dividendenrendite) zeigten ein unklares Bild. Die beste Performance kam vom Portefeuille mit Papieren mittlerer Dividendenrendite und die schlechteste lieferte jenes mit den tiefen Renditen. Die Performanceunterschiede sind jedoch gering. Risikoadjustiert liegt ein positiver Dividend Yield Effekt von rund 2 % p.a. vor.

- Bezüglich der Risikowerte der Portefeuilles lieferten die Papiere mit tiefer Dividendenrendite das höchste und jene mit hoher Dividendenrendite das tiefste Risiko.

- Die Verteilungseigenschaften der Portefeuille-Erträge sind bei allen drei Portefeuilles gleich leptokurtisch und rechtsschief.

- Der insgesamt positive Dividend Yield Effekt lässt sich bei näherer Betrachtung auf einige wenige Jahre mit Extremwerten zurückführen und unterliegt somit nicht einer systematischen Kontinuität.

- Die Dividendenrendite der einzelnen Aktien ist, wie auch die P/E-Ratio, keine stabile Grösse, was ebenfalls zu regen Portefeuille-Umschichtungen führte.

Zusammenfassend lassen obige Ergebnisse den Schluss zu, dass einzig für den Price/Earnings Effekt deutlich positive empirische Evidenz hinsichtlich eines ineffizienten Preisverhaltens vorliegt. Für den Small Firm Effekt ist aufgrund einer vorliegenden periodischen Zyklizität die Evidenz gemischt. Bezüglich des Dividend Yield Effektes muss klar gefolgert werden, dass eine Preisanomalie auf dem Schweizer Aktienmarkt in dieser Form nicht vorliegt.

6.4. Relative Interdependenzen

Die Ergebnisse zeigen, dass ein interrelatives Beziehungsnetz zwischen den einzelnen Anomalien vorherrscht. Tiefe Marktkapitalisierung und tiefe Dividendenrenditen stehen eng verflochten mit hohen P/E-Ratios. Einzig die Dividend Yield und die Marktkapitalisierung scheinen wenig miteinander zu tun zu haben bzw. sind unabhängig voneinander. Bezieht man sich auf die Ergebnisse bzgl. der einzelnen Effekte (Abschnitt 4.1. bis 4.3.) so liegt der Schluss nahe, dass für die schweizerische Aktienlandschaft der P/E-Effekt dominiert und die beiden anderen Effekte miteinschliesst. Ein Schluss, der zumindest für die Schweiz über die ganze Untersuchungsperiode, d.h. bei längerfristiger Betrachtung, Gültigkeit hat. Es können aber genauso Subperioden vorliegen, bei welchen der eine oder andere Effekt stärker hervortritt und somit die dominierende Rolle übernimmt. Je nach Periodenlänge und Land finden sich dann auch unterschiedliche Schlussfolgerungen über allfällige Beziehungsinterdependenzen unter den einzelnen Effekten. So finden z.B. KEIM(1985) für den amerikanischen und LEVIS(1988) für den britischen Aktienmarkt, dass Portfolios mit Titeln hoher Dividendenrendite zu einem grossen Anteil Titel mit tiefer Kapitalisierung beinhalten, oder dass z.B. der

Dividend Yield Effekt und der P/E-Effekt unabhängig voneinander sind (LEVIS(1988)). Beides Ergebnisse, welche so für den schweizerischen Fall nicht beobachtet werden konnten.

Bleibt zum Schluss jedoch die Quintessenz übrig - und diese findet sich auch in unzähligen anderen Untersuchungen wieder, welche sich mit interdependenten Beziehungen anomaler Preiseffekte auseinandersetzen - dass nämlich keiner der beobachtbaren Effekte a priori als unabhängige Anomalie oder als einzige gewinnbringende Investmentstrategie betrachtet werden kann.

> *"... one can raise questions about the strength of one anomaly as an independent determinant of the stock returns generating process. The strong dependence with other firm attributes suggest that it cannot be viewed as either an independent anomaly or as a profitable investment strategy in its own right."*
>
> *[LEVIS(1988) S.30]*

Kapitel 5:
Zusammenfassung und Schlussfolgerungen

"We are forced to act largely in the dark."

Fischer Black

1. Zusammenfassung

Die Effizienzmarkthypothese ist nun rund dreissig Jahre alt. Die erste Hälfte dieser "Epoche", sie ist Gegenstand der Darlegungen in **Kapitel 1**, galt schwergewichtig der Ausgestaltung des Konzeptes und diente ferner einer ersten empirischen Bestandesaufnahme. Die empirischen Erkenntnisse der ersten Jahre sprachen sich mehrheitlich für die Gültigkeit der Hypothese aus und bestätigten somit das, was das Konzept in seinem theoretischen Kern beinhaltet; nämlich dass es sich bei Finanzmärkten um hochkompetitive Märkte handelt.

Die zweite Epoche, d.h. die achtziger und neunziger Jahre, unterscheidet sich wesentlich von der ersten in dem Sinne, dass sie eine schier unüberblickbare Anzahl von Preiseffekten hervorbrachte, welche auf den ersten Blick nicht so ganz in das bestehende Konzept hineinzupassen schienen. So z.B. sind es Phänomene wie "Excess Volatility" und "Mean Reversion", welche die Frage hervorriefen, ob Preise bezüglich Informationen "über"-oder "unterreagieren". Es sind empirische Beobachtungen wie der Day-of-the-Week oder der Month-of-the-Year Effekt, welche saisonale Muster vermuten lassen, und es sind Preisimplikationen bezüglich Variablen wie Marktkapitalisierung (Size), Price/Earning-Ratios, Dividend Yields etc.

Es dokumentierte sich ein Puzzle sog. "Anomalien", dessen Einzelteile meist eine ökonomische Erklärung innerhalb des bestehenden Konzeptes vermissen liessen. Die vorliegende Arbeit versuchte, mit den Ausführungen in Kapitel 2, 3 und 4 diesbezüglich einen, wenngleich unkompletten Überblick über die wichtigsten Preiseffekte dieser Art zu geben.

Gegenstand von **Kapitel 2** bildete im wesentlichen die sog. "Overreaction"-Hypothese, welche davon ausgeht, dass Aktienpreise bezüglich neuer Information systematisch "überreagieren". Diese Hypothese, u.a. formuliert in DeBONDT/THALER(1987,1988), basiert im wesentlichen auf den empirisch beobachtbaren Phänomenen "Excess Volatility" und "Mean Reversion". Abschnitt 2 befasste sich demzufolge eingehend mit den empirischen Phänomenen im Rahmen der "Overreaction"-Hypothese.

"Excess Volatility" bezieht sich auf die Barwertbeziehung zwischen Aktie und ihrer Dividende und dokumentiert, dass Aktienpreisveränderungen, welche sich aufgrund von Dividendenveränderungen ergeben, zu volatil sind, als dass sie alleine durch die Veränderung der Dividende hinreichend erklärt werden könnten. Der Interpretation, dass "Excess Volatility" eine Verletzung der EMH impliziert, musste kritisch begegnet werden. Da sich "Excess Volatility" in erster

Linie auf das Dividend Discount-Modell bezieht, liegt der Schluss einer Fehlspezifikation des zugrundeliegenden Preisbilungsmodells näher als die Absage an die Effizienzmarkthypothese.

Im Gegensatz zu "Excess Volatility" muss "Mean Reversion" im Lichte der neueren Effizienzmarktdiskussion als das allgemeiner gefasste Phänomen betrachtet werden. Es beinhaltet, dass Aktienreturns über die lange Frist nicht vollständig unabhängig voneinander sind (negative Autokorrelation) und bildet so einen direkten Widerspruch zur Random Walk- bzw. Effizienzmarkthypothese.

Bezugnehmend auf die "Overreaction"-Hypothese bzw. auf die ihr zugrundeliegenden empirischen Phänomene wurde versucht, den theoretischen Hintergrund näher auszuleuchten. Die Literatur bietet diesbezüglich zwei unterschiedliche Ansätze, welche gleichsam zur Erklärung der Phänomene beigezogen werden müssen. Zum einen sind es Ansätze, welche von einem irrationalen Marktverhalten (sog. "Noise Trading") und somit von einer Verletzung der Effizienzmarkthypothese ausgehen. Zum anderen sind es Gleichgewichtsansätze, welche bei Gültigkeit der Effizienzmarkthypothese, im Rahmen rationaler Marktteilnehmer, ein allfälliges "Überschiessen" des Aktienmarktes erklären.

In Abschnitt 3 galt es, für die Überprüfung der "Overreaction"-Hypothese ein adäquates Testprozedere zu spezifizieren und dieses auf den Schweizer Aktienmarkt anzuwenden. Motiviert u.a. durch die Ergebnisse aus LO/MacKINLAY(1989,1990) und COCHRANE(1987,1988) bezüglich der Adäquanz möglicher Testalternativen (Power etc.), wurde für den vorliegenden Fall ein Varianz Ratio-Test gewählt.

Die Untersuchung wurde mit Jahresdaten für die Periode 1926-1990 bzw. einzelne Subperioden durchgeführt. Für eine kürzere Periode wurde der Test mit Monatsdaten für einen wert- bzw. gleichgewichteten Index durchgeführt. Die Ergebnisse brachten bezüglich "Mean Reversion" im wesentlichen positive Evidenz hervor, welche sich ab 1947,und insbesondere für den wertgewichteten Aktienindex, am stärksten akzentuierte.

Als Quintessenz der Ergebnisse blieb, dass Preisveränderungen schweizerischer Aktien zeitlich nicht vollständig unabhängig voneinander sind. Diesem Ergebnis lag die Vermutung nahe, dass ein reiner Random Walk-Prozess eine unvollständige Repräsentation des zugrundeliegenden Preismechanismus darstellt.

Das weitere Vorgehen war motiviert durch die Interpretation gleichgelagerter Resultate amerikanischer Studien. Die empirische Literatur, so z.B. SUMMERS(1986), POTERBA/SUMMERS(1988), FAMA/FRENCH(1988),

LO/MacKINLAY(1988,1989), zeigt, dass negativ autokorrelierte Returns im Sinne von "Mean Reversion" für eine leicht abfallende Preiskomponente in Form eines AR(1)-Prozesses sprechen.

Dementsprechend wurde in Abschnitt 4 für den zugrundeliegenden Preisbildungsprozess eine Kombination von Random Walk- und AR(1)-Prozess spezifiziert und versucht, anhand einer Varianzdekomposition eine quantitative Aussage hinsichtlich der Bedeutung der abfallenden, stationären Preisbildungskomponente zu machen. Es zeigte sich, dass über 50 % der Varianzinnovation der Periodenreturns durch die Varianz dieser Preiskomponente erklärt werden kann.

Die im Zusammenhang mit der "Overreaction"-Hypthese gewonnenen empirischen Ergebnisse brachten einige Zweifel hervor, ob mit einem reinen Random Walk-Prozess der zugrundeliegende Preisbildungsprozess richtig spezifiziert ist. Bezüglich einer allfälligen Verletzung der Effizienzmarkthypothese liessen die Resultate jedoch keine eindeutige Schlussfolgerung zu. Dies zeigt sich darin, dass sowohl irrationales ("Noise Trading") wie auch rationales Marktverhalten zu demselben Verhaltensmuster ("Mean Reversion") in den Daten führen kann.

Ungeachtet der Kausalzusammenhänge sind die Ergebnisse aus Kapitel 2 bezüglich einer abfallenden, stationären Komponente im Preisbildungsprozess nicht unwesentlich für das Portfolio Management. Die Existenz einer leicht abfallenden, stationären Preiskomponente impliziert, dass die Volatilität einer langfristigen Anlage effektiv geringer ist, als jene, welche durch die Extrapolation der Periodenvolatilität aufgrund des Random Walk Modells gegeben ist. Ein Investor, dessen Risikoaversion kleiner (grösser) eins ist, wird demzufolge bei vorliegender "Mean Reversion" und zunehmendem Zeithorizont weniger (mehr) in Aktien investieren, als dass dies der Fall wäre, wenn die Aktienreturns völlig unabhängig voneinander wären.[1] Ferner müsste die Existenz einer stationären Preiskomponente antizyklische Anlagestrategien gegenüber prozyklischen favorisieren. Ein Ausdruck dessen zeigt sich z.B. in DeBONDT/THALER(1985), welche für Portfolios, zusammengestellt aus ex post unterperformenden Aktien, signifikante "Excess Returns" nachweisen konnten. Auch zeigte sich in HERGER/THEURILLAT(1995), dass eine Optionsstrategie mit konkavem Payoff (antizyklische Optionsstrategie), angewandt auf den Schweizer Aktienmarkt für die Periode 1989-1994, im Vergleich zu einer entsprechenden Optionsstrategie mit konvexem Payoff (prozyklisch) signifikant höhere Renditen generiert.

---

1) Vgl. diesbezüglich u.a. auch SAMUELSON(1988) und BALL(1988).

Insbesondere monatliche und tägliche Returnsaisonalitäten bilden den Kern der Ausführungen in **Kapitel 3**. Geht man von der Gültigkeit der Effizienzmarkthypothese bzw. dem implizit zugrundegelegten Random Walk-Modell aus, so muss als eine der Konsequenzen gelten, dass sich Returnschwankungen über die Zeit ausgleichen, und sich keine systematischen, saisonalen Muster in den historischen Returns niederschlagen.

Schon früh entdeckte WACHTEL(1942) anhand amerikanischer Daten, dass sich bezüglich der Kalendermonate unterschiedliche Returndurchschnitte manifestieren, und dass z.B. der Monat Januar systematisch höhere Aktienerträge hervorbringt als die restlichen Kalendermonate. Diese These, in Form des sog. Month-of-the-Year- oder Januar Effektes, erhärtete sich in diversen weiteren Untersuchungen[2] und bildete die Grundlage der Ausführungen in Abschnitt 2.

Die Untersuchung mit Schweizer Daten für die Periode vom 31.12.1973bis 31.05.1991brachte eindeutig positive Evidenz für die Existenz eines Januar Effektes hervor. Anhand einer Regressionsschätzung mit Monatsdummies und einer deskriptiven statistischen Analyse konnte gezeigt werden, dass sich die täglichen Returndurchschnitte im Januar signifikant positiv vom Durchschnitt der restlichen Monate abheben. Ferner bestätigten sich auch die Ergebnisse aus KEIM(1983), dass ein Zusammenhang zwischen Marktkapitalisierung und Januar Effekt besteht. Dies manifestierte sich dadurch, dass der Januar Effekt für den gleichgewichteten Index bzw. für das Portefeuille mit den tiefstkapitalisierten Werten deutlich akzentuierter ausfiel als für den marktkapitalisierten Index bzw. für das Portefeuille mit den höchstkapitalisierten Aktien (Blue Chips).

Bezüglich der Verteilungseigenschaften stellte sich heraus, dass die Januarreturns vergleichsweise eine höhere Varianz aufweisen und im Gegensatz zu den Returns der übrigen Monate durch ein rechtsschiefes Verteilungsbild charakterisiert werden können.

Abschnitt 3 focusierte mit dem Day-of-the-Week- oder Weekend Effekt eine zweite, bedeutende saisonale Anomalie der empirischen Literatur, welche ebenfalls früh mit den Arbeiten von FIELDS(1931,1934) Erwähnung findet. Auch hier brachte eine Regressionsschätzung sowie eine einfache, deskriptive statistische Analyse Resultate hervor, welche signifikant unterschiedliche Returndurchschnitte der einzelnen Wochentage belegen. So unterscheiden sich z.B.Montagsreturns signifikant negativ von jenen der Tage Mittwoch bis Freitag.

---

2) Für einen Überblick vgl. u.a. GULTEKIN/GULTEKIN(1983), DIMSON(1988), IKENBERRY/LAKONISHOK(1988) und HOTZ(1989).

Bezüglich des Einflusses der Marktkapitalisierung zeigte sich, verglichen mit den Resultaten zum Januar Effekt, ein umgekehrtes Bild. Die Unterschiede in den Tagesreturnmittelwerten fallen bei hochkapitalisierten Werten höher aus als bei tiefkapitalisierten.

Ein Blick auf die Verteilungseigenschaften der Wochentagreturns zeigt eine vergleichsweise höhere Volatilität (Standardabweichung) der Montagreturns und eine stark akzentuierte negative Verteilungsschiefe.

In Abschnitt 4 werden zur Komplettierung einige weitere saisonale Effekte kurz angesprochen.

Die empirischen Ergebnisse bezüglich der monatlichen- bzw. täglichen Saisonalitätseigenschaft schweizerischer Aktien in Kapitel 3 bestätigen die Ergebnisse zahlreicher Autoren. Die Tatsache, dass sich saisonale Schwankungen langfristig nicht ausgleichen, sondern sich systematisch und strukturell verhärten, birgt gewissermassen einen Widerspruch zur diesbezüglichen Vorstellung im Rahmen der Effizienzmarkthypothese.

Die Erklärungsansätze, welche für diese empirischen Phänomene herhalten, sind fragmentarisch. Was z.B. den Januar Effekt betrifft, so können, zumindest partiell, die erhöhten Risikowerte eine Erklärung für die überdurchschnittlichen Erträge abgeben. Weiter findet man in der Literatur Ansätze, welche mögliche Saisonalitäten in der Informationsveröffentlichung ("information hypothesis") oder Steuerargumente ("Tax-Loss Selling Hypothesis") zur Erklärung beiziehen. Auch institutionsbedingte Faktoren wie z.B. Bilanzstichtag, Reportingperiode etc. dürften einen Einfluss haben. Und schlussendlich, als ultima ratio, dürften auch psychologische Faktoren, z.B. Verhaltensmuster der Marktteilnehmer u.ä. ein Quantum an Erklärungsgehalt besitzen.

In der Domäne der Investoren sind Returnsaisonalitäten wie z.B. der Month-of-the-Year Effekt keine unbekannten Phänomene. Begriffe wie "Sommer- oder Januar-Rally" stehen bezeichnenderweise für das, was auch die empirischen Ergebnisse diesbezüglich hervorbringen. Wenn nun aber eine breit abgestützte Kenntnis saisonaler Effekte nicht zu einem Verschwinden dieser beiträgt, so liegt die Vermutung nahe, dass saisonale Returndifferenzen durch spekulative Tendenzen eher verstärkt als eliminiert werden. In diesem Licht betrachtet, müssten die Ursachen eines solchen Marktverhaltens vermehrt auch in den Ansätzen der "Bubble"-Theorie oder "Noise"-Debatte zu finden sein.[3]

Kapitel 4 befasste sich schliesslich mit den sog. relativen Anomalien, d.h. dem Small Firm-, Price/Earnings- und Dividend Yield Effekt.

---

3) Diesbezüglich vgl. den Übersichtsartikel von STIGLITZ(1990) zum Thema "Bubbles" bzw. die bezüglich der "Noise"-Debatte zitierte Literatur in Kapitel 2 dieser Arbeit.

Diese Effekte beziehen sich auf einen allfälligen Zusammenhang zwischen dem Ertrag einer Anlage und Faktoren wie Marktkapitalisierung, PE-Ratio, und Dividendenrendite. Ein solcher Zusammenhang, zumindest wenn er sich als systematisch erhärtet erweist, steht in einem gewissen Widerspruch zum Capital Asset Pricing Modell bzw. zur impliziten Annahme der Markteffizienz, da im Rahmen des Capital Asset Pricing Modells der zu erwartende Ertrag einer Anlage einzig durch das Risiko (gegeben durch die Standardabweichung der Returns) bestimmt wird.

Die Untersuchungen, welche bezüglich der drei Effekte vorgenommen wurden, stellen keinen Effizienztest im eigentlichen Sinne dar. Da sie auf dem Capital Asset Pricing Modell basieren, müssen sie als eine Überprüfung eines Modells einer Hypothese (Effizienzmarkthypothese) verstanden bzw. interpretiert werden. Allfällige Effekte dieser Art lassen in diesem Sinne auf eine Fehlspezifikation des Gleichgewichtsmodelles ebenso schliessen wie auf die Existenz einer "echten" Marktineffizienz. Ferner muss auch nicht mit Sicherheit das untersuchte Kriterium (z.B. Marktkapitalisierung) per se für das Auftreten der Anomalie verantwortlich sein. Es ist genausogut möglich, dass das jeweilige Kriterium als Proxi für einen noch unbekannten, im Capital Asset Pricing Modell undefinierten Zusammenhang stehen kann.

Die Untersuchungsmethodik war dergestalt, dass ausgehend vom jeweiligen Auswahlkriterium (Marktkapitalisierung, PE-Ratio bzw. Dividendenertrag) Portefeuilles gebildet wurden, welche dann u.a. bezüglich ihrer Ertrags-, Risiko- und Verteilungseigenschaften analysiert wurden.

Die Untersuchung des Small Firm Effektes in Abschnitt 2 brachte gemischte Evidenz hervor. Einerseits konnte auf risikoadjustierter Basis eine Überschussrendite kleinkapitalisierter Gesellschaften festgestellt werden.[4] Andererseits zeigte sich diese stark saisonal (zyklisch) bedingt und absolut gesehen, d.h. über die Gesamtperiode hinweg (1974 - 1991), nicht signifikant.

Die Ergebnisse bezüglich des Price/Earnings Effektes in Abschnitt 3 brachten bezüglich des Portefeuilles, zusammengestellt aus Titeln mit tiefer P/E-Ratio, eine risikoadjustierte Überschussperformance von durchschnittlich 6 % p.a. hervor. Bis auf die späten siebziger Jahre war im Jahresvergleich stets ein positiver P/E-Effekt zu beobachten.

Demgegenüber brachten die Resultate bezüglich des Dividend Yield Effektes in Abschnitt 4 keine empirische Evidenz hervor, welche eine allfällige Relevanz dieses Effektes, bezogen auf den Schweizer Aktienmarkt, vermuten liesse.

---

4) Bzgl. der Risikoadjustierung wurde das Problem des "thin trading" jeweils so berücksichtigt, dass für die Berechnung der entsprechenden Betas die Methode von DIMSON angewandt wurde.

Die Untersuchungen in Abschnitt 5 hatten zum Ziel, festzustellen, ob zwischen den einzelnen Effekten ein Zusammenhang besteht. Es zeigte sich diesbezüglich eine Interdependenz zwischen dem P/E- und dem Small Firm Effekt, was in Anbetracht der vorangegangenen Ergebnisse die Vermutung eröffnete, dass für den Schweizer Aktienmarkt der P/E-Effekt dominiert bzw. den Small Firm Effekt miteinschliesst.

Das Puzzle der relativen Anomalien enthält einige interessante Aspekte für die Finanzpraxis. Zum einen kann es als Basis für eine Erweiterung bzw. Differenzierung der reinen Mittelwert/Varianz-Analyse verstanden werden und so zu u.U. qualitativ besseren Portfolio-Entscheidungen beitragen. Zum anderen kann es dazu dienen, das Angebot an Finanzmarktinstrumenten entsprechend zu differenzieren. Eine Tendenz, welche sich in den letzten Jahren durch die Emission zahlreicher "SmallCap"-Fonds bereits deutlich abgezeichnet hat.

2. Schlussfolgerungen für die Theorie effizienter Märkte

Die zentrale Frage am Ende der Arbeit muss zwangsläufig jene sein, ob wir in Anbetracht der vorliegenden empirischen Evidenz imstande sind, im Rahmen der bestehenden Konzepte ein abschliessendes Urteil über die Effizienz des betreffenden Marktes zu geben. Ich glaube nicht. Es sind noch zu viele Fragen offen, bezüglich derer die heutige Finanzmarkttheorie zwar die stilisierten Fakten kennt, nicht aber die Modelle besitzt, sie ultimativ und ausreichend zu erklären.

Nimmt man FAMA's (1976) Definition eines effizienten Marktes in dem Sinne, dass der jeweilige Marktpreis die auf dem Markt auftretende Information "korrekt" wiedergibt, so muss eine klare theoretische Grundlage vorliegen, bezüglich dessen, was unter einer "korrekten" Preisbildung zu verstehen ist.[5] Markteffizienz kann somit nie isoliert vom zugrundeliegenden Preisbildungsmodell beurteilt werden. Verschafft man sich einen Überblick über die wichtigsten Preisbildungsmodelle, wie Present Value Modell, Miller-Modigliani Theorem, Capital Asset Pricing Modell, Black/Scholes Optionspreis Modell und Arbitrage Pricing Theorie, so zeigt sich, dass die Beurteilung dessen, was eine "korrekte" Preisbildung ist, grössere Probleme in sich birgt.

Eines der ganz grossen Mankos der vorhandenen Preisbildungsmodelle ist, dass sie die Determinanten des Angebots unberücksichtigt lassen bzw. diese als exogen vorgegeben betrachten.[6] Gäbe es eine konkrete Vorstellung hinsichtlich der Determinanten des Angebots (z.B. geringere Arbeitsproduktivität an Montagen, Informationsproduktion bzw. Verarbeitungs- und Veröffentlichungsrhythmus von Informationen etc.), so würden die Ergebnisse in Kapitel 2, wie z.B. zeitlich variierende Returndurchschnitte ("Mean Reversion") oder der Day-of-the-Week bzw. Month-of-the-Year Effekt aus Kapitel 3 unter Umständen ökonomisch erklärbar werden. Solange aber die zugrundeliegenden Preisbildungsmodelle über die Determinanten des Angebots schweigen bzw. das Angebot als eine Konstante vorgeben, dürfen

5) Diese bekannte Tatsache wird in der empirischen Literatur häufig als sog. gemischte Hypothese ("joint hypothesis") von Markteffizienz und Capital Asset Pricing Modell aufgeführt. Beachtet man, dass die bekannten Preisbildungsmodelle grundsätzlich von perfekten Märkten ausgehen und somit die Gültigkeit der Effizienzmarkthypothese implizieren, so muss bei Effizienzmarkttests korrekterweise nicht von einer gemischten Hypothese, sondern von einem Test eines Modells, basierend auf einer Hypothese, ausgegangen werden. Vgl. diesbezüglich BALL(1988).

6) Vgl. u.a. BALL(1988).

Returnsaisonalitäten nicht a priori überraschen. Ein gelungener Versuch, wenngleich nachfrageseitig modelliert, scheint mir deshalb der in Abschnitt 2.2.2.dargestellte Erklärungsansatz von MARCUS(1989).

Das Capital Asset Pricing Modell geht bezüglich der Varianz des Marktportfolios, der Risikoprämie des Marktes und der Betas der einzelnen Assets von exogenen Variablen aus. Da diese Variablen keine Zeitreihenkonstanten sind, können sie im vorliegenden Modellzusammenhang jegliche zeitliche Variabilität verursachen. Diese wird empirisch zwar erfassbar, lässt aber eine allfällige ökonomische Erklärung offen.

Wie hoch darf die Varianz des Marktportfolios sein? Wie stark dürfen die Betas der Finanzaktiva über die Zeit variieren, dass wir es als Evidenz für oder gegen die Effizienzmarkthypothese interpretieren? Das Capital Asset Pricing Modell kennt diesbezüglich keine Antworten. Es sagt nichts darüber aus, wie sich Betas über die Zeit oder sektoral verändern und ob solche Veränderungen konsistent mit der Effizienzmarkthypothese sind. Preisbildungsparameter wie Risikoprämien, Betas etc. können durchaus Saisonalitäten aufweisen. Es gibt kaum Gründe, warum das aggregierte Marktrisiko (Standardabweichung der Indexreturns) oder die relativen Risiken der Assets (Betas) nicht z.B. nach Wochentagen, oder Kalendermonaten variieren können. Veröffentlicht eine Firma ihre Akquisitionen, Earnings, Dividenden etc. immer an einem Donnerstag, weil dies einfach in der Tradition der Terminierung der Geschäftsleitungssitzungen liegt, so werden die Donnerstagsreturns eine grössere Varianz (eventuell auch Kovarianz) aufweisen.

Es zeigt sich, dass es schwierig ist, Markteffizienz zu testen, wenn die zugrundeliegenden Testverfahren sensitiv auf die Inkonstanz der Parameter im Preisbildungsmodell reagieren.

Bezüglich der zugrundegelegten Aktienpreisbildungsmodelle ist zu sagen, dass diese nicht nur bezüglich der Determinanten des Angebots defizitär sind, sondern sie sind als partielle Gleichgewichtsmodelle auch unvollständig bzgl. der Modellierung der Nachfrage. Das Capital Asset Pricing Modell sagt lediglich etwas aus über die Beziehung der Aktienpreise relativ zueinander. Es ist in dem Sinne eine Mittelwert-Varianz-Modifikation des Present Value Modells, als es den Gleichgewichtsertrag ("equal rate of return") dieses Modelles auf die relativen (exogenen) Risikodifferenzen der einzelnen Aktien anwendet.

Dass es sich beim CAPM um ein partielles Gleichgewichtsmodell handelt, manifestiert sich in der Rolle des Marktportfolios bzw. Indexes. Die Preisbildung der einzelnen Assets bezieht sich relativ zum Index. Der "Expected Return" des Indexes ist aber exogen gegeben, d.h. es fehlt die ökonomische Fundierung einer "korrekten" Preisbildung des zu erwartenden Markt- bzw. Indexreturns. Eine Vorstellung diesbezüglich kann zwar aus den Grundlagen der Makrotheorie hergeleitet werden, doch die Zusammenhänge sind nicht selten arbiträr, und der Erklärungsgehalt der Modelle ist entsprechend gering. Mögliche gesamtwirtschaftliche Einflussfaktoren kommen erst sukzessive an den Tag (z.B. der Einfluss von "Consumption Smoothing" im Modell von BLACK(1989)) und sind bezüglich ihrer ultimativen Relevanz noch wenig gesichert.

Ein weiteres, wesentliches Problem ergibt sich aufgrund der limitierten Datenverfügbarkeit. Effizienzmarkttests beziehen sich in der Regel auf eine Auswahl an der Börse kotierter Titel. Nebenbörslich gehandelte oder nichtkotierte Firmen bilden mehrheitlich keinen Bestandteil des Marktportfolios. Aus ROLL(1977,1978) wissen wir, dass eine begrenzte Auswahl der Grundgesamtheit des Marktportfolios im Rahmen des Capital Asset Pricing Modells zu einer Verzerrung der Parameterschätzwerte führen kann. Eine Verzerrung, welche sich in den "Excess Return"-Schätzungen niederschlägt und im Zusammenhang mit der Beurteilung von Markteffizienz zu Fehlinterpretationen führen kann. Bildet das Marktportfolio im CAPM- oder Marktmodell-Kontext keine repräsentative Benchmark, so werden in der Regel jene Titel (z.B. tiefkapitalisierte Titel) die grössten Abweichungen erfahren, welche durch das Marktportfolio am schlechtesten repräsentiert werden.

Bei den grossen, börsenkapitalisierten Firmen zeigt sich eine solche Missspezifikation weniger. Der Index, schwergewichtig gebildet aus eben diesen Titeln, stellt diesbezüglich eine adäquate Kontrollgrösse (Benchmark) dar. Demgegenüber können kleinkapitalisierte Firmen als Proxi für nichtkotierte und somit nicht im Marktportfolio enthaltene Firmen angesehen werden. Für diese Titel bildet das Marktportfolio bzw. der Index keine effektive Kontrollgrösse. Das "wahre"Beta dieser Titel kann dann substanziell von jenem Beta abweichen, welches aufgrund der hierfür nicht repräsentativen Benchmark geschätzt wurde.[7]

Daraus muss gefolgert werden, dass im Rahmen eines partiellen Gleichgewichtsmodells wie dem CAPM oder Marktmodell "Excess Returns" dann äusserst schwierig zu beurteilen sind, wenn das Marktportfolio bezüglich der jeweiligen Aktie oder Aktiengruppe keine repräsentative Kontrollgrösse bildet. Es zeigt die Problematik auf, wenn es darum geht, die Ergebnisse zahlreicher Autoren bezüglich Small Firm-, PE-, Dividend Yield Effekt etc., sowie die diesbezüglichen Ergebnisse für den Schweizer Aktienmarkt in Kapitel 4, in Richtung eines effizienten oder ineffizienten Marktverhaltens zu interpretieren.

Angesichts der Auswahl der in diesem Abschnitt angesprochenen Probleme manifestieren sich Grenzen. Es sind Grenzen, die es zweifellos zu beachten gibt, wenn es angesichts empirisch beobachteter Phänomene darum geht, diesen oder

---

7) Das in Kapitel 4 angesprochene Problem des "thin trading" bzw. die hierzu angewandten Korrekturen (DIMSON-Beta) vermögen das Problem nur partiell zu lösen.

jenen Effekt in Richtung eines ineffizienten Marktverhaltens hin zu interpretieren. Auch ein hoch kompetitiver Markt kann eine zumindest partiell nicht-komptetitive Struktur der Marktteilnehmer beinhalten, welche durch den Anreiz überdurchschnittlicher Erträge mithilft, den Markt effizient zu gestalten.[8]

In diesem Sinne reihen sich die Ergebnisse, welche bezüglich möglicher Ineffizienzen in der vorliegenden Arbeit gewonnen werden konnten, als "stilisierte Fakten" zu jenen unzähliger anderer Autoren ein und verdienen, wenn auch mangels besseren Wissens, zumindest einen wissenschaftlichen Respekt.

> *"If the best knowledge we have is stylized facts rather than theories, surely our priors must be influenced by those stylized facts and we must expect them in a competitive market."*
>
> *[BALL(1988), S.43.]*

---

8) Vgl. GROSSMAN/STIGLITZ(1976,1980) oder auch die Diskussion in ZIMMERMANN(1986), S.110.

Anhang zu Kapitel 2

(a) Stationärer AR(1)-Prozess

Diese Alternative korrespondiert mit den "Fads & Fashions"- Ansätzen, diskutiert u.a. in SHILLER(1981) und SHILLER/PERRON(1985). Der Aktienpreis X_t lässt sich schreiben als

$$X_t = \alpha + \Phi X_{t-1} + \epsilon_t, \qquad \text{wobei } 0 < \Phi < 1 \text{ und } \epsilon_t \sim N(0, \sigma_\epsilon^2)$$

(b) Kombination eines AR(1)-Prozesses mit einem Random Walk

Diese Alternativhypothese korrespondiert mit den Tests in FAMA/FRENCH(1987), POTERBA/SUMMERS(1987) und findet sich auch in den früheren Arbeiten von z.B. MUTH(1960) und BEVERIDGE/ NELSON(1981) wieder. Die Regressionsgleichung bezüglich des Aktienpreises X_t schreibt sich hier als

$$X_t = Y_t + Z_t \qquad \text{wobei}$$

$$Y_t = \alpha + \Phi Y_{t-1} + \epsilon_t \qquad \text{AR(1)-Komponente und}$$

$$Z_t = Z_{t-1} + \xi_t \qquad \text{Random Walk Komponente mit } \xi_t \sim N(0, \sigma_\xi^2)$$

(c) ARIMA(1,1,0)- bzw. Unit Root-Prozess

Die Unit Root-Hypothese, u.a. dokumentiert in LO/MacKINLAY(1987), ist Gegenstand einer ganzen Reihe von Arbeiten zur "unit root"-Literatur. Sie basieren im wesentlichen auf den Ausführungen von DICKEY/ FULLER(1979,1981). Ein integrierter AR(1)- bzw. ARIMA(1,1,0)-Prozess schreibt sich demnach als

$$X_t = \alpha + \Phi X_{t-1} + \epsilon_t, \qquad \text{wobei } \Phi = 1 \text{ ("unit root") mit } \epsilon_t \sim N(0, \sigma_\epsilon^2)$$

Durch einmaliges Differenzieren der Regressionsgleichung erhält man die Testgleichung für den "unit root"-Test:

$$(X_t - X_{t-1}) = \kappa(X_{t-1} - X_{t-2}) + \zeta_t \text{ wobei}$$
$$|\kappa| < 1 \text{ und } \zeta_t \sim N(0, \sigma_\zeta^2)$$

Obige Ausführungen machen deutlich, dass das Random Walk Modell "unit root"-Eigenschaften aufweist und somit ein Bestandteil der Unit Root-Hypothese bildet. Dennoch unterscheidet sich die Testphilosophie der "unit root"-Tests von jener der Random Walk Tests in dem Sinne als

> *"... applications of unit root tests propose the null hypothesis that the random walk component does not exist, whereas tests of the random walk have as their null hypothesis that the stationary component does not exist."*
>
> *[LO/MacKINLAY(1989), S.205]*[1]

Dieser Zusammenhang wird u.a. deutlich durch die Ausführungen von BEVERIDGE/NELSON(1981), bzw. durch die Aufspaltung des Preisbildungsprozesses in eine nicht-stationäre (Random Walk) und eine stationäre (AR(1)) Komponente, welche bereits oben unter b) dargestellt wurde.

---

1) Hierzu vgl. auch GOULD/NELSON(1974), HALL(1978), LUCAS(1978), SHILLER(1981), KLEIDON(1986), MARSH/MERTON(1986) und die dort zitierte Literatur.

Literaturverzeichnis

ADMATI, A.R. / PFLEIDERER, P. (1988): "A Theory of Intraday Trading Patterns: Volume and Price Variability",Review of Financial Studies.

ALCHIAN, A. (1950): "Uncertainty, Evolution, and Economic Theory",Journal of Political Economy, 58, 211-221.

ARBEL, A. (1985): "Generic Stocks: An Old Product in a New Package", Journal of Portfolio Management, Summer, 4-13.

ARIEL, R. (1980): "High Stock Returns Before Holidays",Working Paper, Sloan School of Management, Massachusetts Institute of Technology, April.

BALL, R. (1978): "Anomalies in Relationships Between Securities, Yields and Yield-Surrogates", Journal of Financial Economics, 6, June/September, 103-126.

BALL, R. (1988): "What Do We Know About Stock Market 'Efficiency'",in: Taylor, S.J. et al. (eds.), A Reappraisal of the Efficiency of Financial Markets, Heidelberg: Springer.

BALL, R. / BOWERS, J. (1988): "Daily Seasonals in Equity and Fixed-Interest Returns: Australian Evidence and Test of Plausible Hypotheses", in: Dimson E (ed.), Stock Market Anomalies, Cambridge: Cambridge University Press.

BANZ, R.W. (1981): "The Relationship Between Return and Market Value of Common Stocks",Journal of Financial Economics, 9, June, 3-18.

BANZ, R.W. / BREEN, W. (1986): "Sample Dependent Results Using Accounting and Market Data: Some Evidence", Journal of Finance, September, 779-794.

BANZ, R.W. / HAWAWINI, G. (1987): "Equity Pricing and Stock Market Anomalies", Finanzmarkt und Portfolio Management, Jg.1, 3, 7-15.

BARTLETT, M.S. (1946): "On the Theoretical Specification and Sampling Properties of Auto-correlated Time-Series", Journal of the Royal Statistical Society, 38, 27-85.

BASU, S. (1975): "The Information Content of Price-Earnings Ratios", Financial Management, Summer, 53-63.

BASU, S. (1977): "Investment Performance of Common Stocks in Relation to Their Price-Earnigs Ratios: A Test of The Efficient Market Hypothesis, Journal of Finance, June, 663-682.

BASU, S. (1983): "The Relationship Between Earnings Yield, Market Value and the Return for NYSE Common Stocks: Further Evidence", Journal of Financial Economics, 12, June, 129-156.

BEAVER, W.H. (1981): "Market Efficiency", The Accounting Review, 56, 23-37.

BEJA, A. (1976): "The Limited Information Efficiency of Market Processes", Discussion Paper, University of California, Berkeley.

BERGES, A. / McCONNELL, J.J. / SCHLARBAUM, G.G. (1984): "The Turn-of-the-Year in Canada", Journal of Finance, 39, March, 185-192.

BERGLUND, T. / WAHLROOS, B. (1986): "Anomalies and Equilibrium Returns in a Small Stock Market", Journal of Business Research, 14, 423-440.

BEVERIDGE, S. / NELSON, C. (1981): "A New Approach to Decomposition of Economic Time Series into Permanent and Transitory Components With Particular Attention to Measurement of The 'Business Cycle'", Journal of Monetary Economics, 7, 151-174.

BLACK, F. (1986): "Noise", Journal of Finance, 41, 529-543.

BLACK, F. (1989): "Mean Reversion and Consumption Smoothing", NBER Working Paper No.2946.

BLACK, F. / SCHOLES, M. (1973): "The Pricing of Options and Corporate Liabilities", Journal of Political Economy, 81, 637-654.

BLUME, M.E. (1971): "On the Assessment of Risk", Journal of Finance, March, 1-10.

BLUME, M.E. (1975): "Betas and their Regression Tendencies", Journal of Finance, June, 785-795.

BLUME, M.E. (1980): "Stock Returns and Dividend Yields: Some More Evidence", Review of Economics and Statistics, 62, 567-577.

BLUME, M.E. / FRIEND, I. (1971): "A New Look at the Capital Asset Pricing Model", Journal of Finance, March, 19-34.

BLUME, M.E. / STAMBAUGH, R.F. (1971): "Biases in Computed Returns: An Application to the Size Effect", Journal of Financial Economics, 12, 387-404.

BOCK, R.D. (1975): Multivariate Statistical Methods in Behavioral Research, New York: McGraw-Hill Book Co.

BONIN, J.M. / MOSES, E.A. (1974): "Seasonal Variations in Prices of Individual Dow Jones Industrial Stocks", Journal of Financial and Quantitative Analysis, 9, 963-991.

BOOTH, J.R. / SMITH, R.L. (1985): "The Application of Errors-in-Variables Methodology to Capital Market Research: Evidence on the Small-Firm Effect", Journal of Financial Quantitative Analysis, December, 501-515.

BOX, G.E.P. / JENKINS, G.M. (1970): Time Series Analysis, Forecasting and Control, San Francisco: Holden Day.

BOX, G.E.P. / LJUNG, G.M. (1976): "A Modification of the Overall X^2-Test for Lack of Fit in Time Series Models", Technical Report No.447, Department of Statistics, University of Wisconsin.

BOX, G.E.P. / PIERCE, D.A. (1970): "Distribution of Residual Autocorrelations in Autoregressive-Integrated Moving Average Time Series Models", Journal of the American Statistical Association, Vol. 65, 1509-1526.

BRANCH, B. (1977): "A Tax Loss Trading Rule", Journal of Business, April, 198-207.

BROCK, W.A. / LeBARON, B.D. (1989): "Liquidity Constraints in Production Based Asset Pricing Models", Working Paper, University of Wisconsin, Madison.

BROWN, P. / KLEIDON, A. / MARSCH, T. (1983): "New Evidence on the Nature of Size-Related Anomalies in Stock Prices", Journal of Financial Economics, 12, June, 33-56.

BURNS, A.F. / MITCHELL, W.C. (1946): "Measuring Business Cycles",NBER Working Paper.

CADSBY, C.B. (1988): "Canadian Calendar Anomalies and the Capital Asset Pricing Model", in: Taylor, S.J. et al. (eds.), A Reappraisal of the Efficiency of Financial markets, Heidelberg: Springer.

CAMPBELL, J.Y. / KYLE, A.S. (1988): "Smart Money, Noise Trading, and Stock Price Behavior", Discussionpaper, Princeton University.

CAMPBELL, J.Y. / MANKIW, N.G. (1987): "Are Output Fluctuations Transitory?", Quarterly Journal of Economics, 102, 857-880.

CAMPBELL, J.Y. / SHILLER, R.J. (1988): "Stock Prices, Earnings, and Expected Dividends", Journal of Finance, Vol.11,3, 661-675.

CECCHETTI, S.G. / LAN, P.-S. / MARK, N.C. (1988): "Mean Reversion in Equilibium Asset Prices", NBER Working Paper No.2762.

CLINCH, G.J. / SINCLAIR, N.A. (1987): "Intra-industry Information Releases: A recursive Systems Approach", Journal of Accounting & Economics, 9, 89-106.

COCHRANE, J.H. (1988): "How Big Is the Random Walk in GNP?". Journal of Political Economy, 96, October, 893-920.

COCHRANE, J.H. (1989): "The Sensitivity of Tests of the Intertemporal Allocation of Consumption to Near Rational Alternatives", American Economic Review, 79, 319-337.

COCHRANE, J.H. (1991a): "A Critique of the Application of Unit Root Tests", Journal of Economic Dynamics and Control, 15, S275-284.

COCHRANE, J.H. (1991b): "Production-based Asset Pricing and the Link Between Stock Returns and Economic Fluctuations", Journal of Finance, 46, 207-234.

COCHRANE, J.H. (1991c): "Volatility Tests and Efficient Markets", Journal of Monetary Economics, 27, 463-485.

COCHRANE, W.G. / COX, G.M. (1957): Experimental Designs, 2nd Edition, New York: John Wiley & Sons, Inc.

COHEN, K. / HAWAWINI, G. / MAIER, S. / SCHWARZ, R. / WHITCOMB, D. (1983): "Estimating and Adjusting for the Intervalling Effect Bias in Beta", Management Science, 29, January, 135-148.

CONDOYANNI, L. / McLEAY, S. / O'HANLON, J. (1988): "An Investigation of Daily Seasonality In the Greek Equity Market", in: Taylor, S.J. et al. (eds.), A Reappraisal of the Efficiency of Financial markets, Heidelberg: Springer.

CONOVER, W.J. (1980): Practical Nonparametric Statistics, New York: John Wiley & Sons, Inc., 2nd Edition.

CONSTANTINIDES, G.M. (1988): "A Resolution of the Equity Premium Puzzle", University of Chicago, Graduate School of Business, Working Paper No.225.

COOK, T. / ROZEFF, M. (1984): "Size and Earnings/Price Ratio Anomalies: One Effect or Two?", Journal of Financial and Quantitative Analysis, 19, 449-466.

CORHAY, A. / HAWAWINI, G. / MICHEL, P. (1987): "Seasonality in the Risk-Return Relationship: Some International Evidence", Journal of Finance, 42, March, 49-68.

CORNELL, B. (1985): "The Weekly Pattern in Stock Returns, Cash vs. Futures", Journal of Finance, 40, 583-588.

COURSEY, D. / DYL, E.A. (1986): "Price Effects of Trading Interruptions in an Experimental Market", Unpublished Working Paper, University of Wyoming.

CROSS, K. (1973): "The Behavior of Stock Prices on Fridays and Mondays", Financial Analyst Journal, 29, 67-69.

CUTLER, D. / POTERBA, J.M. / SUMMERS, L.H. (1989): "What Moves Stock Prices?", Journal of Portfolio Management, Spring, 15, 4-12.

DeBONDT, W. (1988): "Stock Price Reversals and Overreaction to New Events: A Survey of Theory and Evidence", in: Taylor, S.J. et al. (eds.). A Reappraisal of the Efficiency of Financial Markets. Heidelberg: Springer.

DeBONDT, W. / THALER, R. (1985): "Does the Stock market Overreact", Journal of Finance, 40, 793-805.

DeBONDT, W. / THALER, R. (1987): "Further Evidence on Investor Overreaction and Stock Market Seasonality", The Journal of Finance, 42, 557-581.

DeBONDT, W. / THALER, R. (1989): "A Mean-Reverting Walk Down Wall Street", Journal of Economic Perspectives, Vol.3, 1, 189-202.

DeLONG, J.B. / SCHLEIFER, A. / SUMMERS, L.H. / WALDMANN, R.J. (1989): "The Size and Incidence of the Lossers From noise Trading", Journal of Finance, 44, 681-696.

DeLONG, J.B. / SCHLEIFER, A. / SUMMERS, L.H. / WALDMANN, R.J. (1990a): "Noise Trader Risk in Financial Markets", Journal of Political Economy.

DeLONG, J.B. / SCHLEIFER, A. / SUMMERS, L.H. / WALDMANN, R.J. (1990b): "Positive Feedback Investment Strategies and Destabilizing Rational Speculation", Journal of Finance.

DICKEY, D.A. / FULLER, W.A. (1979): "Distribution of the Estimators for Autoregressive Time Series With a Unit Root", Journal of the American Statistical Association, 74, 427-431.

DICKEY, D.A. / FULLER, W.A. (1981): "Likelihood Ratio Statistics for Autoregressive Time Series With a Unit Root", Econometrica, 49, 1057-1072.

DIMSON, E. (1979): "Risk Measurement When Shares are Subject to Infrequent Trading", Journal of Financial Economics, 7, June, 197-226.

DIMSON, E. (1988): Stock Market Anomalies, Cambridge: Cambridge University Press.

DIMSON, E. / MARSH, P. (1983): "The Stability of UK Risk Measures and the Problem of Thin Trading", Journal of Finance, 38, June, 753-783.

DYL, E.A. / MABERLY, E. (1986): "The Weekly Pattern in Stock Index Futures: A Further Note", Journal of Finance, 41, 1149-1152.

DYL, E.A. / MABERLY, E. (1988): "Friday the Thirteenth: The Anomaly That Isn't There", Working Paper, University of Arizona.

DYL, E.A. / MARTIN, S.A. (1985): "Weekend Effects on Stock Returns: A Comment", Journal of Finance, March, 165-175.

DYL, M. (1977): "Capital Gains Taxation and Year-End Stock Market Behavior", Journal of Finance, 32, 165-175.

EFRON, B. (1979): "Bootstrap Methods: Another Look at the Jackknife", The Anals of Statatistics, 7, 1-26.

ELTON, E. / GRUBER, M. / RENTZLER, J. (1983): "A Simple Examination of the Empirical Relationship Between Dividend Yields and Deviations from the CAPM", Journal of Banking and Finance, 7, March, 135-146.

ENGLE, R.F. (1982): "Autoregressive Conditional Heteroscedasticity With Estimates of the Variance of United Kingdom Inflations", Econometrica, 50, 987-1008

ENGLE, R.F. / GRANGER, C.W.J. (1987): "Co-Integration and Error Correction: Representation, Estimation, and Testing", Econometrica, 55, 251-276.

FAMA, E.F. (1963): "Mandelbrot and the Stable Paretian Hypothesis", Journal of Business, 36, 420-429.

FAMA, E.F. (1965): "The Behavior of Stock Market Prices", Journal of Business, 38, 34-105.

FAMA, E.F. (1970): "Efficient Capital Markets: A Review of Theory and Empirical Work", Journal of Finance, 25, 383-416.

FAMA, E.F. (1976): Foundations of Finance, New York: Basic Books.

FAMA, E.F. / FISHER, L. / JENSEN, M.C. / ROLL, R. (1969): "The Adjustment of Stock Prices to New Information", International Economic Review. 10, 1-21.

FAMA, E.F. / FRENCH, K.R. (1988): "Dividend Yields and Expected Stock Returns", Journal of Financial Economics, 22, 3-25.

FAMA, E.F. / FRENCH, K.R. (1988a): "Permanent and Temporary Components of Stock Prices", Journal of Political Economy, Vol.96, 2, 246-273.

FAMA, E.F. / MACBETH, J. (1973): "Risk, Return and Equilibrium: Empirical Tests", Journal of Political Economy, 81, 607-636.

FAMA, E.F. / MILLER, M.H. (1972): The Theory of Finance, New York: Holt, Rinehart and Winston.

FIELDS, M.J. (1931): "Stock Prices: A Problem in Verification", Journal of Business, 7, 415-418.

FIELDS, M.J. (1934): "Security Prices and Stock Exchange Holidays in Relation to Short Selling", Journal of Business, 4, 328-338.

FIGLEWSKI, S. (1978): "Market 'Efficiency' in a Market with Heterogeneous Information", Journal of Political Economy, 86, 581-597.

FISHER, R.A. (1935): The Design of Experiments, New York: Hafner.

FISHMAN G.S. / MOORE, L.R. (1982): "A Statistical Evaluation of Multiplicative Congruential Generators with Modulus (2^{31}-1)", Journal of the American Statistical Association, 77, 129-136.

FLANNERY, M. / PROTOPAPADAKIS, A. (1988): "From T-Bills to Common Seasonality", Journal of Finance.

FOSTER, G. (1981): "Intra-industry Information Transfers Associated With Earnings Releases", Journal of Accounting and Economics, 3, 201-232.

FOSTER, G. / OLSEN, C. / SHEVLIN, T. (1984): "Earnings Releases, Anomalies, and the Behavior of Securities Returns", Accounting Review, 59, 574-603.

FOUSE, W. (1989): "The Small Stocks Hoax", Fiancial Analysts Journal, July/August, 12-15.

FRENCH, K. (1980): "Stock Returns and the Weekend Effect", Journal of Financial
Economics, 8, 55-69.

FRENCH, K. / ROLL, R. (1986): "Stock Return Variances: The Arrival of Information and the Reaction of Traders", Journal of Financial Economics, 17, 5-26.

FRENCH, K. / SCHWERT, G. / STAMBAUGH, R. (1985): "Expected Stock Returns and Volatility", Journal of Financial Economics, 19, 3-10.

FRIEDMAN, M. (1957): A Theory of The Consumption Function, Princeton University Press, Princeton, NJ.

FRIEDMAN, M. / SAVAGE, L.J. (1948): "The Utility Analysis of Choices Involving Risk", Journal of Political Economy, 56, reprinted in: Readings in Price Theory, American Economic Association, 57-96.

FULLER, W.A. (1976): Introduction to Statistical Time Series, New York: John Wiley & Sons, Inc.

GÄRTNER, M. / WELLERSHOFF, K.W. (1991): "Beyond Mean Reversion: The Election Cycle in United States Stock Prices", Diskussionsbeiträge Nr.59, Hochschule St. Gallen.

GIBBONS, M. / HESS, P. (1981): "Day of the Week Effects and Asset Returns", Journal of Business, 54, 579-596.

GILOVICH, T. / VALLONE, R. / TVERSKY, A. (1985): "The Hot Hand in Basketball: On the Misperception of Random Sequences", Cognitive Psychology, 17, 295-314.

GOODMAN, D.A. / PEAVY, J.W. / COX, E.L. (1986): "The Interaction of Firm Size and Price-Earnings Ratio on Portfolio Performance", Financial Analyst Journal, January-February, 9-12.

GORDON, R.H. / BRADFORD, D.F. (1980): "Taxation and the Stock Market Valuation on Capital Gains and Dividends: Theory and Empirical Results", Journal of Public Economics, 14, 109-136.

GOULD, J. / NELSON, C. (1974): "The Stochastic Structure of the Velocity of Money", American Economic Review, 64, 405-417.

GRANGER, C.W.J. (1986): "Developments in the Study of Cointegrated Economic Variables", Oxford Bulletin of Economics, Vol.48, 213-228.

GRANGER, C.W.J. / MORGENSTERN, O. (1963): "Spectral Analysis of New York Stock Market Prices", Kyklos, 16, 1-25.

GRANGER, C.W.J. / MORGENSTERN, O. (1970): Predictability of Stock Market Prices", D.C. Heath and Co., Lexington, MA.

GROSSMANN, S.J. (1976): "On the Efficiency of Competitive Stock Markets Where Trades Have Diverse Information", Journal of Finance, 31, 573-585.

GROSSMANN, S.J. / STIGLITZ, J.E. (1976): "Information and Competitive Price Systems", American Economic Review, 66, 246-253.

GROSSMANN, S.J. / STIGLITZ, J.E. (1980): "On the Impossibility of Informationally Efficient Markets", American Economic Review, 70, 393-408.

GULTEKIN, M. / GULTEKIN, N. (1983): "Stock Market Seasonality, International Evidence", Journal of Financial Economics, 12, 469-481.

HAJEK, J. (1969): A Course in Nonparametric Statistics, San Francisco: Holden-Day.

HALL, R. (1978): "Stochastic Implications of the Life Cycle-Permanent Income Hypothesis: Theory and Evidence", Journal of Political Economy, 86, 971-987.

HARRIS, L. (1986): "A Transaction Data Study of Weekly and Intradaily Patterns in Stock Returns", Journal of Financial Economics, 16, 99-117.

HARRIS, L. / GUREL, E. (1986): "Price and Volume Effects Associated with Changes in the S&P 500: New Evidence for the Existence of Price Pressure", Journal of Finance, 41, 851-860.

HARVEY, A.C. (1981): Time Series Models, London: Philip Allan.

HAUGEN, R. / LAKONISHOK, J. (1987): "The Incredible January Effect: The Unsolved Mystery of the Stock Market", Dow Jones Irwin, Homewood, Illinois.

HAUGEN, R. / WICHERN, D. (1973): "The Diametric Effects of the Capital Gains Tax on the Stability of Stock Prices", Journal of Finance, 28, 987-996.

HAUSMAN, J. (1978): "Specification Tests in Econometrics", Econometrica, 46, 1251-1272.

HAUSMAN, J. (1988): "The Optimality of Autocorrelation-Based Test of the Random Walk Hypothesis", Working Paper, MIT, Cambridge, MA.

HAWAWINI, G. / MICHEL, P. (1982): "The Pricing of Risky Assets on the Belgian Stock Market", Journal of Banking and Finance, 6, June, 161-178.

HAWAWINI, G. / MICHEL, P, / CORHAY, A. (1988): "A Look at the Validity of the CAPM in the Light of Equity Market Anomalies: The Case of Belgian Common Stocks", in: Taylor, S.J. et al. (eds.), A Reappraisal of the Efficiency of Financial markets, Heidelberg: Springer.

HERGER, B. / THEURILLAT, M. (1995): "Optionen als strategisches Instrument in der Asset Allocation: Theoretische Überlegungen und Praktische Relevanz", Studie der Bank Sarasin & Cie, Basel.

HERI, E.W. (1982): Bestimmungsgründe kurzfristiger Wechselkursfluktuationen, Hamburg: Verlag Weltarchiv GmbH.

HERI, E.W. / THEURILLAT, M.J. (1990): "Purchasing Power Parities for the DM: A Cointegration Exercise", Kredit und Kapital, Vol.23, 3, 333-350.

HERMANN, W. (1986): "Eine empirische Analyse der Wertschöpfung der Schweizer Wirtschaftsbranchen", Dissertation Universität Basel.

HO, T. / STOLL, H.R. (1981): "Optimal Dealer Pricing under Transactions and Return Uncertainty", Journal of Financial Economics, 9, 47-73.

HOCKING, R.R. (1976): "The Analysis and Selection of Variables in Linear Regression", Biometrics, 32, 1-50.

HOTZ, P. (1989): "Das Capital Asset Pricing Model und die Markteffizienzhypothese unter besonderer Berücksichtigung der empirisch beobachteten 'Anomalien' in den amerikanischen und anderen internationalen Aktienmärkten", Dissertation Hochschule St. Gallen.

HUIZINGA, J. (1987): "An Empirical Investigation of the Long Run Behavior of Real Exchange Rates", Carnegie-Rochester Conference Series on Public Policy, 27.

IKENBERRY, D. / LAKONISHOK, J. (1989): "Seasonal Anomalies in Financial Markets: A Survey",in Taylor, S.J. et al. (eds.), A Reappraisal of the Efficiency of Financial markets, Heidelberg: Springer.

JAFFE, J. / KEIM, D.B. / WESTERFIELD, R. (1988): "Earnings Yields, Market Values and Stock Returns", Working Paper, University of Pensylvania, Philadelphia.

JAFFE, J. / WESTERFIELD, R. (1985): "The Weekend Effect in Common Stock Returns: The International Evidence", Journal of Finance, 40, 433-454.

JENSEN, M.C. (1978): "Some Anomalous Evidence Regarding Market Efficiency",Journal of Financial Economics, 6, 95-101.

JONES, C. / PEARCE, D. / WILSON, J. (1987): "Can Tax-Loss Selling Explain the January Effect? A Note",Journal of Finance, 42, 453-461.

JORDAN, J.S. (1983): "On the Efficient Markets Hypothesis", Econometrica, 51, 1325-43.

KEIM, D.B. (1983): "Size-related Anomolies and Stock Return Seasonality: Further Empirical Evidence", Journal of Financial Economics, 12, 13-32.

KEIM, D.B. (1985): "Dividend Yields and Stock Returns: Implications of Abnormal January Returns", Journal of Financial Economics, 12, 473-489.

KEIM, D.B. (1987): "Daily Returns and Size-Related Premiums: One More Time",Journal of Portfolio Management, Winter, 41-47.

KEIM, D.B. (1988): "Earnings Yield and Size Effects: Unconditional and Conditional Estimates", Working Paper, University of Pennsylvania, Philadelphia.

KEIM, D.B. / STAMBAUGH, R. (1984): "A Further Investigation of the Weekend Effect in Stock Return", Journal of Finance, 39, 819-840.

KEIM, D.B. / STAMBAUGH, R.F. (1986): "Predicting Returns in the Stock and Bond Markets", Journal of Financial Economics, 39, 357-390.

KELEJIAN, H.H. / OATES, W.E. (1989): Introduction to Econometrics: Principles and Applications, 3rd Edition, New York: Harper & Row.

KENDALL, M.G. / STUART, A. (1976): The Advanced Theory of Statistics, London: Griffin, 3rd Edition.

KEYNES, J.M. (1936): The General Theory of Employment, Interest and Money, London: HBJ.

KIM, M.J. / NELSON, C.R. / STARTZ, R. (1991): "Mean Reversion in Stock Prices? A Reappraisal of the Empirical Evidence", Review of Economic Studies, 58, 515-528.

KLEIDON, A.W. (1986): "Anomalies in Financial Economics", Journal of Business, 59, Supplement, 285-316.

KOLB, R.W. / RODRIQUEZ, R.J. (1987): "Friday the Thirteenth, 'Part VII' - A Note", Journal of Finance, 42, 1385-1387.

KUSHNER, H. (1971): Introduction to Stochastic Control, New York.

KYLE, A.S. (1985): "Continuous Auctions and Insider Trading", Econometrica, 1315-1336.

LAKONISHOK, J. / LEVI, M. (1982): "Weekend Effects on Stock Returns: A Note", Journal of Finance, 37, 883-889.

LAKONISHOK, J. / SMIDT, A. (1984): "Volume and Turn-of-the-Year Behavior", Journal of Financial Economics, 13, 883-889.

LAKONISHOK J./SHAPIRO A. (1984): "Stock Returns, Beta, Variance and Size: An Empirical Analysis", Financial Analysts Journal, July-August, 36-42.

LATHAM, M. (1986): "Information Efficiency and Information Subsets", Journal of Finance, 41, 39-52.

LEHMANN, B. (1990): "Fads, Martingales, and Market Efficiency", Quarterly Journal of Economics.

LELAND, H.E. (1980): "Who Should Buy Portfolio Insurance?", Journal of Finance, 35, 581-594.

LeROY, S.F. (1976): "Efficient Capital Markets: A Comment", Journal of Finance, 31, 139-141.

LeROY, S.F. (1982): "Expectations Models of Asset Prices: A Survey of Theory", Journal of Finance, 37, 185-217.

LeROY, S.F. (1989): "Efficient Capital Markets and Martingales", Journal of Economic Literature, 28, 1583-1621.

LeROY, S.F. / PORTER, R.D. (1981): "Stock Price Volatility: Tests Based on Implied Variance Bounds", Econometrica, 49, 97-113.

LEVIS, M. (1985): "Are Small Firms Big Performers?", The Investment Analyst, 76, April, 21-26.

LEVIS, M. (1987): "An Exploratory Investigation into the Small Size Effect", Discussionpaper, University of Bath, England.

LEVIS, M. (1988): "Market Size, PE Ratios, Dividend Yield and Share Prices: The UK Evidence", Discussionpaper, University of Bath, England.

LITZENBERGER, R.H. / RAMASWAMY, K. (1979): "The Effects of Personal Taxes and Dividends on Capital Asset Prices: Theory and Market Equilibrium, Journal of Financial Economics, 7, 163-195.

LITZENBERGER, R.H. / RAMASWAMY, K. (1980): "Dividends, Short Selling Restrictions, Tax-Indicated Investor Clienteles and Market Equilibrium", Journal of Finance, 35, 469-482.

LITZENBERGER, R.H. / RAMASWAMY, K. (1982): "The Effects of Dividends on Common Stock Prices: Tax Effects or Information Effects?", Journal of Finance, March, 429-443.

LJUNG, G. / BOX, G. (1978): "On a Measure of Lack of Fit in Time Series Models", Biometrika, 66, 67-72.

LO, A.W. / MacKINLAY, A.G. (1988): "Stock Market Prices Do Not Follow Random Walks: Evidence From a Simple Specification Test", Review of Financial Studies, 1, 41-66.

LO, A.W. / MacKINLAY, A.G. (1989): "The Size and Power of the Variance Ratio Test in Finite Samples: A Monte Carlo Investigation", Journal of Econometrics, 40, 203-238.

LUCAS, R.E. (1978): "Asset Prices in an Exchange Economy", Econometrica, 46, 1429-1445.

LUSTIG, I.L./LEINBACH, P.A. (1983): "The Small Firm Effect", Financial Analysts Journal, Mai/Juni, 46-49.

MARCUS, A.J. (1989): "An Equilibrium Theory of Excess Volatility and Mean Reversion in Stock Market Prices", NBER Working Paper No.3106.

MARKOWITZ, H.M. (1952): "Portfolio Selection", Journal of Finance, 7, 77-91.

MARKOWITZ, H.M. (1959): Portfolio Selection: Efficient Diversification of Investments, Wiley, Yale University Press, 1970.

MARKOWITZ, H.M. (1987): Mean-Variance Analysis in Portfolio Choice and Capital Markets, Basil Blackwell, 1990.

MARSCH, P. (1979): "Equity Rights Issues and the Efficiency of the UK Stock market", Journal of Finance, 34, 839-862.

MARSCH, T.A. / MERTON, R.C. (1986): "Dividend Variability and Variance Bounds Tests for the Rationality of Stock Market Prices", American Economic Review, 76, 483-498.

MEHRA, R. / PRESCOTT, E.C. (1985): "The Equity Premium: A Puzzle", Journal of Monetary Econmics, 15, 145-162.

MERTON, R.C. (1971): "Optimum Consumption and Portfolio Rules in a Continous-Time Model", Journal of Economic Theory, 3, 373-413.

MILLER, E.M. (1988): "Why a Weekend Effect?", Journal of Portfolio Management, Summer.

MILLER, M. / MODIGLIANI, F. (1961): "Dividend Policy, Growth and the Valuation of Shares", Journal of Business, 34, 411-433.

MILLER, M. / SCHOLES, M. (1982): "Dividend and Taxes: Some Empirical Evidence", Journal of Political Economy, 90, 1118-1141.

MUTH, J. (1960): "Optimal Properties of Exponentially Weighted Forecasts", Journal of the American Statistical Association, 55, 299-306.

NAKAMURA, T. / TARADA, N. (1984): "The Size Effect and Seasonality in Japanese Stock Returns", Manuskript, Nomura Research Institute.

NANKERVIS, J.C. / SAVIN, N.E. (1985): "Testing the Autoregressive Parameter with the t Statistic", Journal of Econometrics, 27, 143-161.

NEUMANN, M.J.M. / KLEIN, M. (1982): "Probleme der Theorie effizienter Märkte und ihrer empirischen Ueberprüfung", Kredit und Kapital, 15, 165-187.

NEWEY, W. / WEST, K. (1987): "A Simple, Positive Definite, Heteroscedasticity and Autocorrelation Consistent Covariance Matrix", Econometrica, 55, 703-708.

NOREEN, E. (1989): Computer-Intensive Methods for Testing Hypotheses: An Introduction, New York: John Wiley & Sons, Inc.

OFFICER, R.R. (1975): "Seasonality in Australian Capital Markets: Market Efficiency and Empirical Issues", Journal of Financial Economics, 2, 29-51.

OGDEN, J. (1987): "The End of the Month as a Preferred Habitat: A Test of Operational Efficiency in the Money Market", Journal of Financial and Quantitative Analysis, 22, 329-343.

OSBORNE, M.F.M. (1962): "Periodic Structure in the Brownian Motion of the Stock Market", Operations Research, 10, 345-379.

PEAVY, J.W. / GOODMAN, D.A. (1983): "Industry-Relative Price-Earnings Ratios as Indicators of Investment Returns", Financial Analyst Journal, July-August.

PENMAN, S.H. (1987): "The Distribution of Earnings News Over Time and Seasonalities in Aggregate Stock Returns", Journal of Financial Economics, 18, 199-228.

PEROLD, A.F. (1986): "Constant Proportion Portfolio Insurance", Working Paper, Harvard Business School.

PEROLD, A.F. / SHARPE, W.F. (1988): "Dynamic Strategies for Asset Allocation", Financial Analysts Journal, Jan-Feb.

PERRON, P. (1986): "Tests of Joint Hypotheses for Time Series Regression with a Unit Root", in: FOMBY/RHODES, Advances in Econometrics: Spurious Regressions, Cointegration and Unit Roots, JAI Press, Greenwich, CT.

PHILIPS, S.M. / SMITH, C.W. (1980): "Trading Costs for Listed Options: The Implications for Market Efficiency", Journal of Financial Economics, 8, 179-201.

PHILLIPS, P.C.B. (1987): "Time Series Regression With a Unit Root", Econometrica, 55, 277-302.

PHILLIPS, P.C.B. / PERRON, P. (1988): "Testing for a Unit Root in Time Series Regression", Biometrika.

POTERBA, J.M. / SUMMERS, L.H. (1986): "The Persistence of Volatility and Stock Market Fluctuations", American Economic Review, 76, 1142-1151.

POTERBA, J.M. / SUMMERS, L.H. (1988): "Mean Reversion in Stock Prices: Evidence and Implications", Journal of Financial Economics, 22, 27-29.

PRIESTLEY, M. (1981): Spectral Analysis and Time Series, Academic Press, London.

REINGANUM, M.R. (1981): "Misspecification in Capital Asset Pricing: Empirical Anomalies Based on Earnings' Yields and Market Values", Journal of Financial Economics, 9, 19-46.

REINGANUM, M.R. (1982): "A Direct Test of Roll's Conjecture on the Firm Size Effect", The Journal of Finance, 37, 27-35.

REINGANUM, M.R. (1983): "The Anomalous Stock Market Behaviour of Small Firms in January. Empirical Tests for Tax-Loss Selling Effects", Journal of Financial Economics, 12, June, 89-104.

REINGANUM, M.R. (1983a): "Portfolio Strategies Based on Market Capitalization", Journal of Portfolio Management, Winter, 29-36.

REINGANUM, M.R. (1992): "A Revival of the Small-Firm Effect", Journal of Portfolio Management, Spring, 55-62.

REINGANUM, M.R. / SHAPIRO, A.C. (1987): "Taxes and Stock Return Seasonality: Evidence from the London Stock Exchange", Journal of Business, 60, 281-295.

RITTER, J. (1988): "The Buying and Selling Behavior of Individual Investors at the Turn of the Year", Journal of Finance, 43, 701-716.

ROBERTS, H.V. (1959): "Stock Market 'Patterns' and Financial Analysis: Methodological Suggestions", Journal of Finance, 14, 1-10.

ROGALSKI, R. (1984): "New Findings Regarding Day of the Week Returns of Trading and Non-Trading Periods", Journal of Finance, 39, 1603-1614.

ROGALSKI, R. / TINIC, S.M. (1986): "The January Size Effect: Anomaly or Risk Mismeasurement?", Financial Analysts Journal, November/December, 63-70.

ROLL, R. (1977): "A Critique of the Asset Pricing Theory's Tests; Part 1: On Past and Potential Testability of the Theory", Journal of Financial Economics, 4, 129-176.

ROLL, R. (1978): "Ambiguity When Performance Is Measured by the Security Market Line", Journal of Finance, 33, 1051-1069.

ROLL, R. (1981): "A Possible Explanation of the Small Firm Effect", Journal of Finance, 36, 4, 879-889.

ROLL, R. (1983): "Vas ist das?", Journal of Portfolio Management, Winter, 18-28.

ROLL, R. (1988): "R-squared", Journal of Finance, 43, 541-566.

ROZEFF, M. / KINNEY, W. (1976): "Capital Market Seasonality: The Case of Stock Market Returns", Journal of Financial Economics, 3, 379-402.

RUBINSTEIN, M. (1975): "Securities-Market Efficiency in an ARROW-DEBREU-Economy", American Economic Review, 24, 812-824.

SAMUELSON, P.A. (1965): "Proof that Properly Anticipated Prices Fluctuate Randomly", Industrial Management Review, 6, 41-49.

SAMUELSON, P.A. (1988): "Longrun Risk Tolerance When Equity Returns are Mean Regressing: Pseudoparadoxes and Vindication of 'Business Man's Risk", Mimeo, MIT.

SCHIPPER, K. / THOMPSON, R. (1983): "Evidence on the Capitalized Value of Merger Activity for Acquiring Firms", Journal of Financial Economics, 11, 85-119.

SCHULTZ, P. (1983): "Transaction Costs and the Small Firm Effect: A Comment", Journal of Financial Economics, 12, 81-88.

SCHWERT, G.W. (1983): "Size and Stock Returns, and Other Empirical Regularities", Journal of Financial Economics, 12, June, 2-12.

SCHWERT, G.W. (1987a): "Effects of Model Specification on Tests for Unit Roots in Macroeconomic Data", Journal of Monetary Economics, 20, 73-104.

SCHWERT, G.W. (1987b): "Tests for Unit Roots: A Monte Carlo Investigation", Working Paper No. GPB8701, Simon Graduate School of Business Administration, University of Rochester, Rochester, NY.

SCHWERT, G.W. (1989): "Why Does Stock Market Volatility Change Over Time?", Journal of Finance, 44, 1115-1153.

SHARPE, W.F. (1963): "A Simplified Model for Portfolio Analysis", Management Science, 9, 277-293.

SHARPE, W.F. (1964): "Capital Asset Prices: A Theory of Market Equilibrium Under Conditions of Risk", Journal of Finance, 19, 425-442.

SHEFRIN, H. / STATMAN, M. (1988): "Noise Trading and Efficiency in Behavioral Finance", Working Paper, Leavey School of Business, Santa Clara University.

SHILLER, R.J. (1981a): "The Use of Volatility Measures in Assessing Market Efficiency", Journal of Finance, 36, 291-304.

SHILLER, R.J. (1981b): "Do Stock Prices Move too Much to be Justified by Subsequent Changes in Dividends?", American Economic Review, 71, 421-436.

SHILLER, R.J. (1984): "Stock Prices and Social Dynamics", Brookings Papers on Economic Activity, 457-510.

SHILLER, R.J. (1989): Market Volatility, Cambridge, MIT Press.

SHILLER, R.J. / PERRON, P. (1985): "Testing the Random Walk Hypothesis: Power Versus Frequency of Observation", Economics Letters, 18, 381-386.

SHLEIFER, A. (1986): "Do Demand Curves for Stocks Slope Down?", Journal of Finance, 41, 579-590.

SHLEIFER, A. / SUMMERS, L.H. (1990): "The Noise Trader Approach to Finance", Journal of Economic Perspectives, 4, 19-33.

SHLEIFER, A. / VISHNY, R.W. (1990): "Equilibrium Short Horizons of Investors and Firms", American Economic Review Papers and Proceedings.

SMIRLOK, M. (1985): "Seasonality and Bond Market Returns", Journal of Portfolio Management, 42-44.

SMITH, C. (1986): "Investment Banking and the Capital Acquisition Process", Journal of Financial Economics, 15, 3-29.

SOROS, G. (1987): The Alcemy of Finance, New York: Simon and Schuster.

SPIEGEL, M.R. (1976): Statistics, New York: McGraw-Hill.

STEIN, J.L. (1980): "The Dynamics of Spot and Forward Prices in an Efficient Foreign Exchange Market with Rational Expectations", American Economic Review, 70, 565-583.

STIGLITZ, J.E. (1981): "The Allocation Role of the Stock Market: Pareto Optimality and Competition", Journal of Finance, 36, 235-251.

STIGLITZ, J.E. (1990): "Symposium on Bubbles", Journal of Economic Perspectives, 4, 13-18.

STOLL, H.R. / WHALEY, R.E. (1983): "Transaction Costs and the Small Firm Effect", Journal of Financial Economics, 12, 57-79.

SUMMERS, L.H. (1986): "Does the Stock Market Rationally Reflect Fundamental Values?", Journal of Finance, July, 591-601.

TANNER, M. (1992): "Small-Firm Effekte in der Schweiz", Studie der Bank Vontobel, Zürich.

TAYLOR, S. (1984): "Estimating the Variances of Autocorrelations Calculated From Financial Time Series", Applied Statistics, 33, 300-308.

TINIC, S.M. / WEST, R.R. (1984): "Risk and Return: January versus the Rest of the Year", Journal of Financial Economics, 13, 561-574.

TRAIN, J. (1987): The Money Masters, New York: Harper and Row.

VANDAELE, W. (1983): Applied Time Series and Box-Jenkins Models, Orlando, Florida: Academic Press, Inc.

VOCK, T. / ZIMMERMANN, H. (1984): "Risiken und Renditen schweizerischer Aktien", Schweizerische Zeitschrift für Volkswirtschaft und Statistik, 4, 547-575.

WACHTEL, S. (1942): "Certain Observations on Seasonal Movements in Stock Prices", Journal of Business, 15, 184-193.

WATTS, R. / ZIMMERMANN, J. (1983): "Agency Problems, Auditing and the Theory of the Firm: Some Evidence", Journal of Law and Economics, 26, 613-634.

WEST, K. (1988): "Bubbles, Fads, and Stock Price Volatility: A Partial Evaluation", Journal of Finance, 43, 639-655.

WHITE, H. (1980): "A Heteroscedasticity-Consistent Covariance Matrix Estimator and a Direct Test For Heteroscedasticity", Econometrica, 48, 817-838.

WHITE, H. / DOMOWITZ, I. (1984): "Nonlinear Regression with Dependent Observations", Econometrica, 52, 143-161.

WILLIAMS, J.B. (1938): The Theory of Investment Value, Harvard University Press, Cambridge.

WORKING, H. (1958): "A Theory of Anticipatory Prices", American Economic Review, 48, 188-199.

ZIMMERMANN, H. (1986): Kapitalerhöhungen und Aktienmarkt. Untersuchungen zur Wirtschaftspolitik, Band 69, Universität zu Köln.

Wirtschaftswissenschaftliche Beiträge

Band 97: U. Schiller, Vertikale Unternehmensbeziehungen, 1994, ISBN 3-7908-0774-5

Band 98: S. Huschens, Zur Modellierung der Erwartungsbildung in makroökonomischen Modellen, 1994, ISBN 3-7908-0776-1

Band 99: T. Gerhards, Theorie und Empirie flexibler Wechselkurse, 1994, ISBN 3-7908-0780-X

Band 100: K. Morasch, Strategische Allianzen, 1994, ISBN 3-7908-0783-4

Band 101: N. Lamar, Makroökonomische Konvergenz und Währungssystem, 1994, ISBN 3-7908-0784-2

Band 102: G.M. Winkler, Entscheidungen und Präferenzen, 1994, ISBN 3-7908-0786-9

Band 104: C. Fantapié Altobelli, Kompensationsgeschäfte im internationalen Marketing, 1994, ISBN 3-7908-0801-6

Band 105: R. Wagner, Die Grenzen der Unternehmung, 1994, ISBN 3-7908-0812-1

Band 106: H. Richter, Marktorientierte Neugestaltung des Einkommensteuersystems, 1995, ISBN 3-7908-0819-9

Band 107: M. Graff, Bildung und technischer Fortschritt als Determinanten wirtschaftlicher Entwicklung, 1995, ISBN 3-7908-0820-2

Band 109: T. Kuhn, Theorie des kommunalen Finanzausgleichs, 1995, ISBN 3-7908-0828-8

Band 110: B. Schaden, Effektive Kapitalsteuerbelastung in Europa, 1995, ISBN 3-7908-0831-8

Band 111: G. Georgi, Job Shop Scheduling in der Produktion, 1995, ISBN 3-7908-0833-4

Band 112: V. Kaltefleiter, Die Entwicklungshilfe der Europäischen Union, 1995, ISBN 3-7908-0838-5

Band 113: B. Wieland, Telekommunikation und vertikale Integration, 1995, ISBN 3-7908-0849-0

Band 114: D. Lucke, Monetäre Strategien zur Stabilisierung der Weltwirtschaft, 1995, ISBN 3-7908-0856-3

Band 115: F. Merz, DAX-Future-Arbitrage, 1995, ISBN 3-7908-0859-8

Band 116: T. Köpke, Die Optionsbewertung an der Deutschen Terminbörse, 1995, ISBN 3-7908-0870-9

Band 117: F. Heinemann, Rationalisierbare Erwartungen, 1995, ISBN 3-7908-0888-1

Band 118: J. Windsperger, Transaktionskostenansatz der Entstehung der Unternehmensorganisation, 1996, ISBN 3-7908-0891-1

Band 119: M. Carlberg, Deutsche Vereinigung, Kapitalbildung und Beschäftigung, 1996, ISBN 3-7908-0896-2

Band 120: U. Rolf, Fiskalpolitik in der Europäischen Währungsunion, 1996, ISBN 3-7908-0898-9

Band 121: M. Pfaffermayr, Direktinvestitionen im Ausland, 1996, ISBN 3-7908-0908-X

Band 122: A. Lindner, Ausbildungsinvestitionen in einfachen gesamtwirtschaftlichen Modellen, 1996, ISBN 3-7908-0912-8

Band 123: H. Behrendt, Wirkungsanalyse von Technologie- und Gründerzentren in Westdeutschland, 1996, ISBN 3-7908-0918-7

Band 124: R. Neck (Hrsg.), Wirtschaftswissenschaftliche Forschung für die neunziger Jahre, 1996, ISBN 3-7908-0919-5

Band 125: G. Bol, G. Nakhaeizadeh, K.-H. Vollmer (Hrsg.), Finanzmarktanalyse und -prognose mit innovativen quantitativen Verfahren, 1996, ISBN 3-7908-0925-X

Band 126: R. Eisenberger, Ein Kapitalmarktmodell unter Ambiguität, 1996, ISBN 3-7908-0937-3